HANGIL
GREAT BOOKS

인류의 위대한 지적유산

공제격치

空際格致

알폰소 바뇨니 | 이종란 옮김

한길사

HANGIL
GREAT BOOKS
124

Alfonso Vagnoni
The Natural Philosophy and Earth Science

Translated by Lee Jong-lan

Published by Hangilsa Publishing Co., Ltd., Korea, 2012

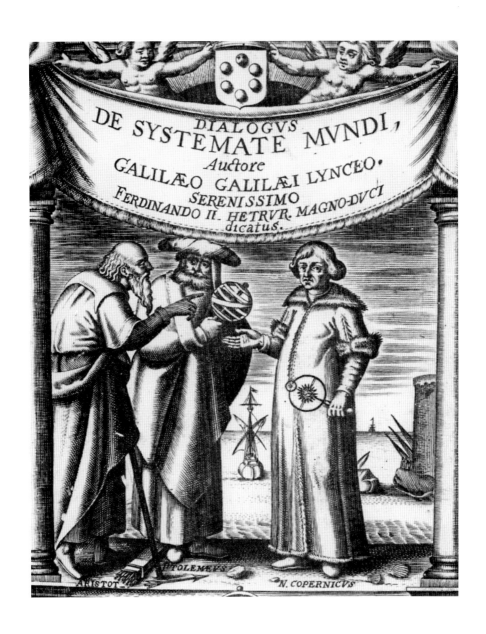

아리스토텔레스와 천문학자들

왼쪽에 서 있는 사람이 아리스토텔레스이고, 가운데가 프톨레마이오스, 오른쪽이 코페르니쿠스이다.
코페르니쿠스의 지동설이 통용될 때까지 아리스토텔레스의 지구중심 천체이론을
더욱 조직화하고 보강한 프톨레마이오스의 천체이론이 천년 이상 서양세계를 지배하였다.

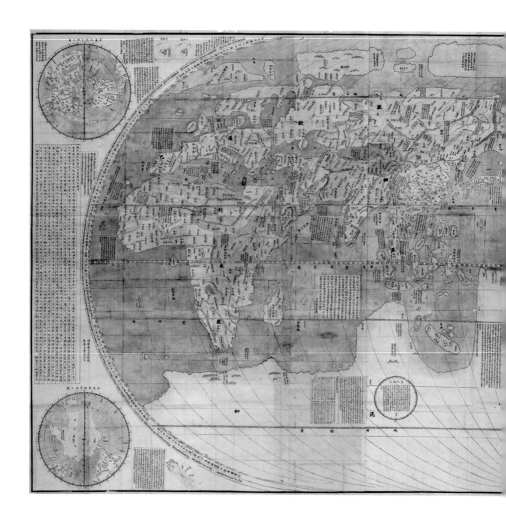

곤여만국전도(坤輿萬國全圖)

1602년에, 명나라에 와 있던 이탈리아의 선교사 마테오 리치가 제작하여 출판한 세계지도.
이탈리아에서 가져온 세계지도를 대본으로 하여 중국의 지도를 중앙에 두고
지명을 한문으로 번역하여 만든 것이다. 조선 선조 36년(1603)에 우리나라에 전래되었다.

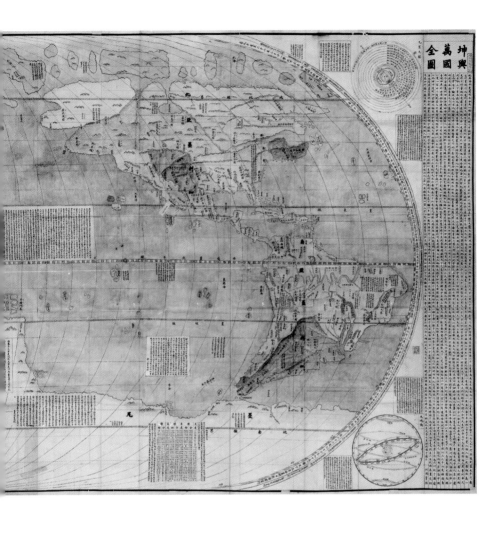

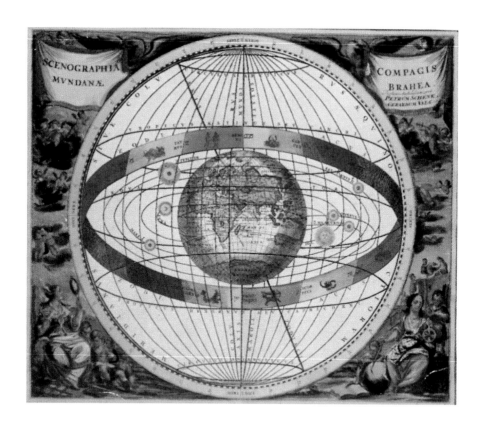

대우주의 조화

프톨레마이오스의 천동설을 설명하는 그림이다.
우주의 중심에 지구가 있고, 그것을 둘러싼 형태로 천체가
달, 수성, 금성, 태양, 화성, 목성, 토성, 항성으로 이어진다.
또한 천계는 무한의 원운동을 기본으로 각각의 신들이 천구를 보살피고 있다고 생각했다.

HANGIL GREAT BOOKS 124

공제격치

알폰소 바뇨니 | 이종란 옮김

한길사

공제격치

하권

Ⅲ. 만물을 생성하는 원소 元行生物論 • 193

A. 불에 속한 물상 火屬物象 • 195

B. 공기에 속한 물상 氣屬物象 • 228

일러두기

1. 이 책의 저본은 서울대학교 규장각 소장 『공제격치』(장서목록 古7100-2-1, 2권 2책, 29.3×17.2cm)이다.

2. 문맥의 자연스러움과 독자들의 이해를 위해서 원문에 없는 보충적인 뜻은 〔 〕에 넣었다.

3. 문화적 배경을 고려하여 '四行'은 4원소로, '五行'은 오행으로 옮겼다.

4. 한자로 된 아리스토텔레스의 개념을 가능한 한 모두 현대 서양 철학의 용어로 옮겼다.

5. 독자와 연구자의 편의를 위해 원문을 번역문과 나란히 싣고 번호를 붙였다.

6. 도표와 그림은 원문에는 없으나 옮긴이가 첨가하였다.

『공제격치』와 한국사상

이종란 한국철학

1. 들어가는 말

　(그리스도교는) 종교개혁으로 말미암아 얻은 것이 50이었다면 잃은 것도 50이었다. 종교개혁으로 성서적 맥을 되찾았지만, 철학적·존재론적·인문학적 요소들이 성서적으로 독이라도 되는 양 배타하고 경원시해 천박하고 좁아졌다. (……) 시대를 끌고 가는 거대한 과학사상이나 인문주의, 철학사상과 깊은 대화를 하면서 그리스도 진리를 천명하는 데 실패했고, 그리스도교라는 좁은 영역 속에 갇혀버렸다. (……) 성서 안의 두 개의 큰 수맥은 '계약 전통'과 '창조 전통'이다. 계약 전통의 전승은 가난한 자의 해방에 관심을 가지라는 것이고, 창조 전통의 전승은 자연이라는 생태계에 임재한 신을 훼손하지 말고 찬양하고 노래하라는 것이다. (……) 종교개혁의 가장 큰 한계는 신학에서 아리스토텔레스적인 요소를 제거한 것이다. 자연이 가진 능동성, 즉 위로부터 아래로 내려오는 길은 있지만, 아래에서 위로 올라가는 이 길에 대해선 일절 허용하지 않았다. 종교개혁이 중세기의 유기체적인 세계관, 자연의 능동성을 다 부정해버린 것이다.[1]

한 신문에서 읽은 기사이다. 다소 긴 이 인용문은 지금 옮긴이가 소개하고자 하는 책 내용의 기본 바탕이 되는 정신 또는 태도나 의도로 손색이 없다. 그 어떤 말보다 이 인용문이 책을 소개하는 데 효과적이다. 일반적으로 우리는 서양의 중세적 세계관이나 과학을 부정하거나 폄하하는 전통이 있기 때문에, 자칫 옮긴이가 소개하고자 하는 책마저도 그 가치가 그런 평가 속에 묻힐 우려가 있어서 서양 중세 전통의 긍정적 부분을 앞세워 보았다.

이 책 『공제격치』(空際格致)는 동양학, 그것도 동서 교류와 관계된 분야를 전공하지 않은 사람들에게는 그 이름부터가 생소하다. 한자어 '공제'(空際)는 공중 또는 허공이라는 뜻으로 하늘 또는 그것이 일정한 범위 안으로 연장된 우주[2]를 뜻한다. '격치'(格致)란 『대학』의 격물치지(格物致知)에서 유래하는 말로, 요즘말로 '연구하여 알아내다'의 뜻이다. 하늘을 연구하여 알아내니 얼핏 보면 천문학 같기도 하고 기상학 같은 자연과학과 관계된 책이기도 하여, 일종의 지구과학 개설서로 규정하기도 하지만,[3] 이러한 사실만으로 이 책이 오늘날 어떤 학문에 해당되는가를 규정하기는 그리 쉽지 않다. 왜냐하면 여기에 자연과학 외에 또 신학적 관점[4]이나 아리스토텔레스의 형이상학[5]이 반영되어 있기

---

1) 『한겨레』, 2011년 3월 31일자 28면, 김경재 · 이정배의 '종교개혁과 한국교회의 과제' 대담 기사에서 인용.
2) 이러한 우주관은 아리스토텔레스에서 기원후 2세기 프톨레마이오스(톨레미)에 의하여 더욱 정교하게 된 우주관으로 이어지는 유한 우주론이다. 즉 우주가 오늘날처럼 무한히 펼쳐져 있다고 보는 것이 아니라, 이 책의 내용처럼 지구를 중심으로 아홉 개 또는 여러 개의 하늘이 겹겹이 둘러싸고 있다는 관점이다. 16세기 말에 중국으로 건너온 마테오 리치(Matteo Ricch, 利馬竇)는 이 톨레미의 우주관을 그대로 간직하고 있었고(송영배, 「마테오 리치가 소개한 서양 학문관의 의미」, 『한국실학연구』 vol.17, 2009, 18쪽), 이후 서양 선교사들은 마테오 리치의 우주관을 그대로 따랐다.

때문이다.

이렇게 철학과 과학, 신학적 관점이 어우러져 하나의 태도를 형성한다는 것은 단순히 자연과학이나 철학이 신학의 시녀로서가 아니라,[6] 자연과 철학에 대한 신학적 관점이 반영된 중요한 시도라고 생각된다. 다시 말해 종교가 과학이나 철학, 특히 아리스토텔레스의 철학적 세계관을 벗어나지 않는다는 점을 말하고자 함이 아닌가?[7] 이 점은 이 책의 내용을 모두 검토한 이후 밝혀질 문제라고 생각되는데, 잠시 보류해 두기로 하자.

이 책은 명나라에 온 이탈리아 출신 선교사 알폰소 바뇨니(Alfonso Vagnoni, 1566~1640)[8]가 지은 것을 명나라 학자 한운(韓雲)과 진소성(陳所性)이 교정하여[9] 1633년에 간행한 것으로 알려져 있다.[10] 현재 이 책은 필사본의 형태로 서울대학교 규장각에 소장되어 있다.[11] 이 책

---

3) 김인규, 「조선후기 실학파의 자연관 형성에 끼친 한역서학서의 영향」, 『한국사상과문화』 vol.24, 2004, 266쪽.

4) 이 신학적 관점은 토미즘을 완성한 토마스 아퀴나스의 교부철학과 관계된다.

5) 이 아리스토텔레스의 형이상학은 토마스 아퀴나스가 자신의 철학에 반영한 것으로 이 책에서는 형상과 질료, 그리고 4원인설 등이 포함되어 있다. 이 책의 4원인에 대한 용어해석은 『천주실의』(마테오 리치 지음, 송영배 외 옮김, 서울대출판부, 1999)를 따랐다.

6) 근대 이후 토마스 아퀴나스의 교부철학을 제반 학문, 특히 철학을 신학의 시녀로 삼았다는 비판을 해왔으나 현대의 철학자들 가운데는 꼭 그렇지 않다는 점을 주장하기도 했다.

7) 이것은 중국에 온 선교사들 대다수가 과학적 저술을 한역한 것은 단지 그들이 서양과학의 우수성을 앞세워 전교를 위한 전략으로만 이용했다는 지금까지의 다수 학자들의 주장에 대한 부분적 반론이 될 수 있는데, 그것은 그들이 토미즘의 전통에 따라 자연은 제2의 성서로서 성서의 가르침과 위배되지 않는다고 보고 탐구했으며, 이들의 자연 탐구도 일종의 토마스 아퀴나스의 자연신학의 전통을 잇고 있다고 본다. 이런 관점에서 본다면 이들의 자연 탐구 결과가 현대과학에 얼마나 접근하느냐 하는 문제와는 별도로, 그 태도 면에서 종교와 과학의 일치를 염두에 둔 전교 방식으로 이해해야 마땅하다.

에 대해 소개하는 자료는 많지 않다. 다만 『사고전서』총목 125권에 보면 『공제격치』2권은 직예총독(直隸總督) 채집본이라 되어 있고, 그 설명에 따르면 "명대에 서양인 알폰소 바뇨니가 서양 이론을 펴냈는데, 불·공기·물·흙을 커다란 사원행(4원소)으로 삼고 중국 오행에서 금과 목을 같이 사용하는 것을 잘못되었다고 여겨 그가 이 책을 지어 자신의 이론을 펼쳤다. 그러나 그가 살피고 측정한 천문에서 오성(수성·금성·화성·목성·토성)을 폐지하지 못했고, 천지의 스스로 그러한 기를 억지스런 말로 없애려고 했으나 어찌할 수 있었겠는가? 그 망령됨을 이루고도 남을 뿐이었다"[12]라고 언급하고 있을 정도이다. 이 언급에는 나름대로 오해와 진실이 함축되어 있어 이 책을 읽어가면 충분히 구분되리라 믿는다.

---

8) 그의 이름은 이 밖에 'Alphonsus Vagnoni' 또는 'Alphpuso de Nagnoni'로도 불리며 중국 이름은 고일지(高一志) 또는 왕풍소(王豊蕭)이다. 그는 1605년 중국에 들어와 활동했고, 1616년 난징에 있을 때 중국에서 쫓겨났으나 1624년 다시 돌아와 산시성에서 활동하면서 이름을 고일지라 개명하고 활동하다가 1640년 4월 9일 산시성 찌양저우(絳州)에서 생을 마감했다. 저술에는 이 책 이외에 『서학제가』(西學齊家), 『의학』(醫學), 『환자시말』(寰宇始末, 1637, 아리스토텔레스 철학/신학), 『서학치평』(西學治平)이 있다(鄭鶴聲·鄭鶴春, 『中國文獻學槪要』, 臺灣商務印書館, 民國17). 그 외 『배록휘답』(裴錄彙答, 1636)이 있다. 배록(裴錄)은 필로소피의 음역이다.

9) 『空際格致』원문 3쪽.

10) 김인규, 앞의 글, 266쪽.

11) 장서목록 古7100-2-1의 이 책은 2권 2책의 필사본으로 사이즈는 29.3×17.2cm이다. 옮긴이는 2009년 11월 10일 09시 19분경 당시 서울대학교 규장각 양진석 연구관으로부터 원본을 영인하여 게재하지 않는다는 조건으로 번역할 수 있다는 내용을 전화로 확인하였다. 그 외 일본 와세다 대학과 숭실대학교 기독교박물관에도 소장되어 있는 것으로 알려져 있는데, 숭실대학교 박문관 것은 이 책과 상하권의 나눔이 다르고 쪽수의 배열도 약간 다르다.

12) 明西洋人高一志撰西法, 以火氣水土爲四大元行, 而以中國五行兼用金木爲非, 一志因作此書, 以暢其說. 然其窺測天文, 不能廢五星也, 天地自然之氣, 而欲以强詞奪之, 烏可得乎. 適成其妄而已矣.

18

또 당시 선교사들이 지은 책에서 인용되기도 하는데, 가령 페르비스트(Perdinand Verbiest, 南懷仁, 1656~88)의 『곤여도설』(坤輿圖說)에서 『공제격치』를 소개하고 있고, 그 내용을 인용하기도 한다.

이 책은 한역 서학서인 동시에 필사본이기 때문에 여러 가지 제한점을 가지고 있다. 우선 원본에는 도표가 있었는데 이 책에는 없다. 그 도표의 내용은 서양의 4원소설[13]과 관계되어 있다. 따라서 도표를 생략하고 필사했다는 점에서 아쉬움을 낳고 있다. 그러나 마테오 리치의 「곤여만국전도」(坤輿萬國全圖)에 보면 여러 도표가 등장하는데 아마도 이 도표도 이와 유사할 것으로 추론할 수 있다.

다음으로 한역 서학서이기 때문에 서양의 인명이나 책명 또는 개념을 한자로 옮기는 과정에서 크게 두 가지 문제점이 발견되었다. 하나는 서양식 개념이나 고유명사를 한자로 나타낸 문제이다. 오늘날 서양에 대해 많은 지식을 가지고 있는 우리로서도 17세기 당시 한자어로 그것을 이해하기란 쉽지 않다. 가령 '이모'(理模)나 '모자'(模者)라는 말을 현대어로 아니 우리말로 어떻게 옮길 것인가 하는 문제이다. '이모'나 '모자'는 각각 아리스토텔레스의 '형상'(形相, form)과 '형상인'(形相因, the formal cause)에 해당되는 말이다. 그래서 옮긴이도 노력 끝에 이런 문제를 해소하고자 따로 이 책의 용어사전을 만들어 첨가하였다. 그러나 아직도 이 책에서 중국식으로 표기한 서양의 인명과 지명, 식물명 그리고 책명에도 그러한 어려움이 있고, 여전히 해결되지 않는 문제도 다소 남아 있음을 솔직히 고백하지 않을 수 없다.

---

13) 4원소설은 고대 그리스의 자연철학자 엠페도클레스(Empedocles)가 주장한 것을 아리스토텔레스가 운동과 정지 그리고 만물의 생성 이론으로 더 다듬은 학설로, 불·공기·물·흙의 네 가지 물질이 지구의 만물을 생성하고 변화시키는 이론이다. 뒤에 자세하게 논의할 것이다.

다른 하나는 이 책을 필사할 당시에도 그 내용을 전적으로 이해하기가 쉽지 않았을 것이라는 점이다. 그 때문에 필사자도 종종 내용을 오해하거나 문자의 일상적 용례에서 벗어나는 표현 때문에 이해되지 않는 부분을 오기하거나 편집한 흔적을 찾아볼 수 있었다. 그 부분은 본문에서 밝힌다.

여하튼 이 개략적 설명은 단지 『공제격치』가 어떤 책인가에 대한 관심을 끄는 것으로 만족한다. 이 책과 관련된 사상적 배경과 서술 의도, 전체 내용, 그리고 한국사상사에서 이 책의 내용에 대해서 어떻게 반응했는지, 그리고 현대적 의의를 차례대로 살펴보고자 한다. 그래야 이 책의 전모를 이해할 수 있을 뿐만 아니라 이 책이 현대의 우리에게 도대체 어떤 의미가 있는지 현대적 관점에서 새롭게 조망해볼 수 있기 때문이다.

2. 사상적 배경

1) 아리스토텔레스의 형이상학과 자연학

이 책의 배경이 되는 사상은 중세 스콜라 철학, 곧 토미즘(Thomism)이지만 그것이 아리스토텔레스(Aristoteles, 기원전 384~기원전 322)적인 기독교(그리스도교) 신학이므로, 불가피하게 아리스토텔레스의 사상을 살펴보지 않을 수 없다.

아리스토텔레스는 철학뿐만 아니라 여러 학문 분야에서 수많은 업적을 남겼으므로, 후대에 영향을 미친 것은 단지 철학이나 과학만은 아니다. 오늘날 입장에서 볼 때 제각기 천문학, 지구과학, 기상학, 심리학, 동물학, 생물학 등으로 분류할 수 있지만, 지금부터 철학과 과학이라고 말할 때 그 점을 특별히 구분하지 않고 뭉뚱그려서 말하고자 한다.[14]

그러나 여기서 그의 철학이나 과학 모두를 다룰 수는 없다. 단지 이 책에서 아리스토텔레스의 형이상학이나 4원소의 변화와 운동, 그리고 자연학에 대한 각종 내용들이 직접 거론되기 때문에 그것들을 중심으로 관련된 사항을 개괄적으로 살피고자 한다.

아리스토텔레스의 초기 견해에 의하면 형이상학은 최고의 존재에 대한 탐구이며 신학과 같은 뜻을 갖는다고 한다. 곧 그는 세 종류의 존재가 있다고 하는데 최하위 존재는 지구상의 물체들로서 이들은 불규칙적인 운동을 하고,[15) 그 다음의 존재는 하늘의 천체(天體)로서 원운동을 한다고 한다. 최고의 존재는 아무런 물질의 섞임이 없는 순수한 형상(形相)으로서, 그는 이것을 신이라고 불렀다고 한다. 사실 여기서 신이란 종교적인 의미보다 궁극적 원리에 가깝다. 이 존재는 자신은 움직이지 않으면서 다른 것을 움직이게 하는 최초의 우주 원동자(原動者)이다. 그런데 그의 사상이 원숙해지면서 이 존재의 세 단계와 신의 사상은 폐기해버렸다고 한다.[16)

그러나 중세 기독교의 입장에서는 이것을 놓칠 이유가 없었다. 이러한 형이상적 우주관을 그대로 받아들였고, 『공제격치』에서도 어느 정도 반영하고 있다.

그렇다면 이 책에 반영된 그의 우주관을 살펴보기로 하자. 물론 이 책이 중세 교부철학(敎父哲學)에서 받아들인 아리스토텔레스의 사상이기

---

14) 자연과학적 저술에는 『자연학』『천체에 관하여』『생성과 소멸에 관하여』『기상학』이 있고, 심리철학에 관한 대표적 저술은 『영혼에 관하여』『감각과 감각 대상에 관하여』『기억과 상기에 관하여』 등이 있으며, 생물학적 저술에는 『동물연구지』『동물의 운동에 관하여』 등이 있다.
15) 그러나 그는 지구상의 모든 물건이 불규칙적인 운동을 하는 것이 아니라 4원소처럼 상승과 하강운동의 직선운동도 한다고 보았다. 그는 이것을 순수한 운동으로 보았다. 이 책에서 소개된다.
16) S. P. 램프레히트, 김태길 외 옮김, 『서양철학사』, 을유문화사, 1983, 109쪽.

때문에 이 책의 내용이 중세의 그것과 혼재되어 있는 것도 사실이다. 그 래서 가능한 순수한 아리스토텔레스의 관점과 관계된 것만 가려서 살피고자 한다.

아리스토텔레스는 엠페도클레스의 4원소설[17]을 받아들여서 자신의 우주론과 결합했다. 아리스토텔레스 우주체계는 에우독소스와 그의 제자 칼리포스의 지구 중심적 체계에 행성들의 서로 불규칙한 운동을 설명하기 위해 고안된 여러 개의 보완적인 천구(天球, sphairai)들을 추가해서 얻은 것으로,[18] 이 체계에 따르면 우주의 중심인 지구 주위에 일곱 개의 행성들이 돌고 있다. 즉 가까운 데서부터 달과 태양이 있고, 수성·금성·화성·목성 그리고 토성이 있으며, 이것들은 모두 항성들의 천구에 둘러싸여 있다. 우주 전체를 통틀어 에우독소스는 26개, 칼리포스는 33개의 천구를 놓은 데 비해 아리스토텔레스는 55개를 제안한다.[19]

그러나 『공제격치』에서는 아리스토텔레스 이후의 프톨레마이오스(톨레미)의 이론을 약간 수정하였는데, 지구를 중심으로 아홉 하늘이 있다고 여겼다. 그 아홉 하늘은 관측자의 입장에서 움직이지 않는 지구를 중심으로 회전하는 아홉 개의 천체, 즉 월천(月天)·수성천(水星天)·금성천(金星天)·일천(日天)·화성천(火星天)·목성천(木星天)·토성천(土星天)·항성천(恒星天)·종동천(宗動天)이다. 이것은

---

17) 엠페도클레스가 말한 4원소는 오늘날의 원소라는 의미의 그것이 아니라 다른 사물의 근원이 되는 추상적인 개념의 '리조마타'(rhizomata)이며, 이 리조마타 대신에 '원소'라는 의미의 '스토케이온'(stoicheion)이라 이름 붙인 사람은 플라톤이다. 그러나 여하튼 이것이 근대적 원소 개념과 다르지만 역사적으로 사용한 관례에 따라 4원소로 부르기로 한다.
18) 손윤락, 「아리스토텔레스의 요소이론」, 『서양고전학 연구』, 2008, 85~86쪽.
19) 같은 글, 86쪽.

아리스토텔레스와 톨레미의 이론을 약간 수정한 교부철학의 구중천설(九重天說)이다.[20] 모든 하늘은 지구에서 멀수록 종동천의 움직임의 영향을 받아 원운동을 한다고 보았다. 그러니까 이 이론이 코페르니쿠스의 지동설이 나오기 이전 서양 중세 후반의 공식적인 우주론이다.

여기서 아리스토텔레스는 엠페도클레스의 4원소설을 월천 이하의 세계에서 일어나는 운동과 변화를 설명하는 이론으로 제시하는데, 이 또한 고스란히 계승되었다.

우선 월천 이하의 하늘 위에서 차례로 불·공기·물·흙은 본성적 장소를 갖는다고 본다. 즉 본성적 장소란 각각의 원소가 본래 존재하거나 존재해야 하는 장소로서, 지구를 중심으로 맨 아래로부터 흙·물·공기·불이 위치하고 있는데, 이것이 4원소의 본성적 장소가 정해진 순서이다.[21] 그것은 각각 원소의 무게에 따라 정해진다고 본다. 그래서 가벼운 것은 위로 올라가고 무거운 것은 아래로 내려온다. 이것이 월천 이하에서 본성적 장소와 순수한 운동이다. 그리고 지상의 물건들은 이러한 원소가 섞인 비율에 따라 각각의 위치를 차지한다.

여기서 운동에는 순수한 운동과 불규칙적인 운동만 존재하는데, 순수한 운동이란 이처럼 원소가 갖는 가벼움과 무거움에 따라 갖게 되는 본래의 상하운동이고, 원운동이란 행성의 운동이다. 불규칙 운동이란 인간이나 동식물의 임의적인 운동, 또는 다른 외부의 힘에 의하여 강제

---

20) 여러 하늘이 있다는 설은 이미 서양 고대로부터 하나의 전통이 된 듯하다. 기독교『성서』「고린도후서 12: 2」에 보면, "내가 그리스도 안에 있는 한 사람을 아노니 그는 십사 년 전에 셋째 하늘에 이끌려 간 자라(그가 몸 안에 있었는지 몸 밖에 있었는지 나는 모르거니와 하나님은 아시느니라)"에서도 여러 하늘이 있음을 보여주는데, 이 말이 설령 영적인 언급이라 주장하더라도 표현상 관습적인 하늘의 종류가 녹아들어 있다.
21) 이 책, I-2-6과 I-4-2 참조.

로 움직이는 운동을 말한다.[22]

만물의 생성과 변화는 이러한 원소들의 본성적 장소에서 이탈했을 때 생기는 운동과 또 원소가 갖는 차고 덥고 건조하고 습한 성격이 서로 섞이면서 영향과 압력을 행사하면서 생기는 것으로 설명한다. 곧 각각의 원소들이 갖는 이러한 네 가지 본원적 성격[23]의 조화와 대립, 그리고 원소들의 위치 변화에서 생성과 변화가 일어난다고 본다. 다시 말해 아리스토텔레스는 모든 자연물의 변화의 근거를 그 내부에 가짐으로써 스스로 변화하는 것으로 보는데, 4원소로 구성된 지상의 사물들은 양적 변화와 질적 변화를 겪으며 또한 장소의 변화인 직선운동을 한다.[24] 이 책도 이러한 이론을 수용하여 4원소가 본성적 장소를 벗어나거나 또는 4원소가 본래부터 가진 성격의 대립과 영향으로 자연의 변화를 설명하고 있다.

이 관점은 매우 중요하다. 중세 교부철학이 바로 이 견해를 수용하였는데, 그것은 데카르트 이전에 이미 존재하는 자연은 그 자체의 법칙대로 움직인다는 관점이다. 단지 자연은 제2의 성서로서 인간의 이성에 의하여 그 자체의 논리를 탐구할 수 있다는 관점이 녹아 있다.[25] 그 전통 위에서 이 책이 저술되었는데, 세세하거나 특이한 자연현상을 신의 간여

---

22) 이 책, I-8-1 참조.
23) 원소가 갖는 본원적 성격인 냉열건습(冷熱乾濕)을 이 책의 원문은 원정(元情), 본정(本情) 또는 정(情)으로 표현하고 있다.
24) 유원기, 『자연은 헛된 일을 하지 않는다』, 서광사, 2009, 150쪽.
25) 토마스 아퀴나스는 인간의 자연적 이성은 모든 사람이 신의 인식에 오류 없이 도달할 수 있게 할 수 없지만, 형이상학의 최종적인 완성으로 여겨졌던 아리스토텔레스의 자연신학으로 형이상학의 맨 마지막에 가서야 힘든 노력 끝에 탐구할 수 있다고 설명하였다(박승찬, 『서양 중세의 아리스토텔레스 수용사』, 누멘, 2010, 250쪽). 그러니까 이렇게 자신의 법칙대로 움직이는 자연 탐구도 결국 신의 인식에 이바지할 수 있다는 관점에 도달한다.

로 돌리려는 경향을 가진 오늘날 한국의 다수를 차지하는 보수적 기독교 교단의 입장[26]과는 근본적으로 다른 태도이다.

또 하나 그의 자연학과 연관된 내용은 이 책에 많은 지면을 차지하고 있는 그의 『기상학』(*Meterologica*)과 관련된 자료이다. 눈·비·안개·무지개·천둥·번개·지진·조수·온천 등이 그것이다. 그의 『기상학』을 읽어보지 못한 옮긴이로서 어디까지가 그의 이론이며 어디까지가 나중에 첨가된 내용인지 확인하지는 못했다. 이 부분은 이 분야의 전공자들에게 맡긴다.

그리고 아리스토텔레스가 중세철학에 영향을 미친 것 가운데에는 심리학적 견해가 있다. 그의 저술 『영혼에 관하여』라는 제목에서 보이는 것처럼 '영혼'(soul)의 원래 의미가 'psyche' 곧 '생명'에 가까운 말이지만, 그 말은 후대에 기독교적인 영혼과 거의 구별 없이 사용되었다. 여기서 생명(영혼)은 영양섭취·감각(지각)·욕구·장소운동, 그리고 사고와 관련해서 이해되며 아리스토텔레스는 일종의 운동으로 보고 있다. 즉 그는 영혼이 신체로부터 분리되어 독립적으로 존재하거나 운동하거나 감각하거나 지각할 수 있는 것이 아니라고 결론짓는다.[27]

그는 이러한 영혼을 식물과 동물과 인간적인 것으로 구별했고, 동물적 기능은 식물의 기능에다 욕망과 운동을 추가하였고, 인간에게는 거기다 이성을 추가하였다. 그런데 그는 여기서 이성이 육체로부터 떨어져서 존재한다고 직접 말하지는 않았지만, 이성이야말로 영혼의 여러

---

26) 일례로 2011년 3월 11일 일어난 일본 동북부 센다이 지진을 두고 어떤 개신교 목사는 일본인들에 대한 '하느님의 경고'라고 해서 물의를 일으킨 바 있는데, 한국의 대다수 보수 기독교 인사들의 시각은 이와 크게 다르지 않다.

27) 아리스토텔레스, 유원기 역주, 『영혼에 관하여』, 궁리, 2010, 20~23쪽. 영혼에 관한 것은 자연현상을 다루는 『공제격치』보다 『천주실의』 등에서 반영된 그의 철학을 풍부하게 엿볼 수 있다.

부분 가운데 육체로부터 독립해서 지속될 수 있는 것으로 여길 수 있는 유일한 근거가 되었다.

이런 점은 후대의 역사에서 그의 저작에서 전후 문맥상의 의미를 고려하지 않고, 곧장 신학적인 목적을 위하여 영혼불멸설의 이론적 전거로 사용되기도 하였다. 아마도 아리스토텔레스는 감각이나 욕망을 인간적인 영혼의 특징으로 말할 수 없었고, 이성이야말로 인간이 영원한 진리를 발견할 수 있는 유일한 것이라는 점을 강조하고 싶었을 것이다.

그러나 어쨌든 그리스 철학 전통의 지혜의 사랑은 바로 이런 이성적인 데 있는데, 후대에 토마스 아퀴나스가 계시신학에 상대해 자연신학[28]으로서 받아들여 신을 탐구해서 알 수 있는 또 하나의 길을 세우는 데 이바지하였다. 비록 그 길이 험난하고 도달하기 어렵지만, 인간의 이성을 신앙에서 배제하지 않았다는 점에서 과학이나 철학이 굳이 신앙과 모순되지 않고 서로 보완할 수 있는 길을 열어놓았다.

또 하나 『공제격치』에 녹아 있는 아리스토텔레스의 이론은 형이상학이다.

이 책에 따르면 자연물의 경우도 형상과 질료로 이루어졌다고 본다. 사물의 일차적 질료는 바로 4원소이며 만물은 이 단순체인 4원소로 구성된 복합체이다. 형상은 단지 사물의 형태나 겉모습뿐만 아니라 때로는 구조와 크기 등도 포함된다.[29] 마찬가지 논리로 생물은 영혼과 신체

---

28) 토마스 아퀴나스가 자연이성에 의하여 신을 인식하는 철학, 곧 형이상학의 최종적인 완성으로 여겨졌던 아리스토텔레스의 철학을 자신의 계시신학을 상대해서 일컫는 말이다. 이와 반대로 계시신학은 신을 출발점으로 삼는데, 자연신학보다 계시신학의 최종 목적이 인간의 구원이라는 데 적합하기 때문에 최고의 학문으로 인정하였다(박승찬, 『서양 중세의 아리스토텔레스 수용사』, 누멘, 2010, 265쪽).

29) 같은 책, 29쪽.

의 합성물이라는 점을 쉽게 간파할 수 있다. 그러나 이 책은 인간과 생물 탐구가 배제되었으므로 인간이나 생물의 영혼에 대해서는 다루지 않는다.

이 책에서 다루고 있는 형상과 질료의 문제는 예를 들어 "불의 질료 (matter)는 단지 불의 형상(form)을 품어 불의 원소를 이루고, 다른 원소의 형상을 함께 받아들일 수 없다"[30]와 같은 언급에서 찾아볼 수 있다.

여기서 더 나아가 네 가지의 원인을 가지고 탐구하는 아리스토텔레스의 4원인설을 적극 활용한다. 원래 4원인설의 '원인'(cause)에 대한 원래의 의미는 그리스어 아이티아(aitia)로서 법정에서의 공격 방식에서 자연에 대한 탐구 방식으로 응용된 개념이다. 다음의 인용은 이 책에서 그 이론을 수용하고 있음을 보여준다.

먼저 하늘색의 질료[31]를 논하면 혹 공기이거나 물인데, 공기는 두꺼운 것을 줄여 조밀하고자 하고, 물은 얇은 것을 줄여 희박하게 하고자 하여 바야흐로 색을 이룰 수 있다. 또 그것이 드러난 곳은 대개 하늘인데, 그 형상인(形相因, the formal cause)은 빛이요, 그 운동인(運動因, the efficient cause)은 태양과 빛을 내는 물체요, 그 목적인(目的因, the final cause)은 우주의 아름다움과 만유의 완전함이다.[32]

---

30) 假如火之質, 止懷火之理模, 以成火行, 未能幷容他行之模(이 책, I-9-3).
31) 여기서 말하는 질(質)은 질자(質者, the material cause)로도 표현되는 질료인(質料因)이며, 아리스토텔레스의 4원인설 가운데 하나이다.
32) 始論其色之質, 或氣或水, 氣欲略厚而密, 水欲略薄而稀, 方可成色. 又其所顯之處, 大槩在空際, 其模者卽光也, 其作者卽太陽與射光之物也, 其爲者卽宇宙之美萬有之全也(이 책, III-B-1-3).

이렇듯 아리스토텔레스의 이론을 활용하여 사물을 탐구함에서 그의 목적인을 신학적 의도에 맞게 대체했다. 다음의 예에서 보인다.

어떤 사람이 밀물과 썰물의 목적인을 물었다. 답한다. "하나는 썩는 걱정을 없애는데, 대개 물은 오래 모이면 반드시 썩는다. 〔또〕 하나는 외부에서 모인 쓰레기를 청소하는데, 대개 지상의 크고 더러운 〔쓰레기〕 더미가 강과 하천을 통해 바다로 들어오는데, 이에 밀물이 다시 발생하여 토해낸다. 〔다른〕 하나는 항해나 표류나 물을 건너는 일에 도움이 되는데, 대개 밀물 때는 바다에서 쉽게 해안으로 나아가고, 썰물 때는 해안에서 쉽게 바다로 들어온다. 이것을 살펴보면 바다 조수의 이로움이 적지 않음을 알겠다. 조물주에게 어찌 〔아무런〕 의도가 없었겠는가?"[33]

그 외 이 책에 들어 있는 아리스토델레스의 과학적 이론에 대한 세부 사항은 본문 가운데 그의 저술이나 말로 소개되어 있어서 확인할 수 있다. 단지 아쉬운 것은 그의 저술의 이름이 중국어로 씌어 있어서 정확히 무엇을 말하는지 알 수 없다는 점이다. 가령 『성리총령』(性理摠領)·『성리정론』(性理定論) 등이 그것이다.

2) 서양 중세사에서 아리스토텔레스 사상의 수용

서양 중세사에서 아리스토텔레스의 사상을 언제, 어떻게 수용했는지

---

33) 或問, 潮汐之爲者. 曰, 一則以免腐朽之患, 蓋水久注, 必朽. 一則以淸外聚之垢, 蓋地上丕惡之積, 由江河而歸于海, 乃潮長復發, 吐之也. 一則以輔航漂渡之事, 蓋潮長則從海易就岸, 潮退則從岸易入海. 觀此, 知海潮之益, 不淺矣, 造物主, 豈無意乎(이 책, III-C-12-23~24).

를 따지는 일 자체가 무의미해 보일 수도 있겠다. 그리스 전통이 면면히 흘러왔을 것이라는 상식 수준에서 볼 때 그렇다. 그러나 그런 상식처럼 보이는 것도 때로는 여지없이 빗나갈 수 있다는 점을 상기한다면 아리스토텔레스 사상의 수용 역사를 살펴볼 필요가 있다. 왜냐하면 기독교 지배 아래의 중세 서양 세계에서 아리스토텔레스의 수용은 특별한 지위를 가지고 있는데, 그 지위란 아리스토텔레스의 철학적 성격과 맞물려 있기 때문이다.

아리스토텔레스는 잘 알다시피 플라톤의 사상과 많이 다르다. 그의 철학에서는 종교적인 열광을 발견할 수 없다. 반면 플라톤적 사상은 쉽게 기독교적 세계관과 궁합이 맞는 여지가 있다. 그래서 일찍이 기독교에서는 신플라톤 사상을 받아들였다. 곧 플라톤은 정신적 가치인 이데아를 직관으로 파악하는 것으로 보나, 신플라톤주의자 플로티누스는 정신적 세계인 일자(一者)가 있다고 하여 이론 또는 논리로 파악하였고, 아우구스티누스는 정신적 권능(하느님)을 신앙적 계시에 의하여 파악한다고 여겨, 자연스럽게 플라톤적 사고가 기독교에 충돌 없이 수용될 수 있었다. 특히 플로티누스의 유출설은 그것을 조금만 변형하면 그리스도교의 창조설과 조화를 이룰 수 있기 때문이기도 하다. 이러한 점은 이성에 대한 신앙의 우위성을 인정하더라도 이치에 닿지 않는 맹목적 신앙에 대해서 그다지 찬성하지 않는 태도를 낳기도 했다. 그러나 어쨌든 "알기 위해서 믿는다"는 말처럼 당시 지혜보다는 신의 조명을 필요로 하였다.[34)]

그런데 왜 뜬금없이 아리스토텔레스인가?

사실 아우구스티누스 이후 그의 계승자들은 철학을 비롯한 세속의

---

34) S.P. 램프레히트, 앞의 책, 202쪽.

학문적 지식을 신앙의 하녀라는 강력한 확신을 가졌고 또 그렇게 만들려고 하였다. 그러나 한편 12세기 전까지만 해도 중세 서양 세계에서 아리스토텔레스를 단지 논리학자 정도로만 알고 있었고, 그의 논리학 분야에 대한 연구가 어느 정도 활성화되고 있었다.[35] 그러다가 일부 학자들 사이에서 나름대로 아리스토텔레스에 대한 관심의 폭이 증가되고 있었다. 그것은 그가 자연학·형이상학·논리학·윤리학 등의 방면에서 해박한 지식을 소유했기 때문이다. 게다가 서방 세계의 학자들은 그리스도교의 지혜나 가르침으로 세계 전체를 포괄적으로 해석하는 방식을 찾고 있었고, 이를 순수하게 이성적인 방식으로 이루어낼 수 있기를 바랐다. 특히 12세기 학자들이 「창세기」를 주해하는 과정에서 자연학적인 방식으로 세계에 대해서 설명하려 했던 시도는 바로 아리스토텔레스에 대한 내재적인 관심을 가지고 있었다는 것을 방증한다.[36] 이런 점은 12세기에 와서 아리스토텔레스가 갑자기 등장하는 것이 아니라는 것을 말해준다.

비록 그러하나 12세기 초기부터 스페인과 남부 이탈리아를 중심으로 아랍문화가 수입되기 시작해 비잔틴 제국과 이슬람 세계로부터 번역되어 역수입되는 문헌의 양은 12세기에 폭발적으로 증가하는데, 이렇게 하여 아리스토텔레스의 문헌은 비라틴 문명권으로부터 번역을 통해 기원전 1세기 수준을 회복했다. 특히 아리스토텔레스 물리학과 기상학은 12세기 크레모나의 제라드(Gerard of Cremona, 1134~87)에 의하여, 동물학은 13세기 초에 마이클 스콧(Michael Scot, ?~1235)에 의하여 라틴어로 번역되었다.[37] 여기서 아리스토텔레스가 논리학에 그

---

35) 박승찬, 앞의 책, 83쪽.
36) 같은 책, 94~95쪽.

치지 않고 그때까지만 해도 교회가 답을 갖고 있던 거의 모든 분야에서 대안적인 답 또는 반대되는 답을, 체계적인 방식으로 제공하는 철학자라는 사실을 분명하게 만들었다.[38] 이제 학문의 지각변동이 일어난 것이다.

13세기가 되면서 유럽의 곳곳에 주요 대학들이 등장하고, 12세기에 번역한 문헌을 활용함으로써 아리스토텔레스의 연구가 더욱 활발해졌다. 그리하여 1255년 파리 대학이나 옥스퍼드 대학에서 아리스토텔레스를 전폭적으로 수용하게 되고, 아리스토텔레스는 최고의 스승으로 여겨 20년간 중세철학과 신학의 황금기를 이루었다고 한다.

이처럼 일반적으로 알려진 것처럼 자연에 대한 탐구는 르네상스 이후에 갑자기 등장한 것이 아니라 이렇게 아리스토텔레스의 재발견으로 시작되었다고 할 수 있다. 그의 철학적 수용은 중세 대학에 정신적 토대를 제공했고, 다양한 해석의 경쟁적 활동을 유발했으며, 특히 자연학 저서들을 통해서 무한히 탐구 가능한 자연세계가 이 중세의 학자들에게 펼쳐졌다는 점이다. 그것이 근대와는 비교가 안 될지라도 새로운 발걸음을 시작하였다고 볼 수 있다.[39]

비록 그렇기는 하나 13세기의 신학자들은 당시 학자들의 아리스토텔레스 탐구가 자칫 그리스도교 세계의 지적 통일성에 분열을 초래할 위험을 감지했는데, 보나벤투라·로저 베이컨·대 알베르투스·토마스 아퀴나스 등은 상황의 절박함을 깨닫고, 서로 방식은 상이하더라도 다가올 위험을 피하기 위한 노력을 기울였다.[40] 특히 토마스 아퀴나스 시

---

37) 박성래, 『과학사서설』, 한국외국어대학교출판부, 2000, 83쪽.
38) 박승찬, 앞의 책, 95~96쪽.
39) 같은 책, 160~161쪽.
40) 같은 책, 162~163쪽.

대에 새로운 철학이 요구되었던 것이다.

3) 토마스 아퀴나스와 아리스토텔레스

한국에서 서학을 연구하는 학자들 가운데에는 17~18세기 서양 선교사들이 동양에 소개한 과학이란 근대 이전의 중세 과학이라는 점을 강조하는 이들이 많다. 또 이들 선교사들이 통일된 목소리를 내는 신학적 관점 또한 근대적 산물도 아니라고 한다. 이러한 사실은 역으로 한역 서학서들이 중세적 신학과 과학을 그대로 보존하고 있다는 견해이다.

『공제격치』는 놀랍게도 마테오 리치(Mateo Licci, 1552~1610)가 쓴 『천주실의』(天主實義)와 그 사상적 배경 및 신학적 견해가 일치한다. 특히 두 책에 포함된 아리스토텔레스의 철학과 과학도 예외가 아니다.[41] 물론 다른 서학서도 마찬가지일 것이라고 생각된다. 여기서 『천주실의』는 스콜라 철학이라 불리는 토미즘, 곧 아리스토텔레스적인 기독교 사상을 충실히 반영하고 있는데, 토미즘의 대표적인 학자는 토마스 아퀴나스(Thomas Aquinas, 1225~74)이다. 그러니까 1603년에 저술된 『천주실의』나 1633년에 저술된 이 책이 아직도 중세 스콜라 철학의 영향 아래 있었던 것은 확실해 보인다.

그래서 또 토마스 아퀴나스(이하 토마스로 약칭함)가 아리스토텔레스의 철학이나 과학을 수용한 결과, 그의 신학적 태도가 어떻게 변했는지 살펴보지 않을 수 없다.

13세기 서양의 지성계에서 아리스토텔레스에 대한 연구가 유행처럼 번지자 신학과 철학 사이의 관계를 정립하는 문제에 대해서 고심하게

---

41) 두 책에 공통적인 사항 몇 가지를 예로 들면 아리스토텔레스의 형이상학인 4원인설, 자연에 관한 지식, 4원소설 등이 그것이다. 본문의 관련된 내용에서 밝힌다.

된다. 이것을 달리 표현하자면 신앙과 이성의 관계 문제였다. 이 문제는 신앙 안에서 아리스토텔레스의 형이상학과 자연학 등의 사상들을 어떻게 위치지을 것인가 하는 점이기도 하다.

결론부터 말하자면 토마스는 아리스토텔레스의 형이상학과 자연학 등의 사상을 받아들여 그의 신학에 반영하였다. 그렇다고 과거의 플라톤적인 요소가 완전히 배제된 것은 아니다. 그는 이 두 사상의 흐름을 조화시켜 나름대로 체계를 이루어냈다. 그래서 토마스주의(토미즘)라는 새로운 명칭을 얻게 되었다.[42]

우선 토마스는 존재의 개념을 확실히 하기 위해 아리스토텔레스로부터 질료와 형상의 개념을 가져온다. 더불어 사물의 존재 방식을 해명하기 위해 그의 4원인설도 도입한다. 특히 그는 이미 20대 후반에 아리스토텔레스에 관한 저술인 『자연의 원리들』(*De principiis naturae ad fratrem sylvestrum*)을 냈는데, 거기서 아리스토텔레스의 『자연학』 1권과 2권, 그리고 『형이상학』 5권을 주된 토대로 삼고, 또 『생성소멸론』 등을 참고하여 질료와 형상, 생성과 소멸, 4원인 등을 충실히 다루고 있다.[43]

토마스는 질료와 형상의 개념을 인간론에도 적용시켰다. 인간은 육체(질료)와 영혼(형상)의 합성체로 인간의 영혼은 본유관념을 가지고 있지 않다고 보고, "먼저 감관 속에 있지 않는 것은 아무것도 정신 속에 있지 않다"고 보는 인식론을 지지하였다.[44] 그래서 인간의 인식은 감각에서 시작하는 것이기 때문에 감각적인 인식에서부터 그 내용이 반영

---

42) 토마스주의에 대한 체계적 사상체계는 『이교도에 대한 대전』(*Summa contra gentiles*)과 『신학대전』(*Summa theologiae*)에서 확인할 수 있다.

43) 토마스 아퀴나스, 김율 옮김, 『자연의 원리들』, 철학과현실사, 2005, 5~7쪽.

44) S. P. 램프레히트, 앞의 책, 263쪽.

된 초감각적인 것에 이르는 것은 인간에게 자연스러운 일로 보았다. 다시 말해 감각을 영혼과 육체의 작용으로 보았다. 이 말은 곧 사물 속에 있는 보편자는 인간 인식의 관념이 될 수 있다는 말로 해석된다. 인간은 사물을 감각 기관을 통하여 경험하기 전에는 그것에 대한 관념을 가질 수 없다는 말로 이해되는 것으로, 자연스레 구체적 사물에 대한 경험적 인식을 수반한다.

그는 여기서 더 나아가 인간 영혼의 능동적 활동을 주장한다. 그 활동이란 감각된 영상을 추론하여 보편적 개념을 찾는 일이다. 그도 아리스토텔레스처럼 감각에 있지 않은 내용은 우리의 지성 속에 있지 않다는 점을 인정한다. 우리의 영혼은 감각에 의한 영상 없이 아무것도 이해할 수 없다고 한다. 그러니 기본적인 개념과 원리들은 모두 경험적 내용으로부터 추론하고 추상하여 파악된 것이다.[45] 이런 차원에서 자연은 창조주의 피조물로서 중요하게 등장한다.

그러나 어찌되었든 토마스는 이러한 육체의 감각으로서는 신과 같은 비물질적인 실체에 대해서는 직접적으로 인식이 불가능하다고 보았다. 그러니 신은 감각 대상이 못 된다. 따라서 육체를 가진 인간은 육체의

---

45) 이러한 경험적 인식이론은 훗날 마테오 리치를 비롯한 동방 선교사들이 충실히 이어 받아 『천주실의』와 같은 한역 서학서에 그대로 반영되어 있다. 또 그것을 통하여 조선 철학자 가운데 한 사람인 최한기의 인식론에 큰 영향을 준다. 일부학자들이 최한기를 경험주의 철학자라고 부르는 것도 그의 인식론에서 차지하는 이러한 경험의 비중을 두고 평가한 말이다. 그러나 최한기는 경험을 중시해도 경험주의 철학자는 아니다. 마치 아리스토텔레스나 토마스처럼 경험을 중시해도 그 경험 자료를 가지고 이성의 활동으로 개념이나 관념을 추론하고 있음을 말하는 것과 동일 선상에서 최한기도 추측과 검증을 통해 사물의 본질을 파악할 수 있다고 주장했다. 더 자세한 것은 이종란, 「최한기의 인식이론」, 최영진 외, 『최한기의 철학과 사상』, 철학과현실사, 2000, 237~265쪽 참조.

형상인 영혼으로서 신을 파악할 수 없다는 것이 그의 자연스러운 결론이다.

본래 아리스토텔레스의 생각에는 영혼이 육체의 형상이기 때문에 육체를 떠나 존재할 수 없다고 보았지만, 토마스는 인간의 영혼이 이성적 능력과 자유의지를 갖고 있으므로 비물질적이며 모든 물체들의 본성을 알 수 있고 자기 자신마저도 반성할 수 있다고 여긴다. 따라서 이성적인 인간의 영혼은 비물질적이며 영원불멸하다는 결론에 도달한다.

바로 여기서 토마스의 영혼에 대한 이론이 서로 상반되는 점을 드러내고 있다. 곧 영혼은 육체의 형상으로서 감각적 경험과 관련되지만 감각으로서는 신을 인식할 수 없다고 보면서, 동시에 신을 인식할 수 있는 최고의 정신활동을 하는 영혼은 영원불멸하며 육체에 의존하고 있지 않다고 보기 때문이다.

이런 그의 영혼불멸에 대한 견해는 플라톤의 그것을 계승한 것으로 보인다. 그러나 육체로부터 분리된 인간의 영혼이 언제나 육체를 떠나 있는 것이 아니라, 언젠가 육체와 결합해야 한다고 전제될 수도 있다. 그것이 그리스도교의 부활사상과 일치하기 때문이다.

그러나 어쨌든 이런 영혼에 대한 불일치의 문제는 그로 하여금 신학과 철학 사이의 관계를 정립하는 문제에 고심하게 만들었고, 그 과정에서 계시(啓示)에 의하여 신을 파악하는 신앙과 이성에 의하여 만물과 신을 파악하는 철학을 인정하지 않을 수 없었는데, 여기서 철학과 신학의 지위를 설정했다.

즉 토마스는 신학과 철학을 혼동한 사람은 아니어서 기본적으로 그 둘을 갈라서 보았으며, 다만 철학을 그의 신학을 옹호하는 도구로 사용한 듯하다. 철학이나 신학 모두 이성을 사용하지만, 신학이 기본적으로 계시에 의한 주어진 교리를 연역하는 것이라면, 철학은 세계를 관찰한 경험을 주제로 추론하여 보편자를 찾거나 정합성을 추구하는 것이므로, 기본적인 절차나 방법은 다르다. 확실히 그는 이성이 계시의 동반자가 된다고 확신한 사람이다.

그래서 그는 신으로부터 부여되는 은총의 빛과 인간 본성에 속하는 이성의 빛을 구분하였는데, 인간의 본성에서 오는 자연적 이성은 모든 사람이 신의 인식에 오류 없이 도달할 수 있도록 해줄 수가 없다고 한다. 여기서 자연이성에 의한 신 인식을 그의 아리스토텔레스의 자연신학을 의미한다. 토마스는 이런 자연신학을 정확하게 이해하려면 많은 예비적인 연구와 성찰이 필요하다고 보아, 형이상학의 맨 마지막에 가서야 힘든 노력 끝에 탐구할 수 있다고 설명하였다. 그런데 어떤 사람들은 자연적인 이성 능력의 부족으로 이런 깊이 있는 탐구에 적합하지 못하다. 그래서 신앙을 통해서 얻는 것이 바람직하다고 본다.[46]

그러나 그가 신학적 진리를 위해 계시의 방법에 의거해야 한다는 점을 분명히 하면서도, 앞에서 살펴본 것처럼 현실의 구체적 사물에 대한 보편자를 찾고자 함은 그 보편자를 추구하는 인간의 이성을 통하여 확립된 신앙이 더욱 가치가 있다고 보았기 때문이다. 또 하나는 신이 창조한 사물 속에서 보편자를 발견함은 신의 존재를 더욱 이성적으로 확고히 할 수 있기 때문이다. 즉 발견된 이 보편자들은 이미 신의 관념 속에 있었던 것이고, 그것을 발견한다는 것은 신의 관념을 확인하는 결과를 가져오기 때문이며, 결과적으로 인간의 이성이 신앙을 확립하는 데 도움이 되기 때문이다.

여기서 그는 그의 저서 『신학대전』(神學大典)에서 신의 존재를 증명하기 위해 다섯 가지를 사용하는데, 처음 세 가지가 아리스토텔레스의

---

46) 박승찬, 앞의 책, 250~251쪽.

형이상학에서 차용하고 있다. 네 번째는 플라톤적인 논증이고, 다섯 번째는 목적론적인 논증이다. 훗날 마테오 리치도 『천주실의』에서 그대로 답습하고 있다. 하느님은 제1의 원인이요 자신은 움직이지 않으면서 다른 것을 움직이게 하는 존재이다. 따라서 세계는 신의 섭리의 표현이다. 이런 신의 섭리에 의하여 생긴 세계를 파악하는 것은 신앙에 당연히 도움이 될 수 있다고 보지 않았을까? 그러니 인간의 이성과 과학을 긍정할 수밖에 없지 않은가? 그러니까 자연스럽게 경험적 인식론을 수용할 수밖에 없는 것이고, 당연히 『공제격치』도 선교의 전략이기는 해도 이런 맥락에서 기술되었다고 보아도 무방하다.

그러나 어찌되었든 토마스의 영향 아래 그후 가톨릭 교회는 하나의 전통을 이루었는데 인간의 자연적인 이성 능력은 정통 신앙을 뒷받침하는 지식에 도달할 수 있다고 보고, 신앙 제일주의를 위험하다고 정죄했으며, 덮어놓고 맹목적으로 믿는 일을 의심쩍게 여겼다.[47]

이렇듯 이성과 가시적 세계에 대한 긍정은 자연스레 과학적 태도를 용인하게 되었고, 실제로 자연세계에 대한 탐구적 태도를 낳게 하였다. 그러나 정작 토마스 자신은 오늘날과 같은 자연과학 탐구에 대하여 별로 관심이 없었고, 아리스토텔레스의 자연에 대한 관점을 답습하였다.[48] 바로 이 책에서도 아리스토텔레스의 4원소설에 근거한 자연운동에 대한 내용들을 크게 벗어나지 않고 다루고 있음이 그것을 잘 보여준다. 그래서 토마스가 죽은 지 300년 뒤에 마테오 리치와 그의 동료 및 후배들이 활동했지만, 우리는 그의 저서를 통해서 그후에도 스콜라 철

---

47) S.P. 램프레히트, 앞의 책, 286쪽.
48) 앞의 각주에서 인용한 토마스의 『자연의 원리들』도 구체적인 자연과학적 탐구내용이 아니라 아리스토텔레스의 형이상학적 자연관에 대한 이론을 다룬 책이다.

학이 적어도 가톨릭 교회 내에서 확고했음을 확인할 수 있다.

중세 후기 스콜라 철학은 우리가 흔히 알고 있듯이 그저 무가치한 것이 아니라 아리스토텔레스의 철학을 수용하였다는 점에서 비록 자연에 대한 형이상학적인 보편자를 찾으려는 시도를 배제할 수는 없다고 할지라도, 적어도 이렇게 자연적인 개별적 사물에 관심을 돌리게 하였다는 공로를 인정해야 할 것 같다.

또한 인간의 이성을 긍정함으로써 신이 창조한 이 세계를 탐구할 수 있게 하여 자연을 신이 준비한 제2의 성서로 생각하게 만들었다. 그래서 자연스럽게 신앙과 과학 사이의 조화를 지향하게 하여 근대 과학의 형성에 영향을 주거나 동참했다고 말할 수 있고, 또 근대의 인식론적 흐름과 맥이 닿아 있다는 점을 놓쳐서도 안 될 것 같다. 비록 토마스가 그것을 의도하였는지 알 수 없지만 말이다. 아이러니하게도 이러한 중세 교부신학의 세계관인 천동설을 뒤집고 지동설을 주장한 코페르니쿠스는 당시 폴란드 프롬보르트의 성당 사제였다.

3. 『공제격치』의 내용과 저술 의도

1) 『공제격치』의 내용

『공제격치』는 상하 2권으로 1633년에 간행된 것으로 알려져 있으며, 이 책의 저본이 된 책은 서울대학교 규장각 소장 필사본이다. 언제 누가 어디서 필사했는지 알려져 있지 않다.

이 책의 전체 내용을 요약하면 아리스토텔레스의 자연과 우주에 대한 이론과 교부철학의 신학적 관점이 종합되어 있다. 좀더 구체적으로 살펴보면 4원소에 대한 개념과 천체의 구조, 그리고 차갑고 따뜻하고 건조하고 습한, 곧 한열건습(寒熱乾濕)이라는 4원소의 성질에 따라 변화하는 자연의 여러 현상을 4원소의 결합과 대립 및 운동을 가지고 설명하면서 형이상학적인 목적론을 신학적 입장으로 대체하고 있다.

그러나 그것만으로 이 책의 내용을 개괄하지 못한다. 거기에는 이 책이 저술된 17세기 초기까지의 서양인들의 경험과 과학, 그리고 지리상의 발견으로 경험한 서양 세계 이외의 내용들도 예시 자료로 포함되어 있기 때문이다. 게다가 동양 전통의 사례들도 비판 자료로 적잖게 들어 있다. 이렇게 본다면 당시까지의 과학적 사실이라고 믿었던 천문·기상·지리학적 사례들에 대한 종합판이라고 보는 게 낫겠다.

목차는 이 책의 맨 앞에 실려 있는데, 그 가운데 상권의 말미에 수록된 4원소의 성격에 대한 그림이라 할 수 있는 '사행정도'(四行情圖, 4원소의 성격도)는 정작 본문에 누락되어 있다.

이 책은 상하 2권으로 된 책이지만, 내용으로 보면 크게 3부로 구성되어 있다. 제1부와 제2부는 상권에 들어 있는데, 제1부는 원소의 본성에 대한 논의이고, 제2부는 지구에 대한 논의이다. 하권의 제3부는 4원소가 만물을 생성하고 변화시키는 논의인데, 곧 4원소가 자연현상을 일으키는 문제에 대해서 다루고 있다.

그 대강의 내용을 살펴보면, 우선 상권에는 도입 글이 있고 제1부와 제2부로 구성되어 있다.

제1부는 4원소의 기본 개념에 해당하는 원소의 본성에 대하여 논의한다. 원소의 이름, 원소의 수, 오행과 4원소의 차이, 원소가 위치하는 본성적 장소의 순서, 원소의 형태, 본성적 장소에 존재하는 원소의 두께, 원소의 성질, 원소의 운동, 원소의 순수함 등이 그것이다.

여기서 제시하는 기본 개념인 4원소는 달의 천구 아래에서 존재하는데, 4원소는 물질의 최소 단위로서 소멸되거나 생성되는 것이 아니라 원래부터 존재하는 물질이다. 이것들은 모여서 혼합체인 사물을 형성하는데, 가령 나무와 동물과 사람 등이 그것이고, 그 사물이 소멸될 때는 다시 4원소로 분리된다고 한다. 그래서 각각의 원소는 서로 다른 질료와 형상을 가지고 있다고 아리스토텔레스의 형이상학으로 정의하고 있다.

또 4원소는 각각의 고유한 성질을 가지고 있음과 동시에 고유한 위치를 차지하고 있는데, 이것을 본성적 장소라고 부른다. 4원소가 본성적 장소를 이탈할 경우는 강제운동에 의한 것인데, 이때 이것들은 항상 본성적 장소로 되돌아가고자 하여 반드시 상승 또는 하강의 직선운동을 한다고 설명한다. 그것은 원소 각각의 가볍고 무거운 성질 때문이라고 본다.

그런데 4원소의 모양은 본성적으로 모두 원형이며 맨 아래에 흙, 그 다음에 물, 그 위에 공기, 최상층에 불이 존재한다고 하였다. 그러나 실제로 땅의 표면이 모두 물로 되어 있지 않은 육지는 목적론적 관점에서 신학적 이론으로 해결한다.

여기서 아리스토텔레스의 운동 개념이 소개되기도 하는데 순수한 운동은 4원소의 직선운동과 천체의 원운동만 있고 나머지는 불규칙적인 강제운동으로 설명한다. 참고로 모든 천체운동의 중심이 되는 종동천의 개념도 여기서 등장한다. 그러나 종동천을 주관하는 것이 신이라는 내용은 없다.

저자는 또 4원소 개념을 가지고 동양의 오행을 비판한다. 특히 오행의 상생과 상극설을 비판함으로써 서양 과학의 우위성을 확보하려는 흔적이 보인다. 이 영향으로 조선 실학자 가운데는 홍대용이나 정약용, 최한기처럼 오행설을 폐기하는 학자들도 있다.

다음으로 제2부는 지구에 대하여 논의한다. 지구 곧 땅에 대한 설명이기는 하지만, 원소로서의 흙에 대한 설명만은 아니다. 곧 지구가 포함하고 있는 여러 원소들을 함께 다룬다. 특별히 목차에서 분리하지는 않았지만, 제2부의 도입 글에서도 보이는 바와 같이 여기에는 흙과 물과 공기와 불의 순서로 각각의 원소에 대해서 설명한다.

먼저 흙은 4원소 가운데 본성적으로 가장 낮은 곳에 위치하는 원소이다. 종합적으로 살펴볼 때, 땅 곧 지구는 정지해 있으며 둥근 구체이다. 지구는 우주의 중심으로 그 둘레는 9만 리이다. 그리고 각 대륙의 이름과 천체와 비교한 지구의 크기는 한 점에 불과하다는 점을 설명한다.

또 물에 대해서는 그 몸체가 땅처럼 둥근 것이며, 땅과 물의 두께를 비교해 보면 땅이 더 두껍고, 지표면과 수면의 넓이를 따진다면 어느 것이 더 넓은지 확답을 못하고 있다. 땅과 물의 높낮이 비교에서 당연히 땅보다 물이 높지만 현실적으로 볼 때 물 위에 있는 땅도 있는데, 그것을 신학적 목적론적인 관점에서 설명하고 있다.

그리고 공기에 대해서 동양적 전통에서 오행에 넣지 않은 점에 대해 비판하며, 공기에도 층이 있고 운동이 있음을 설명한다.

끝으로 원소로서의 불의 유무, 불의 모양과 두께, 본성적 장소를 떠난 지상의 불에 대해서도 논의한다. 말미에 '4원소의 성격도'에 해당하는 그림이 원본에는 있었을 것으로 보이는데, 이 책에서는 누락되어 있다.

이렇게 상권을 개괄해보면 4원소 · 천체 · 지구 · 지리 등이 포함되어 있어 이 책이 단지 기상학이나 지구과학을 다루고 있다고 소개하는 이전 연구자들의 주장에는 다소 미흡한 점이 있다.

그러나 하권의 제3부에서는 기상학이나 지구과학과 관련된 내용으로 채워져 있다. 물론 자연현상의 배후에는 4원소의 운동이 있음을 잊어서는 안 된다. 그래서 하권 첫 목차에 4원소가 만물을 생성하는 논의를 두었으며, 도입 글에서도 각 원소의 대립과 영향으로 다른 물건으로 변하거나 변하지 않은 것들이 있는데, 안개나 무지개처럼 변한 것 가운데는 변하였으나 그 물건을 이루지 못하고 자기 부류를 떠나지 않은 것과, 금속이나 암석처럼 변하여 다른 물건을 이룬 것으로 분류한다.

그래서 변하였으나 다른 물건을 이루지 못하고 그 부류를 떠나지 않은 물상을 불에 속한 것, 공기에 속한 것, 물에 속한 것, 흙에 속한 것으로 분류하고 목차를 두어 설명한다. 따라서 2권인 제3부에서는 모두 앞의 네 가지 물상을 다루고 있다.

여기서 우리는 여러 자연현상에 대한 당시의 과학적 입장을 엿볼 수 있다. 과학사적 입장에서는 매우 소중한 자료이다. 물론 4원소로서 설명하는 것이지만, 현대 과학에 비추어볼 때 맞는 것도 있고 전혀 부합되지 않는 것도 있다. 과학적으로 설명하기 어려운 것 가운데는 신학적 이론을 도입하기도 하며, 아리스토텔레스의 4원인설을 등장시켜 설명하기도 한다. 가령 하늘의 색깔을 논할 때 다음과 같은 말이 그것이다.

먼저 하늘을 이루고 있는 색의 질료를 논하면 혹 공기이거나 물인데, 공기는 두꺼운 것을 줄여 조밀하고자 하고, 물은 얇은 것을 줄여 희박하게 하고자 하여, 바야흐로 색을 이룰 수 있다. 또 그것이 드러난 곳은 대개 하늘인데, 그 형상인(形相因, the formal cause)은 빛이요, 그 운동인(運動因, the efficient cause)은 태양과 빛을 내는 물체요, 그 목적인(目的因, the final cause)은 우주의 아름다움과 만유의 완전함이다.[49]

---

49) 이 책, III-B-1-3 참조.

이러한 내용은 기본적으로 아리스토텔레스의 기상학이지만 그것을 증명하기 위해 동원되는 사례와 인용과 비판적 자료 등은 동서를 막론하고 지리적·역사적 사건도 동원되고 있다.

그러나 어찌되었든 최대한 이성적으로 자연을 이해해보자는 의도가 깔려 있으며 신학적 의도나 자세는 가능한 자제하고 있다. 어쩔 수 없을 때만 신학적 견해를 드러내기 때문에 이 책에서 언급하는 분량은 전체의 그것에 비해 비중이 매우 낮다.

2) 저술 의도

중국에서 간행된 한역 서학서들 가운데에서 유독 자연에 관한 탐구가 많은 까닭이 무엇일까? 자연에서 형이상학적인 보편자를 발견해서 신의 존재를 증명하기 위해서일까? 즉 자연은 제2의 성서로서 거기서 만물의 형상을 발견하여 신의 생각 속에 깃든 관념에 더 가까이 접근하려는 시도일까? 아니면 신이 부여한 인간의 이성이 신의 피조물에 대한 자연 탐구의 결과일까? 그것도 아니면 선교사들 스스로 자부하는 서양 과학의 우수함을 동양사회에 소개하면서 선교의 방편으로 삼기 위해서일까? 그 의도는 물론 한 가지만은 아닐 것이다. 어느 것에 좀더 비중을 두었느냐 하는 문제가 아닐까?

어쨌든 토마스주의의 논리에 따르면 신이 부여한 자연이성을 활용하여 신이 창조한 피조물을 밝혀내는 것은 또 하나의 신에게 다가서는 길이다. 비록 은총과 계시에 따른 직접적인 길은 아니라고 할지라도. 그것이 아리스토텔레스 사상을 수용한 주된 의도라 생각된다. 또 하나 이렇게 이성을 중시한 관점은 내부의 신앙체계를 확립하기 위해서라기보다 내부적 이단에 대항하거나 외부의 이교도들의 비판에 대적하거나 또는 포교를 위해 이들에게 설득력을 갖기 위한 의도도 배제할 수 없다.[50] 신앙 자체를 위해서는 성령의 계시, 예수의 말, 복음서, 주교(또는 교부)들의 견해 및 가톨릭 교회의 절대적 권위에 호소했으므로 크게 문제될 것은 없었다. 따라서 이단자나 이교도들에게 대항하거나 선교를 위해서는 부득이 이성에 호소할 수밖에 없었으며, 때로는 교부철학자들의 개인적 특성에 따라 이성을 중시하였다.

그렇다면 『공제격치』의 저술 의도도 이런 것과 무관하지 않을 것이다. 앞에서 소개한 내용을 중심으로 그 저술 의도를 살펴보고자 한다.

17세기에 중국에서 활동한 서양의 천주교 선교사들이 저술한 책의 내용은 중세 교부철학인 토미즘을 따르고 있다는 것이 학계의 일반적인 견해이다. 이것은 13세기에 토마스가 활동한 이후 300년이나 지난 17세기까지 그의 영향이 미치고 있다는 증거이다. 적어도 300년간 이 이론이 일정 부분 서양 세계를 지배했다고 할 수 있다. 그래서 유럽의 16세기 갈릴레오나 클라비우스와 같은 학자들도 토미즘의 자연신학에 훈습되었기 때문에 '이성의 빛'을 통하여 자연을 연구하는 것은 하느님의 창조의 섭리를 이해하는 것, 다시 말해 천지자연을 연구하고 이해하는 것은 만물을 창조한 하느님의 섭리를 연구하고 해독하는 것이니 그리 이상한 일도 아니었다. 그러니까 16세기 서양의 자연과학자들에게 자연이란 성서와 마찬가지로 하느님의 책이었다.[51]

이런 입장에서 볼 때 선교사들의 과학적 저술은 충분히 이해될 수 있다. 이 책에서도 가능한 계시신학적 내용을 최대한 자제하고 자연 그 자체의 논리에 의해서 변화와 현상을 설명하려는 의도가 엿보인다. 다

---

50) 이 점은 가령 『천주실의』 같은 곳에서 확실히 반영되어 있다. 중국인들에게 기독교의 전파를 위해 마테오 리치가 얼마나 이성적으로 설명하고 있는가를 보라.
51) 송영배, 「마테오 리치가 소개한 서양 학문관의 의미」, 『한국실학연구』 vol.17, 2009, 24쪽.

시 말해 과학이 신앙에 의해 방해받지 않게 서술되었다. 아니 그런 의식조차도 보이지 않는다. 과학은 피조물과 조물주의 섭리를 아는 데 오히려 도움이 된다고 생각했던 것 같다. 단지 당시의 과학 논리로 설명이 되지 않는 부분은 목적론적인 입장에서 신학적 견해가 삽입되기는 했지만, 4원소의 운동에 신을 개입시키는 흔적은 보이지 않는다. 더구나 천체들의 원운동 근거가 되는 종동천의 움직임에 대해서 신이 그것을 주관하고 있다는 말도 언급하지 않는다. 이렇게 볼 때 가능한 자연신학적 차원에서 인간의 이성을 존중하나 맹목적 신앙으로 모든 것을 이해하고자 하는 노력이 배제되고 있음을 확인할 수 있다. 그래서 자연과학에 대한 저술은 자연신학의 측면에서 이성에 의한 신의 섭리를 탐구하는 활동으로 이해될 수 있다.

그러나 또 한편 이런 자연신학에 의한 인간 이성의 긍정은 이성 존중의 태도를 낳을 수 있다. 비록 그것이 중세 교회의 이론적 통일을 방해하지 않는 범위 안으로 제한되기는 했지만, 그것이 이교도를 향할 때는 포교에 대한 강력한 이론적 무기가 된다는 점을 지적하지 않을 수 없다. 그리하여 서방 세계의 문화적 우위성을 확보함으로써 선교의 편의성을 확보할 수 있기 때문이다. 이 점은 천주교 선교사들뿐만 아니라 개신교 선교사들도 서양의 앞선 의술이나 과학이론을 앞세운 데서 확인할 수 있다.

서구 과학의 우수성 내지 논리적 우위를 드러내는 구체적 사례는 『공제격치』의 내용 가운데서도 확인되는데, 가령 동양의 오행설 가운데 상생과 상극설의 비판[52]과 공기가 오행에 포함되지 않음에 대한 비판[53]

---

52) 이 책, I-3 참조.
53) 이 책, II-10 참조.

등이 그것이다.

특히 오행 비판의 의도는 동양의 비합리적인 요소를 지적하려는 것이었지만, 사실 오행이란 분류의 방편 또는 과정의 설명이지 배타적인 원소의 개념이 아니라는 사실[54]을 오해하고 있다. 그러나 어쨌든 저자의 시각에서는 불합리한 것으로 비친 것은 틀림없다.

또 하나는 이렇게 4원소를 주장하면서 동양의 전통적인 기론을 부정하고 있다. 동양의 전통에서 보자면 어쨌든 만물의 질료를 형성하는 것은 기(氣)이다. 이 책에서는 "예전에 혹 공기가 색깔이 없기 때문에 오행(五行)에 넣지도 않고 외관상으로 보아 없다고 의심하였다. 이 설은 매우 잘못되었으니, 증거를 댈 수 있는 것이 여섯 가지이다"[55]라고 하여 동양의 기에 대한 이해가 공기의 수준으로 머물고 있는 인상을 준다. 기에 대해서 잘 몰랐는지 아니면 의도적으로 회피했는지는 알 수 없다.

이 점은 마테오 리치가 쓴 『천주실의』에도 등장하는데, 중국선비의 질문에서 분명히 기로써 만물이 만들어진다고 했는데, 마테오 리치는 그것을 4원소의 하나로 이해하고, 기가 만물의 바탕이라는 것과 정신작용도 그것이라는 동양의 전통을 외면하면서 그 문답이 마치 동문서답처럼 되고 만다.[56] 그러니까 기가 철학적 개념으로서 만물의 물질적 근원임을 이해하지 못하고 있는 것처럼 보인다.

이러한 태도는 확실히 서양의 4원소에 근거한 이론이 더 합리적이고 우수한 이론이라는 확신에서 비롯하고 있다. 그러한 자연관은 자연이

---

54) 박성래, 「동서의 과학사상」, 『아카데미논총』 vol.10, 1982, 60쪽.
55) 이 책, II-10-1 참조.
56) 마테오 리치, 송영배 외 옮김, 『천주실의』, 서울대학교출판부, 1999, 184~189쪽.

제2의 성서로서 확고부동한 이론의 여지가 없는 일종의 도그마의 역할을 했는지도 모른다.

게다가 중국 고대의 견해나 속설에 대해서도 비판하고 있는데,[57] 이 또한 4원소의 논리적 정합성을 앞세워 이론의 우위성을 확보하려는 의도도 여기저기서 확인할 수 있다.

역사적으로 볼 때 이러한 선교의 방편은 잠시 성공을 거둔 듯이 보였다. 중국이나 조선의 역법에 영향을 미치면서 어느 정도 선교도 가능했다. 그러나 그 뒤 이어지는 새로운 과학을 받아들이지 못하고, 또 동양전통의 몰이해로 말미암아 갈등을 초래하여 선교 또한 순탄치 못했다. 그래서 조선 후기에는 대대적인 천주교 박해 사건이 이어진다. 게다가 당시 선교사들이 전한 과학은 이후 19세기에 이르면 동양사회에서 쉽게 새로운 과학이론으로 대체되는 운명을 맞게 된다.

그것은 그들 자연신학의 논리와 계시신학의 신앙의 괴리 때문이었다. 자연신학으로서 이성을 존중한다면 당연히 새로운 과학이론도 신의 섭리로 받아들여야만 했다. 그러나 그러지 못했다. 그래서 18세기 서양의 물리학자들에게 자연은 더 이상 하느님의 섭리에 의하여 창조된 것이 아니었다.

어쨌든 이 책은 자연신학의 의도와 선교의 목적에서 저술하였고, 그 내용에는 아리스토텔레스와 교부철학의 과학을 소개하고 동양의 전통을 비판한 것들이 등장한다. 그렇다면 그것이 선교의 목적에만 부합하였을까? 저자는 전혀 생각하지 못했겠지만, 철학사의 측면에서 볼 때 그의 의도와는 전혀 다른 방향으로 전개되었다. 그 점은 뒤에서 논의한다.

---

57) 자세한 것은 이 책, II-2-7, II-2-9, II-4-1, II-5-1 참조.

4. 한국사상과 『공제격치』

1) 조선의 서학 수용

서학(西學)이란 조선에서 서양 학문이라는 뜻으로 사용하는 말이지만, 여기에는 당시 서양 종교인 천주교도 포함된다. 그런데 조선 선비들의 종교에 대한 기본적 태도는 가령 불교나 도교에 대해서 생각했던 것처럼 황당무계한 외도(外道)로 치부한다.

그래서 서학이 조선에 들어오고 나서 얼마 있지 않아 성호 이익(李瀷) 제자들 사이에 서학을 공격하는 공서파와 서학을 믿는 신서파로 나뉘기도 하였다. 또 서학을 따르는 무리 가운데는 종교인 천주교를 믿는 사람도 있었고, 단지 서양 과학만 배우고자 하는 사람들도 있었다.

조선 선비들이 이렇게 서학에 관심을 가지게 된 이유는 임진왜란과 병자호란 이후의 사회상과 관계가 있다. 즉 두 차례의 전쟁으로 인해 야기된 경제적 빈곤과 사회적 문제를 해결하고자 하는 이른바 실학의 발생과 그 맥락을 같이한다. 집권층인 서인들은 주자학을 더 강화한 예법을 강조하여 사회의 무너진 질서를 바로잡고, 겉으로만 북벌론(北伐論)을 주장하여 내부적 비판을 잠재우며, 그 화살을 외부의 적으로 돌려 집권을 강화하려 하였다.

반면 주자학이 윤리적 이론에 천착해 현실의 경제 문제에 소홀히 한 점을 반성하여 실생활에 도움이 되는 경세치용(經世致用)과 이용후생(利用厚生)의 학문을 주장하는 일군의 학자들도 있었다. 이들을 이른바 실학자들이라 부르는데, 이들 실학자 가운데서 서학에 관심을 가진 사람들이 많았다. 서학에 관심을 가진 학자들로는 이익 · 홍대용 · 박제가 · 박지원 · 정약용 · 정약전 · 최한기 등이 있다.

조선에서 서학은 중국을 통해서 들어왔는데 중국에 서학이 전래된 마테오 리치에서 시작된다. 그는 1582년 마카오에 상륙하고 1601년 북경에 들어갔으며, 1610년 죽었는데, 이 28년 동안 그는 중국 선교에 발판을 마련한다.

그는 중국에 선교를 성공적으로 정착시키기 위해 사대부의 호감을 사려고 중국의 풍습과 의례를 존중했고, 불교는 비판하였으나 겉으로는 유교를 높이는 척했고, 서양 과학지식을 적극 활용했다.

이렇게 마테오 리치에 의하여 중국에 전해진 서학이 조선에 전해진 것은 1601년 이후이다. 이에 관한 최초의 기록은 이수광의 『지봉유설』인데, 그는 여기서 1603년 이광정과 권희가 중국에서 얻어온 「곤여만국전도」[58]를 보고 그 정교함에 감탄했다는 기록이 있다.[59]

그 뒤에 1630년 사신으로 간 정두원이 선교사 로드리게스(Johanes Rodrigues)를 만나기도 하고 여러 서양 서적과 천리경 및 자명종 등을 들여왔다. 소현세자는 1645년 귀국하면서 천문과 산학 그리고 천주교와 관련된 서적과 지도 등을 갖고 들어왔다.

이렇게 서학 전래 초기에는 단편적이고 조선에서 이렇다 할 영향력이 없었으나, 단 서양 역법을 받아들여 정두원과 김육의 노력으로 1653년 시헌력이 만들어지고 다음해에 새 달력을 쓰게 된다.[60]

서학에 대해 비교적 이론적으로 접근한 사람은 이익이다. 그의 영향

---

58) 「곤여만국전도」는 1602년 이탈리아의 예수회 선교사 마테오 리치가 중국에서 명(明)나라 학자 이지조(李之藻)와 함께 목판에 새겨 인쇄한 목판본이다. 1985년 8월 9일 보물 제849호로 지정되었으며 8폭, 170×533cm, 1708년(숙종 34) 관상감(觀象監)에서 제작하였다. 현재 서울대학교 박물관에 소장되어 있다. 여기에도 4원소에 대해 언급하고 있으며 이 책에도 인용하였다.
59) 이상호, 「초기 서학의 전래와 유교적 대응」, 『유교와 카톨릭의 만남』, 한국카톨릭철학회·동양철학연구회 2001년도 추계학술회의자료집, 6쪽.
60) 최동희, 『서학에 대한 한국실학의 반응』, 고려대학교민족문화연구소, 1988, 31쪽.

을 받은 문인들 사이에서는 본격적인 논의와 토론이 이루어진다. 서양 과학에 대해서는 비교적 옹호적인 태도였지만, 천주교에 대해는 두 갈래로 나뉘었다. 천주교를 믿고 따르는 쪽인 신서파와 그것을 공격하는 공서파로 나뉘었는데, 신서파에는 권철신·이윤하·이승훈·정약전·이벽 등이 속해 있었고, 공서파에는 신후담과 안정복이 속해 있었다. 이들 사이 천주교를 둘러싼 인식의 차이는 크게 천주의 문제, 영혼불멸의 문제, 천당지옥설 등에서 드러난다.

한편 서양의 종교보다는 과학이론을 이해하고 수용한 사람은 홍대용·박제가·박지원·정약용·최한기 등이다. 뒤에서 살펴겠지만 이들은 서양 과학을 통하여 종래의 우주론과 음양오행설을 비판하고, 지구구형설과 지구가 움직인다는 지전설을 받아들인다. 그리하여 더 나아가 주자성리학을 극복하고 새로운 철학을 세우기도 하는데, 특히 정약용과 최한기는 종교적 내용이 들어 있는『천주실의』나 이 책을 읽고, 거기에서 발견되는 합리적인 부분을 자신의 철학을 세우는 도구로 이용하기도 한다.

그런데 종교로서의 서학은 나중에 크게 박해를 당한다. 첫 번째 박해의 원인이나 의도는 노론 벽파와 남인 공서파가 연합해서 정적인 남인 시파를 공격하기 위해서 그 사전 작업으로 천주교 탄압을 시작했다는 것과, 또 조상의 신주를 불태우고 제사를 폐지하는 조선사회의 질서 핵심을 건드린 데 있었다.

그 박해 사건을 시작으로 그 뒤 여러 차례 탄압이 이어지는데, 그 영향으로 서학을 공부하는 선비들은 과학적인 분야를 제외한 종교나 철학적인 분야의 연구는 하나의 금기가 되었을 것으로 짐작된다. 그럼에도 불구하고 특히 최한기의 경우는 과학은 물론 서학의 종교철학적 내용을 깊이 있게 녹여서 자신의 철학세계를 풍부히 하였다.

2) 『공제격치』에 대한 조선 실학자들의 반응과 그 영향

4원소를 동양에 처음 소개한 사람은 마테오 리치이다. 이것은 그가 쓴 『천주실의』와 『건곤체의』 그리고 그가 제작한 세계지도 「곤여만국전도」에도 등장한다. 그리고 이 책이 조선 학자들에게 언급된 사례는 1749년 이익의 제자인 안정복(安鼎福)이 윤동규(尹東奎)에게 책을 주고받았다는 사실에서 확인된다. 여기서 그는 "4원소와 불교의 4대〔地水火風〕는 같다"[61]라고 비판한다.

그러니까 이 책이 1633년에 발간되었으므로 적어도 조선에서는 17세기 중반이나 그전에 이미 유입되었을 것으로 추정된다. 그리고 1781년에 간행한 『규장총목』(奎章總目)의 서학서 목록 17종 가운데에도 발견된다.[62]

성호 이익은 서학에 관심이 많은 실학자 가운데 한 사람인데 그가 읽은 서학서는 『천주실의』 『천문략』 『직방외기』 등 『천학초함』에 실린 서학서를 중심으로 20여 종이나 된다고 한다.[63] 이런 그가 이 책을 읽었다는 증거는 그가 "서학에는 제법 실용처가 있다"[64]고 하는 말에서 찾아볼 수 있는데, 구체적으로 땅 속에는 '빈 공간〔空洞〕이 있기 때문에 지진이 발생하거나 개천의 물이 끊어진다고 하면서 "우리나라에도 종종 깊이를 알 수 없는 석굴이 있는 것을 보아도 증험할 수 있다"[65]고 한 데서 찾아볼 수 있다. 이 내용은 바로 이 책, III-D-1의 지진에 해당하는 내용이다.

---

61) 김문용, 「조선후기 한문서학서와 그 영향」, 『시대와 철학』 vol.16, 2005, 11쪽.
62) 같은 글.
63) 이원순, 『조선서학사연구』, 일지사, 1986, 116쪽.
64) 西學則頗有實用處(『하빈집』〔河濱集〕 권2, 「내편〔內篇〕·기문편〔紀聞篇〕」).
65) 如我國往往有石窟, 深不可窮, 可以證矣(『성호사설』〔星湖僿說〕 권1, 「천지문〔天地門〕·지진풍뢰〔地震風雷〕」).

또 이익이 지구의 둘레가 9만 리라고 증명하는 것과, 위아래 사방의 물체가 다 한 점의 지구 중심으로 향한다[66]고 말한 것도 이 책에 들어 있는 내용이다.[67] 그리고 무지개 · 해무리 · 운기(雲氣) · 바람 · 우레 등의 항목도 이 책에서 다루는 주제와 벗어나지 않으므로, 이익의 글을 이 책과 대조하여 더 분석하면 그 영향관계가 밝혀지리라 본다.

홍대용도 월식 때 지구 그림자를 예로 들면서 지구가 둥글다는 설을 주장하는데[68] 이 또한 이 책의 내용에 있으며,[69] 정약용의 경우 같은 경도상에서 남이나 북으로 250리를 이동하면 북극성의 고도가 1도씩 차이가 생긴다는 것[70]도 이 책의 내용에 있다.[71] 또 지구가 평평하다면 동쪽 지방에서는 오전 시간이 짧고 오후 시간이 길어지며 서쪽 지방은 그 반대 현상이 일어날 것이지만 실제로 그렇지 않다고 말한 것도 이 책의 내용이다.[72]

게다가 박지원도 오행이란 단지 인간이 이용할 수 있는 대표적인 재료 다섯 가지에 불과하고 상생상극 이론을 비판했는데 이 또한 이 책의 내용이다.[73]

---

66) 從地面, 北走二百五十里, 則北極高一度, 南走二百五十里, 則北極低一度, 故周地環復九萬里, 而三百六十五度盡矣. 故曰, 地圍九萬里(같은 책 권3, 「천행건」〔天行乾〕). 地毬上下有人之說, 至西洋人始詳. (…) 此宜以地心論, 從一點地心, 上下四方, 都湊向內. 觀地毬之大懸在中央, 不少移動, 可以推測也(같은 책, 「지구」〔地毬〕).

67) 이 책, I-2-6과 II-1-1.

68) 地掩日而蝕, 於月蝕體, 亦圓, 地體之圓也. 月蝕者, 地之鑑也, 見月蝕而不識地圓, 是猶引鑑自照而不辨其面目也, 不亦愚乎(『의산문답』〔醫山問答〕).

69) 이 책, II-4-5.

70) 이현구, 『최한기의 기철학과 서양과학』, 성균관대학교대동문화연구원, 2000, 45쪽.

71) 이 책, II-1-1.

72) 이 책, II-4-6.

52

여하튼 조선 학자들에게 이 책이 많이 읽혔음은 분명하고 또 큰 영향을 준 것도 사실로 보인다. 이 책에서 다루고 있으면서 조선 학자들에게 영향을 미쳤거나 문제되는 내용은 4원소설 외에 지구구형설, 지구중심설, 지구정지설, 천문학적 지식, 각종 기상학적 이론과 지리적 사실 등이다.

우선 4원소설에 대해서 살펴보면 이것이 꼭 이 책에서만 등장하는 것은 아니다. 그러나 다른 저술에서는 단편적인 소개에 그치고 이 책에서는 2권 145쪽의 방대한 분량으로 4원소를 가지고 설명하고 있기 때문에 4원소에 관한 대표적 저작이라고 말할 수 있다. 따라서 조선 학자들의 사행, 곧 4원소에 대한 언급은 대체로 이 책의 영향이라 봐도 무리가 없을 것으로 판단된다.

4원소의 영향으로 보이는 것은 전통적인 음양오행론의 비판이다. 대표적인 학자로는 홍대용 · 박지원 · 정약용 · 최한기가 거론된다.[74]

그들은 먼저 음양에 대해서 태양과 연관된 빛과 그늘로 본다든지, 한 기운의 줄어듦과 자라남으로 보거나, 선유들이 음양과 의리에 집착해 천도를 관찰하지 못했다고 비판하고 있다.[75]

오행에 대해서도 홍대용 · 박지원 · 정약용 등은 그것이 만물의 궁극적 요소도 아니고, 상생 · 상극하여 만물의 변화를 낳은 것도 아니라고 본다. 특히 홍대용의 경우 우주만물의 궁극적 구성요소를 화(火) · 수

---

73) 이 책, I-3의 모든 내용은 오행과 그것의 상생 · 상극설을 비판한 논의이다. 그 외 김석문도 하늘을 9층으로 나누고 맨 바깥인 제9천을 태극천이라 일컬었다. 이것은 바로 이 책에서 말하는 9중천 가운데 제9인 종동천(宗動天)과 같은 의미로 사용한 것으로 보인다(『역학 이십사도해』〔易學二十四圖解〕, 「총해」〔總解〕, 7쪽).

74) 김인규, 앞의 글, 270~274쪽.

75) 같은 글, 268~269쪽.

(水) · 토(土)로 보고 있다.[76]

최한기에 이르면 음양이든 오행이든 아무런 관심을 끌지 못한다. 그의 저술 어느 곳에도 음양오행에 관한 자료는 극소수 비판적으로 언급한 것 외에는 찾기가 어렵다. 특히 그는 『운화측험』(運化測驗)에서 오행과 4원소를 다 비판한다.

그런데 쇠붙이나 나무 등의 여러 재료를 취하여 사용할 경우, 단지 형질이 같지 않은 기만 보고, 운화의 대동(大同)한 기를 연구하지 않아, 오행(五行)이나 사행(四行, 4원소)의 설이 있다는 데 이르렀으니, 도리어 기를 연구하고 기를 아는 데 방해나 장애를 끼쳤다.[77]

흙 · 물 · 기 · 불을 〔사물의 구성요소로 보는〕 4행설은 오행설 이후에 나온 것이지만, 설령 옛것을 따라 기를 밝힌 공이 있더라도 오히려 하나의 기가 운화하는 〔관점에〕 도달하지 못했다.[78]

그는 4원소의 영향을 받아 오행을 비판함과 동시에 기(氣)를 만물의 근원으로 봄으로써 4원소마저도 비판한다. 따라서 이 책은 적어도 조선에서 전통적인 음양오행론을 극복하는 데 영향을 주었다고 볼 수 있다. 그러나 한편 이 4원소설은 앞에서 소개한 이익의 경우나 최한기에게 상당히 긍정적인 역할을 하고 있다. 자연현상에 대해서 나름대로 과학적

---

76) 같은 글, 271~272쪽.
77) 及乎取用金木諸類, 但見形質不同之氣, 不究運化大同之氣, 至有五行四行之說, 反貽究氣見氣之妨碍(권1, 「운화기형질기」〔運化氣形質氣〕).
78) 土水氣火四行之說, 出於五行之後, 縱有沿古明氣之功, 猶未達於一氣運化也(같은 책, 「기지수」〔氣之數〕).

으로 이해해 보려는 태도이다. 특히 최한기의 경우, 4원소의 성질에 해당하는 한열건습(寒熱乾濕)의 네 가지 성질을 기의 정(情)으로 받아들여 자신의 철학의 중심 개념으로 활용한다.[79] 그리고 지구에서 흙과 물과 기(공기)가 차지하는 위치를 4원소에서 본성적 장소로 똑같이 여기는데, 그것은 아마도 이 세 가지 물질이 실제 지구상에서 그 위치가 사실에 부합하기 때문일 것이다. 그리고 불의 경우는 4원소설에서 맨 위층을 차지하는데, 최한기는 받아들이지 않았다.[80]

게다가 그의 후기 철학의 핵심 개념이 들어 있는『기학』(氣學)에서도 이 책의 내용 일부를 받아들임과 동시에『운화측험』에서는 기상학적 이론을 비판적으로 수용한다.[81] 이렇게 볼 때 4원소설에 근거한 과학이론은 조선 후기까지 깊은 영향을 미쳤다고 할 수 있다.

이러한 점은 서학의 이 같은 영향을 통해 전통의 철학적 세계관이나 개념에 대해 반성과 수정은 거쳤지만, 동시에 서학적 관점으로 완전히 바뀐 것이 아님을 말해준다. 다시 말해 4원소에 의해 전통적인 기론이 완전히 바뀌지는 않았다는 점이다. 그것은 아마도 4원소설이 월천 이하의 세계에만 적용함으로써 우주 전체를 아우르지 못하는 한계 때문이기도 하겠고, 더 나아가 4원소로서 세계 전체를 설명하는 데 불합리한 점, 곧 중세 과학이론으로서 당시의 사유를 지배하기에는 무리가 따를 수밖에 없는 점이 있었기 때문이기도 하다.

다른 한편 정약전이 1790년 오행설을 묻는 과거 시험 답안지에 4원

---

79) 氣以活動運化之性, 寒熱乾濕之情, 橐籥升降陶鑄萬物. (…) 活動運化之性, 發爲寒熱乾濕之情(같은 책,「기지성정」(氣之性情), 27쪽).
80)『추측록』권2,「지체몽기」(地體蒙氣).
81) 여기서 최한기는 자신이 생각하는 과학적 사실에 부합되지 않는 것은 다른 것으로 대체하면서 수용한다. 옮긴이가 이 책을 옮긴 목적 가운데 하나는 바로『운화측험』과 비교하기 위한 것이었다.

소설을 써서 곤욕을 치른 사건에서 보이듯이 조선 후기 노론이 집권하는 정치적 상황에 서학에 대해서 알레르기 반응 때문에 4원소설이 쉽게 수용되기가 어려웠을 것으로 짐작된다.

다음으로 영향을 미친 이론에는 지구구형설이 있다. 이 설은 이미 고대 그리스부터 알려진 것이지만, 동양에서도 이와 유사한 혼천설이 존재했다. 즉 땅이 계란의 노른자처럼 우주의 중심을 이루고 하늘이 계란의 껍질처럼 감싸고 있으면서 별이 거기에 붙어 돈다는 이론이다. 그러나 혼천설 역시 개천설처럼 땅이 평평하다고 여겼으니, 지금의 지구처럼 땅이 둥근 모양이라고 여긴 것은 아니다.

그래서 서학이 전래된 초기에 이 지구구형설은 상당한 반향을 불러일으켰던 것으로 보인다. 그 일례로 서학 도입 초기 조선 선비들 가운데 김시진·송형구·송시열·최석정 등은 지구구형설을 반대했다는 데서 알 수 있고,[82] 또 지구 아래쪽에 있는 물체가 왜 떨어지지 않는가 하는 역학적인 논의를 불러일으키기도 했다.[83] 이런 사례들은 역으로 혼천설 역시 지구 중심의 천원지방적(天圓地方的) 세계관에서 벗어나지 못한 것을 입증한다.

그런데 여기에 소개된 지구구형설은 단지 지구가 둥글다는 사실뿐만 아니라 지구 위에 있는 대륙과 바다 그리고 항해자들이 세계 일주를 하면서 보고 들은 것을 함께 소개함으로써 그것이 사실로 입증되었다는 점이다. 그럼으로써 종래 많은 사람들의 정신을 지배한 천원지방의 관념이 잘못되었으며, 중국이 세계의 중심이 아니라는 데 눈뜨게 만들어, 결과적으로 중국이 세계의 중심이고 바깥의 나라는 오랑캐라는 화이론

---

82) 김용헌, 「조선후기 실학적 자연관의 몇 가지 경향」, 『한국사상사학』 vol.23, 2004, 137쪽.
83) 이현구, 앞의 책, 44쪽.

(華夷論)을 극복하는 관점을 제공하게 된다. 특히 홍대용은 역외춘추론(域外春秋論)[84]을 주장하기도 하지만, 최한기에 이르러서는 개국론과 아울러 동서소통과 문자통일까지 주장하게 된다.

여기서 물론 지구구형설은 비단 이 책뿐만 아니라 다른 서학서나 「곤여만국전도」와 같은 지도를 통해서도 알 수 있다. 그러나 단지 도형이나 간단한 설로서만 보는 것보다 지구가 그렇게 구형이 된 까닭을 이 책을 통해서 이론적으로 직접 이해하는 것과는 질적으로 다를 것이라는 점을 감안한다면 이 책의 영향력을 무시할 수 없다.

이와 같이 지구구형설은 주자성리학의 우주론 바탕이 되는 천원지방의 천체론을 무너뜨려 화이론을 벗어나 민족의 자주의식을 불러일으키는 계기가 되기도 하였고, 또 주자학의 우주발생론에 해당하는 「태극도설」(太極圖說)의 음양오행설에 의의를 제기하거나 폐기함으로써 현대적 관점으로 나아갈 수 있는 이론적 기틀을 마련하게 되는데, 이 또한 이 책의 영향이 지대하다고 말할 수 있다.

그런데 이 책의 천문학적 바탕이 되는 지구중심설과 지구정지설은 지구구형설에 비해 전래 초기부터 크게 반향을 일으킨 것 같지는 않다. 동양 전통의 우주관에 벗어나는 것이 없기 때문이다. 오히려 그것을 강화시켰을지도 모른다. 그러니 지구중심설과 지구정지설에 근거한 시헌력을 1653년부터 시행했을 때도 약간의 반대 의견 외에는 별 무리 없이 받아들인 것으로 보인다. 시헌력은 원래 티코 브라헤(Tycho Brahe)의

---

84) 홍대용의 『의산문답』에 나오는 말로서 중국 중심의 중화(中華)가 상대적이라는 것이 그 요지이다. 곧 공자는 주(노)나라 사람으로서 『춘추』를 지었으니 당연히 안과 밖을 구분하여 주나라 중심으로 그것을 지었다고 한다. 만약 공자가 구이(九夷)에 살았다면 마땅히 주나라의 법을 역외(域外)에서 일으켰을 것이라는 관점이다.

천동설을 바탕으로 한 것이며, 또 이 시헌력과 관련된 쾨글러(Kögler)의 『역상고성후편』(歷象考成後篇)의 케플러 법칙 역시 지구를 중심으로 한 우주 모형이다. 물론 이것을 단순히 서양 중세 과학의 저급한 수준으로 보아서 안 되는 것은 그 당시에도 망원경을 통한 천체 관측과 엄밀한 수학적 방법론으로 한층 정밀해진 계산 방식이 포함되어 있었기 때문이다.[85] 그래서 시헌력은 1910년까지 사용된다.

그리고 후대에 올수록 김석문이나 홍대용·정약전 등이 지전설을 주장해도 지구중심설과 지구정지설은 크게 흔들리지 않는다. 일례로 코페르니쿠스의 지구공전운동을 담고 있는 부노아(Benoist)의 『지구도설』이 1767년에 처음 소개된 이후에도 별로 달라진 것이 없었다. 청나라나 조선의 역산가들은 태양 중심의 지구 공전은 물론이고 지구 자전까지도 받아들이려 하지 않았다.[86] 최한기의 저술에도 처음에는 지구중심설과 태양중심설이 혼재하다가 결국 태양중심설로 향한다. 아래의 두 인용문이 참고가 될 것이다.

태양과 별이 운행하는 궤도는 모두 타원이니, 천체가 완전한 원이 아님을 알 수 있다. 동지와 하지 때는 이미 태양에서 지구가 멀고 가까움이 있으니, 지구 또한 완전한 원의 가운데에 있지 않음을 믿게 된다. 『역상고성후편』에 서양인 카시니와 플램스틸 등이 천문을 정밀하게 살펴 관측하였는데, 여러 별의 운행 궤도를 타원을 가지고 실제적 관측에 증험해 보아 많이 부합되었으니, 역술가(歷術家)의 교묘한 계산법으로 그것을 논할 수 없을 뿐만 아니라, 천체는 완전한 원이

---

85) 김용헌, 앞의 글, 135쪽.
86) 문중양, 「19세기 호남 실학자 이청의 『정관편』(井觀編) 저술과 서양천문학 이해」, 『한국문화』 vol.37, 2006, 149쪽.

아님을 알 수 있다.

또 이른바 지구 궤도의 반지름이란 지구 타원 궤도상에서 태양에서 가까운 중심과 태양에서 먼 중심의 평균 반경인데, 지구 궤도의 중심이 동지에는 태양과 가깝고 하지에는 멀다. 그러므로 지구가 하늘의 한가운데에 있지 않음을 알 수 있다.[87]

대단하다. 지구에 대한 이론이여! 천지의 바른 몸체를 밝혔고 천고의 긴 밤에서 깨어났다. 역술가들이 비록 천체가 왼쪽으로 돈다고 한 것은 다만 계산의 간편함을 위한 것이요, 배우는 사람들은 지구가 오른쪽으로 도는 것을 알아야 천체의 연관된 운행을 알 수 있다.

땅은 둥글고 그것을 싸고 있는 대기는 태양빛을 받아 구슬처럼 빛나므로 지구라 부른다. 땅은 바다와 함께 본래 하나의 둥근 공이다.
(……)

지구도가 중국에 처음 들어왔을 때 처음에는 의심하여 믿지 않다가 차츰 믿게 되고, 점차 그것이 바뀔 수 없는 진리임을 알았다. 그러나 오히려 역법의 여러 설에 얽매어 지구가 움직인다는 이론을 석연치 않게 생각했다. 서양에는 지구가 움직이는 설에 근거하여 역법을 만들었고 그것을 사용한 지 오래되었다. 중국 또한 그 설을 아는 자가 있었다.

그러나 지구가 움직이는 것을 가지고 일곱 별(해 · 달 · 수성 · 화

---

87) 日星行道, 俱是撱圓, 則可知天體非端圓. 冬夏二至, 旣有遠近, 則方信地球亦非居中. 歷象考成後編, 西人噶西尼, 法蘭德等, 察於歷象, 精於測驗, 諸曜行道, 以撱圓驗諸實測而多合, 則不可以歷家之巧算論之而已, 可知天體之非平圓也. 又所謂地半徑者, 卽地心與日天心相差之分數, 而地心近於冬至, 遠於夏至, 則可知地球非在天之正中(『추측록』권2, 「일성도타원」〔日星道撱圓〕).

성·목성·금성·토성)의 운동에 증험하는 것과 지구가 움직이지 않는다고 보고 일곱 별의 운동에 증험하는 것을 비교하면 비록 같다고 보기는 어려우나, 실제로는 하늘의 일주운동을 땅의 일주운동으로 바꾼 것에 불과하다.

이렇게 말하는 것이 비록 실제적인 사실에 보탬이 되지 않겠지만, 그 이치를 강구하지 않을 수 없다. 무릇 여러 별들의 운행은 지구에서 멀어지면 그 운행 속도가 느리고 가까우면 빠르다. 지구가 태양을 돈다는 논의는 실제로 이치상 더 낫다. 또 밀물과 썰물의 이치에서 볼 때도 그 움직임을 단적으로 보여준다.[88]

최한기는 『지구도설』을 보고 그 일부를 자신의 『지구전요』에 수록하였으며 이렇게 태양중심설을 확신한다. 또 이 『지구도설』을 본 한 사람이 있는데 정약용의 강진 유배 시절의 제자로 알려져 있는 이청(李晴, 1792~1861)으로 그는 『정관편』(井觀編)[89]이라는 천문역산서를 저술했는데, 여기서 지동설을 부정하는 아리스토텔레스의 운동이론을 설명한 이 『공제격치』를 소개하고 있고, 앞의 『지구도설』을 읽었으나 태양중심설에 대해 크게 주목하지 못했다.[90] 오히려 그는 이 책에서 말하는

---

88) 至哉, 地球之論. 明天地之正體, 晳千古之長夜. 歷家雖謂天體左旋, 特爲入算之簡便, 學者須知地球右旋, 乃見幹運之連綴. 地體圓而所包蒙氣, 受日光而生耀如珠, 故謂之地球. (…) 自是圖之入中國, 始疑而次信之, 漸知其爲不易之論. 然猶拘於歷算諸說, 而未釋然于地運之理也. 西洋有地運歷, 行之已久, 中華亦有理其說者. 然以地之動, 驗七曜之動, 比諸以地之靜, 驗七曜之動, 雖若難齊, 其實不過以天之一日一周, 換作地之一日一周耳. 言之雖無補, 其理不可不講求矣. 凡諸曜之行, 遠於地, 則其動也遲, 近於地則其動也速, 地球日周之論, 實爲理勝也. 且於潮汐之理, 其動尤爲端的(같은 책, 「지구우선」〔地球右旋〕).
89) 필사본, 8권 3책, 이화여자대학교 박물관 소장.
90) 문중양, 앞의 글, 150쪽.

우주론의 논의를 비판하지 않고 옹호하는 듯한 태도를 보이면서 4원소설에 근거한 이 책의 이론을 인용하고 있다.[91]

그러니까 태양중심설의 지구운동을 정확하고도 상세히 알았던 최한기를 제외하고는 모두 지구중심설과 지구정지설의 영향에서 자유로울 수 없었다.[92] 해서 당시 선비들이 『지구도설』에 크게 주목하지 않은 것은 그만큼 『공제격치』 내용의 비중을 높이는 결과를 초래했다고 할 수 있다. 따라서 비록 4원소는 크게 주목받지 못했어도 이 두 지구설은 상당한 영향력을 미칠 수 있었던 것으로 주목된다. 물론 이것은 이 책에만 포함된 내용은 아니고 시헌력의 토대가 되는 선교사들의 우주관과 동일한 것이기도 하다.

또 이 책이 영향을 준 것에는 미신이나 재이론(災異論)에 대한 비판이다. 그 비판이 가능했던 저변에는 신이 창조한 자연을 인간의 이성으로 탐구하여 신의 섭리를 이해할 수 있다는 자연신학적 태도가 그대로 반영되어 있다. 물론 조선 선비들이 그 정신을 이해했는지는 미지수이지만, 적어도 이 책에 나타난 자연에 대한 이성적 태도는 충분히 감지했으리라 생각한다. 곧 자연에 대한 신화적 내지 미신적 관점을 배제하는 데 영향을 주었다고 볼 수 있다. 그 비판 대상은 음양오행론과 연관된 여러 방술(方術) 및 일식·월식 등과 관계된 재이론이다.

흔히 음양오행론은 간지·풍수지리설·주역·의학 및 민간 풍습과 결합하여 온갖 미신과 방술을 만들어냈다. 여기에 대한 비판은 매우 많지만, 대표적인 사람으로 홍대용과 박제가,[93] 정약용, 최한기[94] 등이

---

91) 같은 글, 152쪽.
92) 예외적으로 김석문과 홍대용 등이 지전설을 주장했지만 학설 수준이고, 최한기처럼 명확한 근거를 알고 있었는지는 의문이다.
93) 특히 그의 『북학의』(北學議), 「장론」(葬論) 참조.

다. 여기서 음양오행론이 비판의 표적이 된 것은 그것이 술수와 결합하여 극단적 결정론과 숙명론에 빠졌기 때문이었고, 서양의 4원소설이 새로운 논의의 계기가 되었으며, 지구의 기상현상을 설명하는 데 오행론이 오히려 적절치 못하다는 새로운 기상학 지식과 연관되어 있다.[95] 이러한 비판적 역할에 불을 붙인 것은 역시 이 책이 아닐까?

일식과 월식에 대한 재이론은 동양 고래로 정치의 치란(治亂)과 관계지어 해석하는 경향이 많았다. 그러나 비판자들, 가령 홍대용은 "지구와 태양 및 달의 위치에 따라 발생하는 일식과 월식의 불변적 법칙은 지구상의 치란과 관계가 없다"[96]고 단언하였다.

끝으로 『공제격치』와 같은 서학서의 영향은 철학적 세계관의 변화로서, 주자성리학적 세계관이 극복되는 데 이른다. 물론 이런 변화는 단번에 이루어지는 것이 아니고 시차를 두면서 진행되었다. 그렇다고 해서 주자성리학이 사상계에서 퇴출되었다는 뜻은 아니다. 다만 성리학만 공식적 학문으로 인정되던 조선사회에서 후기로 올수록 그것을 극복한 다른 학문이 탄생하였다는 뜻이다. 그것은 특히 앞에서 음양오행론과 미신을 비판한 근거로 활용되고 과학적으로 더욱 강화된 기론(氣論)이다.

그럼 도대체 이런 과학적 자연 탐구는 어째서 성리학을 부정하게 만들었을까? 도대체 성리학의 무엇이 문제였을까? 최한기를 중심으로 살펴보자.

---

94) 최한기의 미신에 대한 비판은 『추측록』 권2, 「귀신화복」(鬼神禍福) 등에서 엿볼 수 있다.

95) 이현구, 앞의 책, 50쪽.

96) 且日蝕於地界, 而地蝕於月界, 月蝕於地界, 而日蝕於月界, 此三界之常道, 不係於地界之治亂(『의산문답』).

최한기의 문헌에 등장하는 '성리'(性理)는 성리학에서 '성즉리'(性卽理)라고 말할 때의 '성리'가 아니라는 점을 우선 알아야 한다. 최한기가 주자성리학을 말할 때는 '이학'(理學)이라는 표현을 많이 쓰고, 때로는 드물게 '심학'(心學)이라는 용어를 사용하기도 하지만,[97] 좀처럼 성리학이라는 말을 쓰지 않는다. 그 이유가 무엇일까?

우선 최한기가 말하는 성리란 무엇인가를 알아보자. 바로 이 책에 등장하는 성리와 같다. 이 책에는 성리라는 용어 외에 아리스토텔레스를 '성리지사'(性理之師)라고 부르기도 하고, 그의 『자연학』과 관계된 저술을 『성리총령』(性理摠領)이라 부르기도 하며, 또 교부철학자들의 자연과학에 관한 저술 가운데에 『성리정론』(性理定論)이나 『성리』(性理)라는 책이 소개되기도 한다. 그 외 성리라는 단어는 무수히 등장한다. 따라서 성리는 곧 자연법칙이다.

최한기가 성리를 자연법칙으로 받아들임으로써 자연 속에서 기존 주자성리학이 갖고 있는 형이상학적 존재론을 인정하지 않게 된다. 다시 말해 자연 속에서 인간 당위의 근거가 되는 이(理)가 없다는 것, 곧 인간적 윤리를 배제하고 있다. 그 결과로 그는 자연법칙과 인간이 추론한 관념을 구분한다. 그것은 그가 자연법칙을 유행지리(流行之理) 또는 운화지리(運化之理), 인간의 관념(또는 개념)을 추측지리(推測之理)로 구분하는 데서 확연히 드러난다.[98] 다음의 인용에서 그 점을 확인할 수 있다.

---

97) 물론 심학은 보편적으로 양명학을 가리킬 때 사용하기도 하지만, 전후 문맥상 잘 살펴보아야 한다.

98) 더 자세한 것은 이종란, 『최한기의 운화와 윤리』, 문사철, 2008, 63~71쪽 참조.

천지만물의 유행지리는 하늘의 굳세고 땅의 순한 작용이 만물을 변화시켜 길러주는 가운데 있어 인간이 보태거나 뺄 수 있는 것이 아니다. 저 추측지리에는 저절로 서투름과 익숙함과 얻음과 잃음의 구분이 있어 바로잡고 변통할 수 있다.

이학의 이(理)와 태극(太極)이라는 이(理)와 서적에서 논한 이(理)는 모두 추측지리이다. 추측지리는 유행지리를 기준으로 삼고, 유행지리는 기질을 가지고 분별한다.[99]

그는 여기서 성리학에 있어서 인간과 천지만물의 존재론적(소이연 〔所以然〕) 그리고 가치론적(소당연〔所當然〕) 근거가 되는 이(理)와 태극이 인간의 사유에 의하여 추론한 관념이라고 못박는다. 그것은 성리학적 현실 질서의 근거가 모두 자연적 사실에 기반을 갖고 있는 항구불변한 원리가 아니라, 그것은 단지 인간적 질서를 위한 관념으로 제한해버렸다.

그래서 그는 더 나아가 천도와 인도의 구분, 곧 자연의 질서와 인간의 질서를 구분할 것을 제안한다. 그렇다고 해서 인간적인 가치나 윤리가 무의미하다는 뜻은 아니다. 단지 존재론상에서 구분된다는 점이다. 다음의 인용을 보라.

자연적인 것은 하늘과 땅의 유행지리이다. 당연한 것은 인간 마음

---

99) 天地萬物流行之理, 付諸健順化育之中, 非人之所能增減. 若夫推測之理, 自有生熟得失之分, 可以裁制變通. 理學之理, 太極之理, 凡載籍之論理者, 儘是推測之理也. 推測之理, 以流行之理爲準的, 流行之理, 以氣質爲分別(『추측록』권2, 「추측이유행리위준」〔推測以流行理爲準〕). 추측지리의 성격과 개념에 대해서는 이종란, 앞의 책, 69~70쪽 참조.

의 추측지리이다. 배우는 사람은 자연적인 것을 표준으로 삼고, 당연한 것을 공부로 삼는다.

자연적인 것은 자연에 속하여 인간의 힘으로 보태거나 뺄 수 있는 것이 아니다. 당연한 것은 인간에 속하여 이것을 가지고 공부를 한다.[100]

이렇게 자연과 인간을 구분한 것에는 결과적으로 자연에서 도덕적 가치를 분리하는 것을 의미한다. 동시에 자연을 있는 그대로 바라보는 태도로 이어진다. 다만 여기서 "당연한 것은 인간에 속하여 이것을 가지고 공부를 한다"고 하여, 당위의 근거가 자연적인 인간의 몸 속에 있는 것 같은 여운을 남긴다. 그러나 사실은 최한기의 인간이 자연에 대해서 가져야 할 윤리적 지향점은 자연 질서의 존중이라는 곳으로 귀결된다.[101] 결코 자연에 형이상학적 가치가 존재한다고 보지 않았다.[102]

또 하나 주자학적 이(理)를 자연에서 배제한 것은 서학 가운데서 아리스토텔레스의 영향 때문이다. 이것은 마테오 리치가 쓴 『천주실의』에서도 등장하지만, 실체와 속성의 구분이다.[103] 최한기는 자연에서의 사물법칙을 그 물체의 속성으로 본다. 그러니까 이(理)라는 것은 기(氣)

---

100) 自然者, 天地流行之理也. 當然者, 人心推測之理也. 學者, 以自然爲標準, 以當然爲功夫. 自然者, 屬乎天, 非人力之所能增減, 當然者, 屬乎人, 可將此而做功夫也(같은 책, 「자연당연」〔自然當然〕).

101) 더 자세한 것은 이종란, 앞의 책 참조.

102) 가치뿐만 아니라 구체적 물질 형태로 존재하는 기 외에 어떤 형이상학적 제1의 원리도 인정하지 않았다. 이 점이 최한기가 아리스토텔레스의 여러 관점을 수용하면서도 받아들이지 않은 핵심 내용 가운데 하나이다.

103) 여기서 아리스토텔레스의 실체와 속성의 개념에 대한 논의는 간단한 문제가 아니다. 단순화시킨 것은 마테오 리치의 『천주실의』에 보인 '포피리우스 (Porphyrius, 3세기)의 종류도표'를 본뜬 '만물의 분류도표〔物種類圖〕'인데,

의 속성에 불과한 것이다. 성리학처럼 기와 이(理)가 둘 다 존재의 근거로서 상대적으로 독립된 존재가 되는 것은 아니다. 이(理)는 기의 속성인 조리(條理)일 뿐이다.

이처럼 자연에 대한 탐구가 최한기에게는 이전 철학을 극복하고 새로운 철학을 세우는 데 결정적 영향을 미쳤다. 앞에서 언급한 토마스주의에서 자연에 대한 형이상학적 원리를 파악하여 신에게로 접근하는 자연신학적 방식과는 확연히 구분된다. 여기서 최한기는 선교사들이 그들의 저술 곳곳에 숨겨두었던 조물주의 관념을 여지없이 기로 바꾸어버린다. 서학의 어정쩡한 이성과 신앙의 조화를 비웃기라도 하듯이 철저한 이성주의 방향으로 밀고 나갔다.

사실 토마스의 자연에 대한 이해는 아리스토텔레스의 형이상학적 수준을 벗어나지 않는다. 그가 신앙에 이성을 도입하였지만 그것은 어디까지나 계시신학을 우위에 둔 방식이었다. 그것은 근본적으로 자연을 있는 그대로 보는 데 한계를 내포할 수밖에 없었다. 기실 그가 말한 자연신학이라는 것이 비록 자연학을 통해 신의 섭리를 이해하고자 하는 것이라고 해도, 그 지향점이 아리스토텔레스식의 형이상학적 근거를 찾는 것이라면 근대 과학과는 거리가 있다. 비록 후대 선교사들의 저술에서는 토마스보다는 있는 그대로의 자연을 탐구하려는 태도를 보이기도 하지만, 궁극적으로 그 자연관찰에서 신을 배제하고 철저히 있는 그대로의 자연을 이성적으로 탐구하는 데 실패했다고나 할까?

최한기는 서학의 영향을 받아서 전통적 철학을 극복하고 새로운 철학을 세움과 동시에 서학의 이러한 신앙과 이성의 모순을 예리하게 주

여기서 아리스토텔레스의 실체와 속성에 관한 만물 존재 형태의 기본 범주론에 입각하여 만물을 실체와 속성으로 구분하고 있는데, 최한기는 사물의 실체와 속성에 대한 힌트를 충분히 얻을 수 있었다.

시하고, 더욱더 과학적이고 이성적인 방향으로 나아갔다.[104]

5. 현대적 의의

1) 과학사적 가치와 의의

과학의 역사에 관해 선구적인 작업을 진행했던 조지 사턴(George Sarton, 1884~1956)은 자신의 저술『과학사 서설』에서 "중세는 암흑이 아니다. 중세가 암흑이라는 것은 사실상 중세에 관한 우리의 지식이 암흑임을 뜻한다"는 말을 남겼다.[105]

맞는 말이다. 역사란 결코 단절이 없다. 긍정적이든 부정적이든 어떤 영향을 주고받는다. 그것이 과학이란 측면에서 볼 때는 더 말할 필요가 없다. 어쨌든 이런 맥락에서 본다면 이 책의 가치는 중세의 과학적 견해를 알려준다는 점에서 이미 그 가치와 의의를 충분히 갖고 있다고 본다.

이 책은 아리스토텔레스의 자연학적 지식과 형이상학적 논리를 기본으로 하고, 거기에 17세기 초까지 알려진 서방 세계의 과학지식과 경험을 전거 자료나 예시 또는 비판적 자료로 삼아 저술되었다. 특히 지리상의 발견으로 알려진 서방 세계 외의 경험담도 들어 있다. 게다가 비판 자료로서 동양적 사례들도 다수 포함되어 있다.

---

104) 서학의 영향과 그에 대한 대항의식은 단지 그의 철학뿐만 아니라 천체우주론에 대한 것에서도 살펴볼 수 있다. 그는 우주를 기륜설(氣輪說)로 설명하는데, 항성천(恒星天) 밑의 우주공간은 한치의 빈틈도 없이 기가 충만해 있으며 우주 전체의 모양은 지구의 기륜을 포함해서 8개의 기륜들이 회전운동을 하는 구조를 띤다고 한다. 바로 이 책에 나타난 9중천의 종동천(宗動天)을 제외한 8개의 천체를 기륜설로 설명하였다. 더 자세한 것은 문중양, 「19세기 조선의 자연지식과 과학담론」,『다산학』13호, 2008 참조.
105) 김성근,『교양으로 읽는 서양과학사』, 안티쿠스, 2009, 87쪽에서 재인용.

옮긴이는 과학자가 아니어서 상식 수준에서 본문에 나오는 여러 이론들을 가능한 각주를 통해 현대적 입장을 밝혀놓았다. 그것은 비교하기 위한 것이지 그 내용을 비판하기 위한 것은 아니다. 왜냐하면 비판하기 위해서는 나름대로 과학(사)적 지식과 비판적 시각이 있어야 하기 때문이다.

그래서 여기서도 옮긴이의 능력 밖의 일이라 깊이 있는 논의는 생략한다. 다만 이 책의 내용이 갖는 과학사적 또는 문화사적 의미에서 그 가치와 의의를 제시하고 끝내고자 한다.

잘 알다시피 어떤 이론이나 학설 또는 과학은 그냥 어디서 완결된 형태로 툭 튀어나오는 것은 아니다. 기원과 발전의 역사를 갖게 마련이다. 거기에는 연속적 또는 불연속적 영향과 흐름이 존재할 것인데, 그 흐름에 어떤 이론이 첨가되기도 하면서 수정되거나 보완되기도 할 것이다.

그런 흐름에 주의해야 한다는 점에서 이 책이 갖는 과학사적 가치를 먼저 지적하고 싶다. 가령 4원소의 경우만 해도 최초의 주장자는 엠페도클레스이고 그것을 아리스토텔레스가 이어받아 자신의 철학에 이용하였는데, 이때 둘 사이의 차이점이 무엇인가를 과학사적으로 밝히는 것이 중요하다. 이 책에서는 단지 그 영향관계의 궤적만 보여주고 있지만, 관심을 충분히 불러일으킨다.

이런 사례는 또 있다. 천구설이나 천문학 등이 대표적이다. 그리스 철학자들의 학설에서 아리스토텔레스에게로, 또 그것이 프톨레마이오스를 통해 교부철학자(선교사) 등으로 전해지는 과정을 살펴보는 것도 흥미로울 수 있다. 그 외 자연에 관한 기상학적 이론도 이런 각도에서 얼마든지 살펴볼 수 있다.

다음으로 자연에 대한 과학적 이해 수준이다. 현대 입장에서 봤을 때 그 당시 과학 수준을 읽을 수 있고, 왜 당시는 그렇게밖에 생각할 수 없는지 추리하거나 탐구할 수 있는 계기를 마련해준다. 그리고 중세 암흑기란 사실 당시 서방 세계에 해당되는 말이기는 하지만 타 문화권도 꼭 그렇다고 단정지을 수 없다. 특히 그 시기 이슬람 과학에 대해서는 과소평가하기 쉬운데, 현대에 와서 많은 학자들이 이슬람 과학에 크게 주목하고 있는 것 또한 잘 아는 사실이다. 어쨌든 이 문화권의 과학지식과 비교할 수 있다면 또다른 흥미로운 사실을 발견할 수 있을 것이다. 게다가 13세기는 이슬람에서 역수입한 아리스토텔레스의 부흥의 전성기였으니 자연히 이슬람 과학의 유입도 뒤따랐을 것이다.

또 하나 흥미로운 점은 앞에서 잠시 언급했지만 이 책의 내용에는 아리스토텔레스의 자연학을 기본으로 하면서도 13세기 토마스주의가 형성될 당시 과학적 내용과 그리고 17세기 저자가 저술할 당시의 과학적 내용이 혼재되어 있다는 것이다. 이 점은 연구자들로 하여금 혼란스럽게 만드는 일이기도 하지만, 반면 그 방면에 정통한 전문가 입장에서 분석하는 일은 그리 어려운 일이 아니다.

그리고 한편 이 책을 읽어보면 과학적 내용뿐만 아니라 이른바 근거 없는 미신이나 속설로 취급되는 자료들이다. 과학적으로는 의미가 없을지 몰라도 문화적 또는 민속학적 차원에서 보면 매우 소중한 자료들이다. 이것만으로도 소중한 가치를 지닌다고 본다.

게다가 앞에서 소개한 것처럼 이 책의 과학적 배경이 지구구형설이나 지구정지설 또는 지구중심설의 전근대적 우주관임에도 불구하고, 동양의 지식인들 특히 조선 학자들에게 준 지대한 영향을 생각한다면 그 가치와 의의를 십분 인정할 수밖에 없다.

2) 문화 코드로서 4원소설

4원소설은 동양인들에게 생소할지 모르지만 그 원소 하나하나를 따질 때 우리 생활과 매우 밀접한 것들이다. 흙은 땅으로서 하늘에 대응하는 만물의 어머니로 여겼다. 물 또한 생명의 근원으로서 서양의 탈레스는 만물의 근원으로 보기도 하였다. 공기 또한 호흡하면서 생명의 에너지를 공급하는 그 무엇으로 여겼다. 불이야말로 문명을 상징한다. 음식을 익혀서 먹고 몸을 따뜻하게 해주기 때문이다. 게다가 산업화의 출발이 불의 이용이 아닌가?

어디 그뿐인가? 장례 풍습을 보자. 장례를 치르는 장소는 대개 죽어서 망자가 가고자 하는 것이나 인간의 영혼 또는 육체의 근원이라고 생각하는 것과 관계 있다. 그래서 크게 매장·수장·풍장·화장으로 나뉘는데, 모두 흙·물·공기·불과 관계 있지 않은가?

따라서 4원소라고 명명하기 이전부터 인류의 삶에서 이 요소들은 깊숙이 생활 속에 들어와 있었다. 그래서 이것과 관련된 문화현상을 찾는 것은 어려운 일이 아니다.

이런 각도에서 본다면 오행의 경우도 4원소와 마찬가지로 적어도 생활주변의 요소에서 출발했다고 보는 것이 좋겠다. 다만 그 숫자 면에서 문화적 배경이 다를 뿐이다. 따라서 동아시아 국가 특히 한국과 중국의 전통을 이해하려면 음양오행설을 무시할 수 없다. 음양오행은 현대에와서 과학으로서 그 영향력과 가치가 줄어들었는지 몰라도 문화현상이나 사유구조로서 아직 유효하다. 특히 예술이나 한의학 같은 분야에서는 그것을 제외하고 논의하기가 어렵다.

마찬가지로 4원소설도 서방 세계의 문화 코드로서 접근할 수 있는 여지가 충분히 있다고 본다. 비록 그것이 과학의 이론적 근거로서 소멸되었다고 해도 말이다.

사실 4원소설은 서양의 문화 코드에서 볼 때 그리 만만하거나 간단한 것도 아니다. 고대로부터 서구인들의 사고방식이나 생활 속에 알게 모르게 침투해왔기 때문이다. 가령 서양 종교인 그리스도교의 성서조차도 이러한 영향을 받고 있다는 것을 아는 사람은 얼마나 될까? 특히 신약의 경우 이미 유대주의의 틀을 벗어나 그리스 문화를 수용하고 있기 때문에 성서 속의 이 4원소 유입은 어쩌면 당연한 일이 아닐까?

사실 신약성서가 형성될 당시 서방 세계는 이교도 신앙이나 그리스도교에서 깨달음의 수준은 바로 4원소인 흙·물·공기·불과 상징적으로 연계되어 있었다. 원소들의 세계는 하나의 수준에서 다음 수준으로 이어지는 입문식을 상징한다.[106]

여기서 육체는 흙을 상징한다. 이것은 「창세기」에서 신이 흙을 빚어서 인간을 만들었고, 태초 인간 아담의 타락 이후 인간은 죽어서 흙으로 돌아간다고 말하고 있다. 그 흙이라는 물질로 이루어진 인간은 비로소 신약에서 세례 요한의 물세례에 의하여 물질적 육체의 영적인 탄생을 상징한다. 다음 단계는 「사도행전」에서 보이는 바와 같이 예수의 부활 이후 성령에 의한 공기와 불의 세례가 등장하면서[107] 영적으로 신과 하나가 되는 체험으로 이어진다.

게다가 성서 속에 등장하는 4원소는 이것에 머물지 않는다. 「창세기」에 등장하는 노아의 홍수를 일으키는 원소는 물이며, 또 소돔과 고모라

---

106) 티모시 프리크·피터 갠디, 송영조 옮김, 『예수는 신화다』, 미지북스, 2008, 200쪽.

107) 오순절 날이 이미 이르매 그들이 다같이 한곳에 모였더니 홀연히 하늘로부터 급하고 강한 **바람** 같은 소리가 있어 그들이 앉은 온 집에 가득하며 마치 **불**의 혀처럼 갈라지는 것들이 그들에게 보여 각 사람 위에 하나씩 임하여 있더니 그들이 다 성령의 충만함을 받고 성령이 말하게 하심을 따라 다른 언어들로 말하기를 시작하니라(「사도행전」 2 : 1~4)(고딕은 옮긴이).

성을 심판하는 원소는 불이고,「요한계시록」의 최후의 심판에 동원되는 원소도 불이다.

반면에 영지주의 그리스도교 입문식은 이보다 더 구체적이다. 입문식 수준은 물질적·심적·영적·영지적의 4단계이고 거기에 대응하는 정체성의 실체는 육체, 가짜 영혼, 영혼, 참빛인데, 각각 해당하는 원소는 물·불·공기·불이며, 물과 공기와 불은 각각 문자적 깨달음, 신화적 깨달음, 신비적 깨달음과 연결된다.[108]

그럼 정화의식은 어떠한가? 4원소로 정화시키는 것은 세계 모든 문명의 공통적인 현상이기도 하다. 물로 세탁을 한다든가 바람을 쐰다든가 불로 태우는 것 따위가 그것이다. 그러나 서방 문명권을 제외한 타 문화권에서는 이러한 정화를 이용함에도 불구하고 4원소를 연계시키거나 어떤 사유나 문화의 구조 속에서 했는가는 좀더 지켜볼 필요가 있다. 그런 점에서 오행과의 비교도 흥미로울 것이다.

여하튼 이런 정화적 요소가 세례에 들어간 것은「마태복음」에도 보인다. "그는 성령과 불로 너희에게 세례를 주시리라."[109] 여기서 성령은 '성스러운 숨'이라는 뜻의 그리스어를 올바르게 번역한 말이라고 한다.[110] 따라서 이 세례는 공기와 불이 관계된다.

따라서 흙이라는 육체로 된 인간이 구원받기 위해 물·공기·불의 차례로 정화되어야 함을 말하는데, 재미있는 것은 흙·물·공기·불의 차례가 4원소의 본성적 장소의 순서와 동일하며, 공간적으로 볼 때 가장 아래쪽에서부터 가장 높은 하늘 위쪽으로 옮아가고 있다는 점이다. 바로 이 책에서 주장하는 아리스토텔레스의 논리와 정확히 일치한다.

---

108) 티모시 프리크·피터 갠디, 앞의 책, 201쪽.
109)「마태복음」3: 11.
110) 티모시 프리크·피터 갠디, 앞의 책, 62쪽.

또 굳이 성서가 아니더라도 그리스 문명에서 십자가는 신성한 상징을 나타낸다. 십자가의 네 갈래는 물질세계의 4원소를 상징하며 다섯 번째 원소인 영혼은 이 4원소로 이루어진 물질에 속박되어 있다. 따라서 네 갈래 십자가에 못박힌 사람의 상은 영혼이 육체에 속박되어 있는 곤경을 상징한다. 영혼을 육체에 구속하는 못은 육체적 욕망을 상징한다고 플라톤은 말했다. 두 팔과 두 다리에 박힌 네 개의 못은 감각적 욕망이며, 이 못이 4원소의 세계에 영혼을 붙잡아둔다는 것이다.[111]

이처럼 종교적 측면에서 서양의 4원소에 관한 사례를 살펴보았는데, 그렇다면 현대로 돌아와 4원소가 문화 코드로서 어떻게 이용되고 있을까?

전해오는 우리 옛이야기 가운데 '불가사리'라는 것이 있다. 불가사리는 쇠붙이란 쇠붙이를 모조리 집어삼키며 몸집을 키우는 죽일 수도 없는 괴물 이야기이다. 그래서 그 이름도 '죽일 수 없다'는 '불가살(不可殺)이'인데, 연음된 발음으로 말하면 불가사리이다. 바다에 사는 별 모양의 생물도 이 이름인데, 이놈들은 죽일 수 없을 정도로 생명력이 끈질기다. 그래서 이렇게 이름 붙였는지 모르겠다. 그런데 엉뚱하게도 그 불가사리를 죽일 수 있는 해법은 그 이름 가운데에 있다. 오행 가운데 화(火)는 우리말로 불이다. 불(不)과 불(火)은 공교롭게 소리가 같다. 이 불(不)자에 불 화(火)자를 대입하면 '화가살'(火可殺)이 된다. 그러니까 그 뜻은 불가사리를 '불로 죽일 수 있다'는 것이다. 그런 아이디어는 어디서 나왔을까? 바로 오행설에 화(火)가 금(金)을 이긴다는 상극설에서 나왔다. 우리 조상들은 이미 이 오행론이라는 문화 코드를 가지고 이렇게 실감나는 이야기를 만들었다.

---

111) 같은 책, 84쪽.

왜 이런 이야기를 하느냐고 반문하겠지만, 이 이야기가 4원소를 소재로 한 현대판 영화와 별반 다르지 않아서 얘기한 것뿐이다. 그 가운데 하나가 1997년에 개봉한 뤽 베송 감독의 「제5원소」이다. 뤽 베송 감독은 이 영화를 만들기 위해 열여섯 살부터 스토리를 썼다고 한다. 그것은 4원소의 문화적 영향이 있었기에 가능한 일이다.

이 영화는 미래세계를 배경으로 선과 악의 싸움인데 지구를 침공하는 절대악의 괴 행성을 퇴치할 수 있는 것은 제5원소로 설정한다. 4원소와 제5원소를 찾기 위해 동분서주하는 주인공과 그것을 막고 쫓는 인물들과 그 사건으로 엮어간다.

그런데 그것을 이루기 위해서는 4원소와 제5원소의 협력이 필요하다. 4원소만으로 해결이 안 된다. 여기서 제5원소는 바로 엠페도클레스가 4원소설을 주장할 때 내놓은 사랑의 개념이다. 엠페도클레스는 우주 역시 사랑에 의하여 결합되기도 하고 다툼에 의하여 흩어지기도 한다고 보았다.[112] 마치 동양의 음양론에서 음양이 화합하거나 오행이 섞여 만물을 낳는다는 생각과 별반 다르지 않다.

옮긴이는 이 영화에서 원소들이 모두 협력하여 지구상의 생명을 살린다는 점에서 유기체적 자연관을 읽어낼 수 있었다. 하나의 원소가 빠져도 일은 성사되지 않는다. 다시 말해 물이나 흙이나 공기 등이 오염되지 않아야 풍성한 생명을 이룰 수 있다는 현대 환경론적 관점이 녹아 있다. 거기서 더 나아가면 만물일체(萬物一體)·만물동근(萬物同根)이라는 관점과 닿을 것이다.

또 영화 「반지의 제왕」에 등장하는 인물들은 고도의 자연물을 의인화하고 있는데, 여기서 던지는 메시지는 전반적으로 자연 생태의 중요성

---

112) 윤현자, 「4원소의 현대적 수용」, 『카프카 연구』 vol.17, no.1, 2007, 221쪽.

을 이해하도록 하고 우리의 의무를 일깨우는 것으로 자연과 인간의 공존, 곧 원소와 인간의 공존을 전한다고 한다.[113]

이 영화에 등장하는 4원소적 요소 가운데 하나는 불이다. 악의 상징인 사우론이 항상 불과 함께 묘사되고 절대반지가 불의 산에서 만들어졌으며, 그것을 파괴하는 곳도 그곳뿐이라는 데 있다. 왜 악과 절대반지를 불과 관련시켰을까? 4원소에서 불이 갖는 지위와 관계가 없을까? 또 사루만이라는 인물은 악의 대행자인데 그는 자본주의와 산업주의를 상징하며[114] 그의 군사인 오르크족과 트롤은 땅을 파헤치며 벌목을 하면서 자연을 파괴한다. 결국 그는 물과 나무로 망한다. 여기서 불로서 상징되는 악의 대행자가 물로서 망하는 것은 또 무슨 의미가 있을까?

자세히 보면 불은 나무를 태울 수 있고, 흙은 나무를 생성하며 물은 나무를 도와 불을 끌 수 있다. 어찌 보면 오행의 상생과 상극을 표현하는 구도에 더 어울린다. 작가가 어떤 의도에서 썼는지 알 수 없지만 어쨌든 원소가 문화 코드로서 물씬 묻어나는 영화임은 틀림없다.

그리고 2010년에 개봉한 인도 출신 나이트 샤말란이 감독한 영화 「라스트 에어벤더」도 4원소와 깊은 관계를 가지고 있다. 4원소로 상징되는 네 나라는 불의 제국이 일으킨 전쟁으로 균형을 잃게 되는데, 4원소를 다룰 줄 아는 아바타가 나타나 평화를 되찾아주기를 기다린다는 내용이다.

이 외에 여러 재난 영화에는 4원소적 요소가 많이 들어 있다. 가령 우리나라 영화 「해운대」의 물질적 소재는 물이다. 좀 오래되었지만 외화

---

113) 같은 글, 222쪽.
114) 같은 글, 224쪽.

「볼케이노」와 「타워링」은 불이다.

이처럼 서구의 여러 문화현상 속에서 4원소적 요소를 발견할 수 있을 것이지만 옮긴이의 역량으로서는 그것을 다 집어내기가 벅찰 뿐이다.

3) 과학과 종교의 화해

이 책의 저술 배경이 된 자연신학은 원래 인간의 이성과 신앙의 조화를 꾀하기 위한 것이었다. 물론 이것은 토마스가 아리스토텔레스의 철학을 수용하면서 세운 전통이다. 이성과 신앙의 조화 문제는 현대적 입장에서 볼 때 필연적으로 철학 또는 과학과 종교의 화해 문제를 상기시킨다.

그러나 그리스도교 특히 개신교는 종교개혁 이후 '오직 신앙(믿음)'에 갇혀버렸다. 계시종교이므로 더 이상 인간적 철학이니 이성이니 하는 따위는 필요 없다는 생각이 지배적이다. 비록 이성을 사용하더라도 그것은 신학체계 안에서 도움이 될 경우에만 한정한다. 이 점은 특히 한국 개신교의 다수를 점유하는 보수적 교단에서 주로 보이는 현상이다. 그 결과 철학을 중심으로 한 인문학적 요소나 과학적 견해를 멀리하고, 스스로 좁은 영역 속에 들어가 세속의 학문과는 화해나 조화보다는 갈등과 분열의 양상을 초래했다. 이제 개신교는 서양 문화권 내에서조차도 이전의 영향력을 잃고 쇠퇴하고 있다.

사실 오십보백보이지만 현실적으로 제도 속에 있는 종교들은 다 이런 문제를 안고 있는 것으로 본다. 다만 한국 일부 개신교의 경우가 좀 심하기는 하지만 말이다. 신앙이나 신학에서 이성을 소홀히 다루면 결국 토마스주의가 처음에 신앙과 이성의 조화를 꾀하면서도 결국 신앙 우위의 태도로 말미암아 종말을 맞이했던 전철을 그대로 밟고 있지 않다고 말할 수 있을까? 아니 그가 경계했던 맹목적 신앙에 빠지지 않겠는가?

조금이라도 되돌아보라. 이성이 배제된 종교가 어떠한가? 비단 그리스도교뿐만 아니라 어떤 종교라 하더라도 과학이나 이성을 배제하면 맹목적 미신으로 빠질 가능성을 그 자체에 가지게 된다. 특히 그리스도교는 계시종교라고 주장하지만, 각자가 계시를 받았다고 주장하면 어떡할까? 그 경우 교회의 전통에 맞지 않는 것은 이단이라고 여기겠지만, 그렇다면 교회의 전통은 또 어떻게 세운 것일까? 그 해법은 또 성서 속으로 되돌아갈 것인데, 그렇다면 성서만 금과옥조로 따르면 되지 굳이 계시는 왜 또 필요한가? 이렇게 순환적으로 문제를 해결하려는 것이 교회사의 단면 중 하나이다.

자, 이야기를 다시 처음으로 되돌려보자. 여기서 토마스가 처음 의도했던 신앙과 이성의 조화 문제에서 다시 논의해보자. 토마스의 실수는 처음부터 예견된 것이지만, 그것은 그가 아무리 이성과 신앙의 조화를 부르짖었다 할지라도 어디까지나 신앙을 이성보다 우위에 두었다는 점이다. 그런데 인간의 이성은 나날이 그 영역을 확대해 나가고 밝혀내는 것도 많은데 종교적 신앙은 그것을 따라가지 못했다. 왜냐하면 제도로서 종교는 끌고 가야 할 현실적 무게가 너무 무거웠기 때문이다.

결국 종교도 속세의 사회 계층적 이해관계에서 자유로울 수 없었고, 힘을 얻을수록 사회 기득권층의 이익 대변자로서 변화하는 현실을 외면하고 이들을 편들 수밖에 없었기 때문이다. 특히 이교도에 대한 선교 전략 면에서 선교사들의 선민의식이나 문화적 우위의식 속에 이교도들과 동등하게 될 수 없었던 태도도 한몫한 것으로 보인다. 마치 오늘날 한국의 일부 그리스도교 교인들이 타 문화나 타 종교인들에 갖는 태도처럼 말이다.

종교가 이전의 실패한 전철을 밟지 않으려면 이성의 가치를 거의 신앙과 동등한 위치로 끌어올려야 한다. 곧 보편타당한 과학이론이나 논리 앞에 종교적 도그마나 태도를 바꿀 필요가 있다. 보수적 신앙인들은 과학이나 철학을 마치 무신론자들의 전유물처럼 여기지만 실은 그렇지 않다. 과학은 사실을 탐구하고 철학은 지혜를 찾기 때문이다. 단지 그것들이 현실적 종교와 갈등을 일으키는 것처럼 보이는 것은 종교의 외피인 표층적 교리와 충돌하기 때문이다. 사실과 지혜를 교리에 맞지 않는다고 외면할 것인가?

어쩌면 교리란 종교의 정체성을 확립하거나 집단의 통일성을 강조하기 위해 필요한 것인지는 모르나, 종교가 가고자 하는 본질적 지향점은 아니라고 본다. 십분 양보해 교리는 입문자들에게 필요한 일일 수도 있다. 그러나 종교의 본질은 교리가 아니라 궁극적으로 신앙 또는 수행을 통한 깨달음의 실천 문제이고, 그 깨달음은 인류를 포함해 우주 안의 만물이 사랑으로 하나 되는 데 있지 않을까? 여기에 무슨 너와 내가 있고, 네 종교와 내 종교가 있고, 네 철학과 내 철학이 있으며, 신앙인과 무신론자의 구별이 있을까? 지리산 정상에 오르는 것이 목적이라면, 전라도에서 오르면 어떻고 경상도에서 오르면 또 어떤가? 어떤 종교에서건 지나친 교리의 강조는 신도들의 영혼(마음)을 유아(幼兒)적 상태로 만들어 교권을 마음대로 휘두르려는 성직자의 술수로 오해받을 소지는 충분하다.

그런데 앞에서 이렇게 이성을 강조한다고 해서 물론 이성 만능을 부르짖는 것은 아니다. 아직 이성으로 해결되지 않는 영역도 물론 있다. 여기서 이성을 강조해 말하는 것은 필요조건이지 충분조건이 아니다. 이미 이성이 밝혀놓은 상식적 수준의 앎이나 논리마저도 종교에서 수용하지 않는 것이 난센스라고 꼬집어본 것이다.

다만 이성적으로 해결되지 않는 문제에 대해서만 종교인들은 신앙이나 깨달음으로 해결하면 된다. 철학자나 무신론자들 가운데도 때로는 이성으로 해결되지 않을 때 그 문제를 직관적 깨달음으로 해결한다. 『장자』의 한 구절을 보자.

하루는 장자가 친구 혜시와 같이 호수의 징검다리 근처에서 걷고 있었다. 장자가 말했다.

"피라미가 자유롭게 헤엄치고 있군. 이것이 물고기의 즐거움이지."

그러자 혜시가 말했다.

"자네는 물고기가 아닌데 어떻게 물고기의 즐거움을 아는가?"

"그럼 자네는 내가 아닌데 어떻게 내가 물고기의 즐거움을 모른다는 것을 아는가?"

"나는 자네가 아니니까 물론 자네를 알지 못하지. 그러니 자네는 물고기가 아니니 물고기의 즐거움을 알지 못하는 것이 확실하네."

그러자 장자가 말했다.

"자, 처음으로 되돌아가 말해 보지. 자네가 내게 '어떻게 물고기의 즐거움을 아는가?'고 물었을 때, 자네는 이미 내가 안다고 하는 말을 알아듣고서 물은 것이네. 나는 이 호수 가에서 물고기의 즐거움을 알았네."115)

여기서 혜시는 이성적 논리를 중시하지만 장자의 사물 인식은 이성

---

115) 莊子與惠子遊於濠梁之上. 莊子曰, 儵魚出遊從容, 是魚之樂也. 惠子曰, 子非魚, 安知魚之樂. 莊子曰, 子非我, 安知我不知魚之樂. 惠子曰, 我非子, 固不知子矣. 子固非魚也, 子之不知魚之樂, 全矣. 莊子曰, 請循其本. 子曰汝安知魚樂云者, 旣已知吾知之而問我, 我知之濠上也(『장자』(莊子) 「외편(外篇)·추수(秋水)」).

만능의 논리가 아니다. 굳이 이성을 무시하지는 않았지만 그것을 초월해 깨달음을 통해서 만물일체라는 것을 말했을 뿐이다. 장자가 어떤 종교를 가졌는지 알려져 있지 않지만, 현대의 제도 종교의 개념으로 볼 때 무신론자이다. 그러나 옮긴이는 장자의 이런 태도가 깊이 있는 종교적 태도와 다르지 않다고 본다.

이렇듯 종교의 본질을 표층적 교리에 한정하지 않는다면 어떤 종교도 타 종교와 갈등을 일으킬 이유가 없고, 종교에서 과학이나 철학 등을 외면하지도 않을 것이며, 무신론자와 대화하지 못할 이유도 없다.

문제는 제도 종교가 가진 것이 많고, 게다가 만물의 척도를 종교가 가지고 있으면서 타자를 거기다 맞추라고 강변하는 데 있다. 그것을 포기하지 않는 한 아무것도 기대할 수 없으며, 결국 세상으로부터 그런 종교는 외면당하게 될 것이다. 최후의 날에 신이 세상을 심판하는 것이 아니라, 시간이 흐르면 점차적으로 세상 사람들이 거듭나지 않은 고리타분한 종교를 버리게 된다. 이것은 역사가 보여주는 냉엄한 교훈이다.

토마스 아퀴나스 역시 종교와 이성의 조화 문제를 정확히 보았으나, 그에게는 또 무시할 수 없는 제도 종교의 무게 때문에 한계를 가질 수밖에 없었다. 그러나 그의 사후 적어도 300년 이상을 그의 철학이 서구인들의 정신을 지배했으니 그나마 이성의 효과만은 입증한 셈이다.

용어해설

* 주로 한문으로 번역된 아리스토텔레스의 철학적 용어이다.

공성(公性): 보편성 또는 일반적 성질.

공제(空際): 공중 또는 허공으로서 하늘과 우주를 뜻함. 때로는 지구의 대기의 뜻
　으로도 쓰임.

모자(模者): 형상인(形相因, the formal cause).

본소(本所): 본성적 위치 또는 장소로 4원소가 원래 존재하는 곳. 최하위는 흙, 그
　위로 물·공기·불이 존재함. 4원소가 아닌 물건의 경우는 본래 있던 장소를 뜻
　함. 문맥에 따라 본성적 장소와 본성적 위치를 섞어 옮김.

본동(本動): 본성적 운동으로 본성적 장소로 향하는 운동.

본위(本位): 본성적 위치.

본정(本情): 본원적 성격으로 냉열건습(冷熱乾濕)의 네 가지가 있음.

사성(私性): 특수성 또는 개별적 성질.

사원행(四元行): 4원소, 곧 불·공기·물·흙을 말함.

상동(上動): 주로 직선적인 상승운동.

선동(旋動): 원운동.

성(性): 자연적 사물의 본성 또는 형상. 때로는 성질의 뜻으로 사용됨.

성리(性理): 일반적으로 자연적 이치를 가리킴.

성체(性體): 자연적 사물의 구성체로서 실체. 여기에는 단순체와 혼합체가 있음.

순동(純動): 순수한 운동으로 직선운동 또는 원운동을 말함.

순정(純情): 본원적 성격.

순체(純體): 공기나 물처럼 하나의 원소로 이루어진 구성체 또는 물질로 4원소가
　여기에 속함. 단순체로 번역함.

원정(元情) 또는 원정(原情): 본정(本情)과 같은 의미로 본원적 성격인 냉열건습 (冷熱乾濕)을 말함.

원행(元行) 또는 행: 원소로 번역.

월천(月天): 달의 천구.

위자(爲者): 목적인(目的因, the final cause).

이모(理模): 형상(form).

일천(日天): 태양의 천구.

정(情): 원소의 성격.

작자(作者): 운동인(運動因, the efficient cause).

잡동(雜動): 직선과 원운동을 제외한 불규칙적 운동.

잡체(雜體): 여러 가지 물질로 이루어진 구성체로 사람·동물·나무 등이 여기에 속함. 혼합체로 번역함.

조화(造化): 조물주 또는 하느님.

직동(直動): 직선운동.

질(質): 질료(matter).

질자(質者): 질료인(質料因, the material cause).

질체(質體): 질료(matter).

주동(周動): 원운동.

행(行): 모든 행(行)이라는 글자가 원소를 뜻하는 것은 아니지만 물질의 뜻으로 쓰일 때는 원소임.

화정(和情): 두 원소 사이의 공통된 성격(*symbolon*).

상권

이끄는 말 引

공중[1]에 걸려 있는 것은 변화의 자취로, 다양하고 기이하고 밝게 드러난다. 그리고 그 까닭을 연구하는 것은 옛날의 격치(格致)[2]의 학문으로, 항상 어렵게 여겼다. 이에 내가 앞으로 그 대략을 헤아려보고자 하는데, 먼저 그 변화의 중요한 근거를 추론하여 밝힌 이후에야 가능할 것이다. 중요한 근거는 오직 4원소[3]이니, 이른바 불·공기·물·흙이 그것이다.

空際所睹, 變化之蹟, 繁矣, 奇矣, 明著矣. 而究其所以然者, 古格致之學, 恒以爲難. 玆余將測其略, 須先推明其變化之切根, 然後可. 切根者, 惟四元行, 所謂火氣水土是也.

---

1) 원문은 공제(空際)로 허공, 즉 공중으로서 대기인 하늘과 우주를 가리킨다.
2) 격치(格致)는 『대학』의 격물치지(格物致知)의 줄인 말로서 사물에 나아가 앎을 이룬다는 뜻으로, 여기서는 사물을 연구하는 의미로 쓰였다.
3) 4원소의 한자 원문은 사원행(四元行)으로 원래 엠페도클레스가 주장한 것이지만, 아리스토텔레스가 만물의 구성 원소로 받아들였다. 동양 전통의 오행(行)의 용례처럼 4행으로 불렸는데, 현대적 용법에 따라 4원소로 통일한다.

I. 원소의 본성에 대한 논의 元行性論

장차 원소의 본성[4]을 논할 것인데, 먼저 그 이름과 순서 등을 진술하고, 각 원소에 대하여 설명하면서 마치고자 한다.

將論元行之性, 先陳其名義次序等類, 而終以各行之說.

[4) 아리스토텔레스에게는 본성의 개념이 자연(physis)이라는 의미의 번역어, 곧 '사물이 갖는 본래적인 성향이나 힘' 또는 '모든 사물들이 내부에 갖는 변화와 정지의 원리'를 지칭한다. 이런 본성을 지닌 자연물은 식물과 동물, 그리고 흙·물·불·공기의 4원소이다(유원기,『자연은 헛된 일을 하지 않는다』, 서광사, 2009, 144~147쪽).

그런데 이 책에서는 본성의 개념이 소개되어 있지 않지만,『천주실의』에 보면 본성이란 각 물건의 종류별로 가지는 본체로 정의하고, 각 물건은 같은 종류이면 본성도 같고 다른 종류이면 본성도 다르다고 정의한다(夫性也者, 非他, 乃各物類之本體耳. 日各物類也, 則同類同性, 異類異性. 마테오 리치, 송영배 외 옮김,『천주실의』, 서울대학교출판부, 1999, 339쪽). 여기서 본(本)이란 다른 부류의 관념에 있으면 그 부류의 본성이 아니고, 체(體)란 그 개체의 범위 안에 있지 않으면 그 개체의 본성이 아니라는 말이다(日本也, 則凡在別類理中, 卽非茲類本性. 日體也, 則凡不在其物之體界內, 亦非性也. 같은 책). 그런데 그 사물이 실체로 존재하면 본성 역시 실체이고, 속성으로 존재하면 그 본성 모두 속성이다(但物有自立者, 而性亦爲自立, 有依賴者, 而性兼爲依賴. 같은 책)고 한다. 그러니 우리는 사물의 본성을 실체나 속성으로 여길 수 없다. 그렇다고 해서 사물의 법칙으로 여기는 것도 마땅하지 않다. 이(理)는 사물의 속성이므로 사람의 본성이 될 수 없기(理也乃依賴之品, 不得爲人性也. 같은 책, 340쪽) 때문이다. 여기서 조심스럽게 말한다면 사물의 본성은 형상에 가까운 개념으로 보인다.

또 본성을 결정하는 것은 아리스토텔레스가 말한 사물의 영혼이다. 영혼이 있은 다음 본성이 있고, 본성이 있은 후에 사물의 종류가 있게 된다(凡物非徒以貌像定本性, 乃惟以魂定之. 始有本魂, 然後爲本性, 有此本性, 然後定於此類. 같은 책, 240~241쪽). 따라서 본성의 같고 다름은 영혼의 같고 다름에 말미암은 것이고, 종류의 같고 다름은 본성의 같고 다름에 말미암는다(故性異同, 惟魂異同焉, 類異同, 惟性異同焉, 같은 책, 241쪽).

문제는 여기서 이 영혼이 생물에 한정되므로 무생물의 경우에는 본성의 개념이 모호해질 수밖에 없다. 왜냐하면 사물의 성질(또는 성격)과 앞에서 말한 사물이 갖는 본래적인 성향이나 힘(변화와 정지의 원리)과 큰 차별이 없기 때문이다. 뒤에 등장하지만 이 성질 개념은 정(情)을 옮긴 말이다. 물론 이 경우에도 인간에겐 별 문제 없지만, 무생물일 경우에 성(性)과 정(情)의 개념이 모호하다는 것이다. 또 법칙과 본성의 관계도 애매하다. 본성은 이 책의 원문에서 일반적으로 성(性)으로 표기되어 있는데, 때로는 문맥을 살펴보면 성질의 의미로 사용되기도 한다.

그러나 이러한 문제의 해결책은 아리스토텔레스의 이론에서 추론할 수는 있다. 그는 『자연학』에서 사용되었던 '형상'과 '질료'라는 용어들이 『영혼에 관하여』에서는 각각 '영혼'과 '신체'라는 용어들로 대체되었기(아리스토텔레스, 유원기 옮김, 『영혼에 관하여』, 궁리, 2010, 29~30쪽) 때문에 생물의 본성이 마테오 리치가 말한 것처럼 영혼에 의하여 결정되는 것이라면, 사물의 본성도 영혼이 대체로 삼은 형상이라는 결론에 도달한다.

그런데 여기서 본성과 영혼, 질료, 형상의 관계는 꼭 주목해야 할 일이다. 아리스토텔레스는 모든 사물의 변화가 질료인, 형상인, 작용인, 목적인이라는 네가지 종류의 아이티온(원인)에 의하여 설명될 수 있다고 말하고, 작용인과 목적인이 형상인과 동일시될 수 있다고 인정하므로 질료인과 형상인은 변화를 설명하는 근본적 요소들인데, 이 두 가지 원인들이 다시 본성의 두 가지 측면들이라고 말하고 있다(같은 책, 144쪽). 또 자연적 본성을 모든 사물들이 내부에 갖는 변화와 정지의 원리로 규정한다. 따라서 4원소는 본성에 의해 존재한다(같은 책, 146쪽).

따라서 이 책에 등장하는 무생물의 성(性)은 본성 또는 '형상' '변화와 정지의 원리' 등으로 보아도 될 것이다. 그러나 문맥의 흐름에 방해되지 않는다면 주로 본성이라는 의미로 풀이할 것이다.

1. 원소의 이름과 뜻 行之名義

1. 원소란 단순체이니, 〔단순체로〕 분리된 것은 〔더 이상〕 다른 종류의 물건을 이루지 않으나,[5] 다만 〔단순체로 분리된 그 원소들이 서로 결합하여〕 여러 종류의 잡다한 물건을 생성할 수 있다.

行也者, 純軆也, 乃所分, 不成他品之物, 惟能生成雜物之諸品也.

2. 이른바 단순체란 무엇인가?

하나의 〔자연적 질료의〕 구성체로 다른 원소와 섞임이 없는 것을 말한다. 대개 천하 만물에는 순수하고 섞인 것의 구별이 있는데, 순수한 것은 곧 흙·물·공기·불의 4원소이다. 섞인 것에는 다섯 종류가 있는데, 가령 비·이슬·우레·번개의 종류, 금속·암석의 종류, 초목·곡식의 종류, 조류·포유류, 인류(人類)가 그것이다.[6] 이 다섯 종류에는 모두 4원소가 섞이지 않은 것이 없다. 오직 원소에는 비록 약간의 맑고 탁한 것이 있으나, 그 본성은 〔다른 원소와〕 섞이지 않고 순수하다.

所謂純軆者, 何也. 謂一性之軆, 無他行之雜. 蓋天下萬物, 有純雜之別, 純者, 卽土水氣火四行也. 雜者, 有五品, 如雨露雷電之類, 金石之類, 草木五穀之類, 禽獸類, 人類. 此五品, 無不有四行之雜. 惟元行, 雖

---

5) 더 이상 분리될 수 없는 원소 자체만으로는 다른 종류의 물건을 만들 수 없다는 뜻이다. 가령 물이 아무리 많이 모여봤자 물이지 더 이상 물과 관계없는 다른 물건이 될 수 없다는 뜻과 같다.

6) 이 다섯 가지는 대기·광물·식물·동물·인간인데 이 분류 방식은 마테오 리치가 『천주실의』에서 '만물의 분류도표'에도 나타냈는데, 그것은 아리스토텔레스의 실체와 속성에 관한 만물 존재 형태의 기본 범주론에 입각하여 만물을 실체와 속성으로 구분하고, 그 밖의 존재 양상을 종(種)과 유(類)의 관계를 빌려 포피리우스가 작성한 '포피리우스의 종류도표'를 참조하여 하나의 도표로 작성하였다(마테오 리치, 앞의 책, 174쪽).

略有清濁, 其性則不雜而純也.

3. 이른바 '분리된 것이 다른 종류의 물건을 이루지 않는다'는 것은 무슨 뜻인가?

만물에는 전체도 있고 부분도 있다. 대체로 부분과 그 전체는 같은 이름도 있고 다른 이름도 있다. 가령 한 손가락으로 집는 〔흙〕을 흙이라 말하면서 커다란 산 또한 흙이라 말하며, 한 물방울을 물이라 말하면서 커다란 바다 또한 물이라 말하는데, 공기와 불 모두 그러하니 부분과 전체는 모두 같은 이름이다.[7]

다른 물건의 경우는 그렇지 않다. 가령 손과 발을 사람이라고 이름 지을 수 없고, 잎과 가지를 나무라고 부를 수 없으니, 부분과 전체는 모두 다른 이름이다.[8]

所謂所分不成他品之物者, 何也. 萬物, 有全有分. 凡分與其全, 有同名者, 有異名者. 如一撮曰土, 大山亦稱土, 一滴曰水, 大海亦稱水, 氣火皆然, 則分與全, 皆同名也. 若他物, 不然. 如手足不可名人, 葉枝不可名樹, 則分與全, 皆異名矣.

4. 이른바 '다만 여러 종류의 잡다한 물건을 생성할 수 있다'는 것은 무슨 뜻인가?

잡다한 다섯 종류의 물건은 앞에서 말한 바와 같이 모두 4원소의 섞임을 포함하지 않음이 없다. 마치 인체에서 뼈와 근육은 흙에 속하고, 가래와 피는 물에 속하며, 호흡하는 것은 공기에 속하고, 몸의 열은 불

---

7) 같은 원소로 이루어진 물건은 부분과 전체의 이름이 같다는 의미이다.
8) 원소가 복잡하게 섞여 이루어진 물건은 부분과 전체의 이름이 다르다는 의미이다.

에 속한 것과 같다.

所謂惟能生成雜物之諸品者, 何也. 雜物五品, 如上所云, 皆無不包四行之雜. 如人身, 骨肉屬土, 痰血屬水, 喘息屬氣, 肉熱屬火.

5. 〔여러 원소가〕 섞인 물건에는 얻은 4원소의 많고 적음이 균등하지 않다. 가령 금속이나 암석은 흙을 위주로 하고, 그 나머지는 부차적이며, 연기와 안개 등은 공기를 위주로 하고, 번개와 살별은 불을 위주로 하니, 〔원소가〕 섞인 여러 물건은 모두 그러하다. 그러므로 〔이렇게 원소가〕 섞인 여러 사물의 성격과 본성을 막힘없이 인식하려면, 먼저 원소의 본성과 성격을 밝히지 않으면 〔알〕 방법이 없다.

雜物之類, 所得四行之類, 多寡不等. 如金石等, 以土爲主, 其餘次之, 煙霧等, 以氣爲主, 電彗等, 以火爲主, 雜物諸品, 皆然. 故欲洞徹諸雜物之情性, 非先明元行之性情, 無由也.

2. 원소의 수 行之數

1. 옛날에는 4원소 가운데서 단지 한 원소만을 세워 만물의 근원[9]으로 삼은 것이 있었다. 그 설은 제각기 달라서 서로 소통되지 않았는데, 훗날 사리에 밝은 사람들이 모두 병통으로 여겼다가 4를 원소의 확실한 수로 정하고 이르기를, "흙·물·공기·불은 〔그 수가〕 늘어나지도 줄

---

9) 원문은 모(母). 만물의 어미 곧 시원(始原)을 말하는 것으로, 그 표현은 『노자』(老子)에도 보인다. 한 원소로 만물의 근원을 삼았다는 지적은 그리스의 자연철학에서 탈레스의 물이나 헤라클레이토스의 불 또는 동양철학에서 기(氣)를 근원으로 삼은 것을 지적한 것인데, 후자에 대해 저자 자신의 4원소설의 우위를 주장하려는 의도가 엿보인다.

어들지도 않는다"고 했다. 그 증거를 댈 수 있는 이치는 하나의 단서만이 아니니, 이에 또 그 다섯 가지를 집어보겠다.

古有于四元行中, 止立一行, 以爲萬物母者. 其說各異, 而不相通, 後明哲, 皆病之, 定四爲行之確數, 曰水土氣火, 不增不減. 其可証之理, 非一端, 玆且拈其五.

2. 첫째로 말하면 본원적 성격[10]의 합이다.[11]

일반적으로 만물에게 흩어져 있는 것은 본원적 성격인데 단지 네 가지뿐이다. 〔그 성격 가운데〕 작용을 일으키고 주는 것을 주로 하는 것[12]은 두 가지인데, 따뜻함[13]과 차가움이다. 당하고 받는 것을 주로 하는 것[14]도 두 가지인데, 건조함과 습함이다. 차가움과 따뜻함은 능동적인

---

10) 원정(元情)에 대한 해석. 원행을 현대적 의미로 원소로 옮긴 것과 마찬가지로 '본원적 성격'으로 해석하였다. 이것은 앞의 원행(元行)의 용례와 마찬가지로 정(情)에 대하여 원(元)이 수식된 말인데, 원소가 원래 가지고 있는 성격으로서 곧 냉열건습(冷熱乾濕)을 말한다. 따라서 원소의 정(情)을 말할 때는 이 네 가지 가운데서 말한다. 뒤에 자세히 나온다. 이 '본원적 성격'이라는 용어는 서양 철학적 개념을 따랐다(손윤락, 「아리스토텔레스의 요소이론」, 『서양고전학 연구』, 2008, 91쪽). 그래서 문맥에 따라 정(情)이나 성격으로 옮겼다. 앞의 성(性)의 경우처럼 인간에 관한 한 개념상의 혼란은 없으나 이 책에서는 인간에 관한 탐구가 아니므로 등장하지 않는다. 다만 무생물일 경우 성과 정을 구별하는 데 어려운 점이 있다. 이 책의 저자도 구별 없이 '성질' 또는 '성격'의 개념으로 성과 정을 동시에 사용하기도 한다. 문맥에 따라 적절히 옮겼다.
11) 본원적 성격의 합이 4원소처럼 네 가지라는 뜻이다.
12) 능동적인 성질로 온도에 해당한다. 아리스토텔레스 이론에서 작동자(kinoun)이다.
13) 열(熱)은 '따뜻하다' '덥다' '뜨겁다'로 해석이 가능한데, 문맥에 따라 적절히 선택해 해석하였다.
14) 수동적인 성질로 습도에 해당되며 아리스토텔레스 이론의 수동자(kinoumenon)이다. 여기서 아리스토텔레스는 원소들이 서로 섞여 변환하려

것에 속하고, 건조함과 습함은 수동적인 것에 속한다.[15]

一曰, 元情之合. 蓋散于萬物者, 元情, 止有四. 主作且授者二, 曰熱曰冷. 主被且受者二, 曰乾曰濕. 冷熱屬陽, 乾濕屬陰.

3. 지금 [본원적 성격을] 임의로 서로 합칠 경우, 가령 뜨거움과 건조함을 합치면 불을 이룬다. 불의 본성은 매우 뜨겁고, 그 다음은 건조하다.[16] 어떤 사람이 말하기를, "[뜨거움과 건조함의] 두 성격은 모두 심한 것이어서 차등이 없다"고 하니, 또한 [뜻은] 통한다. [또] 습함과 따뜻함이 서로 합하여 공기를 이루고, 차가움과 습함이 서로 합하여 물을 이루며, 건조함과 차가움이 서로 합하여 흙을 이룬다.

今任相合, 如熱乾相合, 成火. 火性甚熱, 次乾. 或曰, 二情, 皆甚而無次, 亦通. 濕熱相合, 成氣, 冷濕相合, 成水, 乾冷相合, 成土.

4. [이렇듯] 본원적 성격에는 네 가지[17]가 있으니, 원소 또한 네 가지

면 원소 양자 간에 능동적인 것과 수동적인 것을 가정해야 했다. 만약 원소들의 무거움과 가벼움으로 인해 각자의 본래 있는 장소에 거하기만 하면, 사물의 생성과 운동을 설명할 수 없기 때문이다.

15) 원문에 차가움과 따뜻함이 양(陽)이고 건조하고 습함이 음(陰)이라고 했다. 차가움 곧 냉(冷)은 동양 전통에서는 음에 속하고, 건조함 곧 건(乾)은 양에 속하는데, 여기서는 그 반대이다. 따라서 여기서 말하는 음과 양은 동양 전통의 그것이 아니다. 아리스토텔레스는 『생성소멸론』 2권 2장에서 "4원소 성격들 가운데 열-냉은 능동자들(poiētika)이고, 건-습은 수동자들(pathētika)"이라고 주장(손윤락, 앞의 글, 92~93쪽)하는 데서 알 수 있듯이 능동자들과 수동자들의 표현이다.

16) 열(熱)과 건(乾)을 정(情)이라고 하면서, 또 불의 성(性)이 그것이라면 성(性)과 정(情)을 혼동해 쓰고 있다.

17) 냉열건습(冷熱乾濕)은 후대에 조선의 최한기에 의하여 한열건습(寒熱乾濕)의 형태로 기(氣)의 정(情)으로 채택된다. 반면 기의 성(性)은 활동운화(活動運化)이다. 아리스토텔레스의 철학(자연학)이 최한기에게 전달되었다는 중요

가 있다. 일반적으로 본원적 성격은 〔생물의〕 본성이 〔후손에게〕 종자를 전달하는 것과 같다. 그러나 만약 차가움이 뜨거움과, 건조함이 습함과 간여하면, 서로 〔성격이〕 상반되므로 원소를 이룰 수 없다.[18] 대개 〔이와 같이 대립되는 것들이〕 서로 짝을 이루면, 반드시 서로 거부하여 서로 기량을 나타낼 수 없는데, 뒤의 그림[19]에서 볼 수 있다.

元情有四, 元行亦有四. 蓋情如性之傳種. 然若冷與熱, 乾與濕, 相反, 則不能成行. 蓋相對則必相拒, 而不相能, 于後圖可見.

5. 둘째로 말하면 경중(輕重)의 구별이다.

단순체는 혹 가볍기도 하고 무겁기도 한데, 매우 가벼운 것은 불이요, 매우 무거운 것은 흙이나, 그 다음으로 가벼운 것은 공기요, 그 다음으로 무거운 것은 물이다. 그런즉 혼합체 또한 경중을 벗어날 수 없으나, 원소가 된다고 말할 수는 없다. 요컨대 그 가운데 매우 가벼운 것은 불을 위주로 하고, 매우 무거운 것은 흙을 위주로 하며, 그 다음으로 가벼운 것은 공기를 위주로 하고, 그 다음으로 무거운 것은 물을 위주로 할 따름이다.

한 근거 가운데 하나이다.

18) 냉-습, 열-습, 열-건, 냉-건처럼 짝을 이루면 물, 공기, 불, 흙을 이루는데, 여기서 냉-열, 건-습처럼 그 상반된 성격이 서로 짝이 된 경우는 원소를 이루지 못함을 말한다. 즉 온도와 습도가 교차하면 원소가 생기고, 온도끼리 습도끼리 관계된 것은 만들지 못함을 말하고 있다. 이 점은 아리스토텔레스가 『생성소멸론』 2권 2장에서 "이렇게 원소들의 수는 넷이며, 넷으로부터 여섯 개의 묶음이 있을 수 있지만, 대립자들은 본성상 결합되지 않으므로(왜냐하면 동일한 것이 뜨거운 동시에 차갑거나 건조한 동시에 습하다는 것은 불가능하기 때문에) 원소들의 묶음(stoicheiōn syzeuxeis)이 넷이 있으리라는 점이 분명한데, 열-건, 열-습, 냉-습 그리고 냉-건 등이 그것들이다"(손윤락, 앞의 글, 95쪽, 재인용)라고 말하고 있다.

19) 이 책의 저본인 규장각 소장본(필사본)에는 그 그림이 없다.

二曰, 輕重之別. 純體者, 或輕或重, 甚輕者火也, 甚重者土也, 次輕者氣也, 次重者水也. 卽雜體亦不能外輕重, 但不得稱爲元行. 要其中, 甚輕者以火爲主, 甚重者以土爲主, 次輕者以氣爲主, 次重者以水爲主而已.

6. 셋째로 말하면 본성적 운동[20][과 불규칙적인 운동]의 구별이다.

운동 가운데에도 불규칙적인 것과 순수한 것이 있다.[21] 순수한 운동에는 또 세 가지가 있는데, 모두 땅의 중심을 [운동의] 한계로 삼는다. 원운동을 하면서 땅의 중심을 [향해] 도는 것은 여러 하늘의 본성적 운동[22]이고, 땅의 중심에서 위로 오르는 것[23]은 가벼운 원소의 본성적 운동이며, 위에서부터 땅의 중심으로 내려오는 것[24]은 무거운 원소의 본성적 운동이다.

단지 [원소의] 무거움과 가벼움에는 또 정도의 차이가 있으므로, 매우 무거워 땅의 중심에 이른 것은 흙이고, 매우 가벼워 하늘에 이른 것은 불이며, 그 다음으로 무거워 흙 위에 안착한 것은 물이고, 그 다음으로 가벼워 불 아래 매달린 것은 공기이다.[25] [따라서] 순수한 운동의 범위

---

20) 원문은 원동(元動)으로 원행(元行, 곧 원소), 원정(元情)과 더불어 원동(元動)을 덧붙였다. 원소가 갖는 본성적 운동을 말한다. 본성적 운동은 본래 그 원소가 있던 위치, 곧 본성적 장소를 향한 운동으로 상승과 하강의 직선운동이다.

21) 운동 가운데 순동(純動)은 본성적 운동, 잡동(雜動)을 불규칙적 운동 또는 강제운동이다. 강제운동이란 아리스토텔레스가 주장한 [일종의 진공과 같은] 자연상태의 운동이 아니라 물리적인 힘, 예컨대 사람이나 동식물 또는 바람 등이 운동에 영향을 주는 경우를 말한다.

22) 아리스토텔레스의 설을 받아들인 중세 천문학의 천동설이 반영되어 있다. 9개의 하늘이 지구를 중심으로 돌고 있다. 뒤에 자세히 나온다.

23) 상승하는 직선운동이다.

24) 하강하는 직선운동이다. 그러니까 아리스토텔레스의 순수한 운동에는 천체의 원운동과 지상에서의 상하운동뿐이다.

에는 오직 네 가지 운동[26]이 있으므로 원소에도 오직 네 가지뿐이다.

三曰, 元動之別. 動中, 亦有雜有純. 純動, 又有三, 皆以地心爲界. 旋動週心, 乃諸天之本動也, 從心至上, 乃輕行之本動也, 從上至心, 乃重行之本動也. 惟輕重, 又有甚次之別, 故甚重至心者土, 甚輕至天者火, 次重安土上者水, 次輕繫火下者氣. 純動之界, 惟四, 則元行惟四而已.

7. 넷째로 말하면 〔여러 원소가 섞인〕 혼합체의 붕괴이다.

대체로 혼합체가 붕괴될 때는 반드시 그 안에 포함한 흔적을 남긴다. 가령 나무가 불에 탈 때는 반드시 공기인 연기와 물인 습기와 흙인 재와 불인 불꽃이 발생하여 점점 〔그것들이〕 분리되어 나오니, 〔이것이〕 어찌 혼합체가 원래 4원소의 결합이라는 것을 증험하지 않는가? 그렇지 않다면, 나무가 〔불에 타서〕 남긴 4원소의 흔적은 〔도대체〕 무엇을 따라 생겨났을까? 인체에 함유된 사액(四液)[27] 또한 4원소에 응한 것이므로, 인체 또한 4원소에 의하여 결성되었음을 증명한다. 동물의 몸도 모두 그러하다.

四曰, 雜體之崩壞. 凡雜體崩壞時, 必遺其內所含之蹟. 暇如木被火焚時, 必有氣之烟, 水之濕, 土之灰, 火之炎, 漸漸渫出, 則豈不驗雜體, 原

---

25) 이 부분은 두 번째 경중의 구별의 맨 뒷부분에 들어가야 할 말이다. 편집자가 착오를 일으킨 것 같다. 따라서 이것과 앞의 그림이 빠진 것 등을 보면 이 책이 필사본이어서 필사하는 과정에서 착오를 일으킨 것 같다. 4원소의 본성상 절대적 가벼움과 무거움 그리고 상대적 가벼움과 무거움이 설명되고 있다.

26) 설명대로라면 순수한 운동은 세 가지뿐인데, 그 의도는 아마도 강제운동과 합하여 네 가지 운동이 존재한다는 것을 말하고자 한 것 같다.

27) 사액설(四液說)은 엠페도클레스의 4원소설의 영향 아래 히포크라테스가 그의 저서 『인간의 자연성』에서 인간의 체액이 혈액(血液)·점액(粘液)·황담즙(黃膽汁)·흑담즙(黑膽汁)으로 이루어졌다고 한 데서 유래되었다. 그러다가 나중에 『질병에 대하여』에서 혈액·점액·담즙과 물로 수정하였다.

結以四行乎. 否則, 木所遺四行之蹟, 由何發乎. 人身所含四液, 亦應四行, 則驗人身, 亦爲四行所結成耳. 禽獸之體皆然.

8. 〔다섯째로 말하면〕[28] 아리스토텔레스의 『성리총령』(性理摠領)[29]에서 또 증명하여 말하였다. "천체는 예로부터 항상 원운동을 하였으므로 마땅히 움직이지 않는 몸체가 있어서 중심으로 삼아야 하는데, 이것이 곧 땅이다. 땅〔곧 흙〕의 본성은 매우 무겁고 탁하여〔공간적으로〕매우 낮은 위치를 얻었으므로 마땅히 매우 가볍고 순수한 것이 있어야 하는데, 〔그 흙〕에 상대해 맞서는 것은 반드시 불이다. 〔흙과 불의〕맞서는 두 물질은 상반되는 본성 때문에 서로 맞서고 서로 가까이하여 물건을 생성할 수 없으므로, 다시 공기와 물이라는 두 원소가 그 두 물질 사이에 들어가서 조절하고 화합해야 한다."

그러므로 원소[30]는 반드시 네 가지가 되려 하므로 비로소 많지도 않고 넘치지도 않게 되었다.

亞里斯多性理摠領, 又証之曰, 天體恒古旋動, 卽宜有不動之體, 以爲

---

28) 앞에서 다섯 가지의 근거를 들어 밝히겠다고 했는데, 다섯째가 언급되지 않았으나 이 단락이 그것에 속한다고 보았다.

29) 그의 어떤 저작인지 분명치 않다. 중국에서 한역된 것은 아니고 저자가 그 이름만 중국식으로 표기한 것 같다. 내용상으로 볼 때 아마도 그의 『자연학』일 가능성이 크다. 그 근거로 호러스 언더우드가 1890년에 펴낸 『한영·영한사전』을 보면 'natural philosophy'는 '성리지학·격물궁리·텬성지학'으로 되어 있고, 'metaphysics'는 '의리지학'으로 된 것(김우창 외, 『국가의 품격』, 한길사, 2010, 147쪽)을 보면 성리(性理)는 송대의 성리학의 성리가 아니라 자연과 관계된 용어이다. 조선후기 최한기도 이런 영향에서 그가 사용한 용례에도 성리는 자연법칙으로 사용되며, 주자성리학의 경우는 이학(理學)으로 그것의 성리를 심리(心理)로 표기하고 있다.

30) 원문은 원행(原行)인데 원행(元行)으로 나타내야 옳다. 아마도 필사자의 착오인 듯하다. 그러나 원(元)과 뜻은 통한다.

中心, 是卽地也. 地性以甚重甚濁, 得甚低之位, 則宜有一甚輕甚潔者, 對以敵之必火也. 兩敵軆, 以相反之性, 不能相敵相近, 以生成物, 故復須氣水二行, 入居兩軆之間, 而調和之. 則原行必欲四, 始爲不多不過.

3. 쇠와 나무는 원소가 아닐까 問金木爲元行否

1. 중국 선비가 말하였다. "우리 중국에는 예로부터 오행(五行)[31]설이라는 것이 있는데, 곧 흙·물·불의 삼행(三行)에 다시 쇠와 나무를 더해서 오행을 이루었다. 잘 모르겠지만 이 설은 서학(西學)과 같은가?"

中士曰, 吾中華從古有五行之說, 卽于土水火三行, 更加金木, 以成五行. 未知, 此說同于西學否.

2. 내가 말하노니,[32] 아리스토텔레스[33]가 이전에 이미 설명하고 논하였는데, 이에 그 요점을 대략 설명하고 바로잡는다.

중국에서 논한 오행(五行)[34]은 옛날과 오늘날이 많이 다르다. 앞에

---

31) 물·불·나무·쇠·흙의 다섯 가지 성분으로 이루어진 동양 전통의 학설이다. 4원소와 달리 전통을 살려 오행으로 표기했다.
32) 이하는 아리스토텔레스의 말을 간접적으로 인용한 말이다. 따옴표로 처리하여야 하지만, 설명이 너무 길어서 생략하였다.
33) 利西泰라는 이름을 가진 중국에 온 서양 선교사 가운데 찾아보아도 없었다. 또 중국식으로 표기한 그리스 철학자 가운데도 보이지 않았다. 그래서 잠정적으로 '아리스토텔레스'의 亞자가 빠진 '리스토'(텔레스)의 발음과 중국어 Lìxītā(利西泰)의 발음이 흡사해 필사한 사람이 빠뜨린 것이 아닌가 생각되었다. 원래는 亞利西泰德이었을 것이다. 앞에서 亞里斯多로 나왔는데 그것도 엄밀히 말하면 亞里斯多德이어야 한다. 이 글은 동양의 오행설을 아리스토텔레스의 4원소설로 비판하고 있다.
34) 동양의 전통적인 수화목금토(水火木金土)의 다섯 가지 기(氣)로 세계의 기원

서 논한 것을 살펴보면, 이른바 원소란 만물이 그것으로부터 나오는 것이다. 그러므로 오직 원소는 지극히 순수한 것이 된다. 이미 순수하므로 반드시 서로 섞임이 없다.

余曰, 利西泰昔已說論, 玆畧述其要, 以訂之. 中華論五行, 古今多不同. 按著前論, 所謂行者, 乃萬物之所從出也. 則惟元行, 爲至純也. 旣純, 必無相雜矣.

3. 시험 삼아 만물이 이루어지는 것을 살펴보면, 대개 쇠와 나무를 가지고 [이루지] 않으니, 가령 인간 · 벌레 · 새 · 짐승의 부류가 그것이다. 그러므로 쇠와 나무는 만물의 원소가 될 수 없다. 또 쇠와 나무에 실제로 물 · 불 · 흙이 섞여 있다는 것을 누가 모르겠는가? 섞이면 원소가 될 수 없다.

試觀萬物之成, 槪不以金木, 如人虫鳥獸諸類是也. 則金木不得爲萬物之元行也. 又誰不知金木者, 實有水火土之雜乎. 雜則不能爲元行矣.

4. 섞인 것을 원소가 될 수 있다고 한다면, 풀이나 돌과 같은 사물도 마땅히 원소의 반열로 받아들여야 하므로 [원소의 수가] 다섯에만 그치지 않을 것이다. 왜 유독 쇠와 나무만 [각각 오행 가운데 하나로] 취할까?

說雜者可爲元行, 則草石等物, 宜實之于元行之列, 則又不止于五矣. 何獨取金木耶.

과 다양한 현상을 설명하는 방식이다. 곧 다섯 가지 기운의 상생 · 상극설과 각각 해당되는 계절과 방위에서 그 덕이 시행된다는 의미로 전개되었다. 오행이 문헌에 등장하는 것은 『서경』「주서」(周書), '홍범'(洪範)부터이다. 후대에 철학, 정치, 의학 등에서 이 개념을 더욱 풍부하게 적용시켜 사용하였다.

5. 예전에 우임금이 계책을 펼 때, 다만 물·불·쇠·나무·흙과 더불어 곡식을 가지고 나열하여 여섯 관직을 삼았는데, 단지 그것이 백성들의 생업에 절실하다고만 말하였다.[35] 〔홍범〕 또한 그러하다. 원소가 되는 것과 만물의 근원이 되는 점을 말한 적 없다.[36] 뒷날의 유학자들의 말에 물에 나무, 나무에서 불, 불에서 흙, 흙에서 쇠를 〔관계지어〕 상생(相生)의 순서로 삼았다.[37] 이 설명에는 참으로 어려움이 있으니 그

---

35) 그 내용은 『서경』, 「우서」(虞書), '대우모'(大禹謨)에 "우가 말하기를, '아! 황제여 생각하소서. 덕이 정치를 좋게 만들고 정치는 백성들을 기르는 데 있으니, 물·불·쇠·나무·흙·곡식(육부)이 잘 닦여지고, 정덕·이용·후생(삼사)이 조화롭게 되어, 아홉 가지 공(육부와 삼사)이 펴지게 하소서. 아홉 가지가 노래로 펼쳐지면, 경계하되 아름답게 여기며 살펴보되 두렵게 하며 권면하되 아홉 가지 노래로 하시어 무너지지 않게 하소서'라고 하였다. 황제인 순이 말하기를, '아! 네 말이 옳다. 땅이 다스려지매 하늘이 이루어지고, 육부와 삼사가 진실로 다스려지니 만세가 영원토록 의지함은 너의 이 공이다'"(禹 曰, 於, 帝念哉. 德惟善政, 政在養民, 水火金木土穀惟修, 正德利用厚生惟和, 九 功惟敍. 九敍惟歌. 戒之用休, 董之用威, 勸之以九歌, 俾勿壞. 帝曰, 兪. 地平天 成, 六府三事允治, 萬世永賴, 時乃功)이다.

36) 그 내용은 『서경』 「주서」, '홍범'에 "첫 번째 오행은 첫째 물이고 둘째 불이고 셋째 나무고 넷째 쇠이고 다섯째 흙이다. 물은 아래로 흘러내리고 불은 위로 타오르며 나무는 굽거나 곧고 쇠는 인간의 의지에 따라 변하고 흙에서는 작물을 심고 가꾼다. 아래로 흐르는 것은 짠 것이 되고 위로 타오르는 것은 쓴 것이 되고 굽거나 곧은 것은 신 것이 되고 인간의 의지에 따라 변하는 것은 매운 것이 되고 심고 가꾸는 것은 단 것이 된다"(一, 五行, 一曰水, 二曰火, 三曰木, 四曰金, 五曰土. 水曰潤下, 火曰炎上, 木曰曲直, 金曰從革, 土爰稼穡. 潤下作 鹹, 炎上作苦, 曲直作酸, 從革作辛, 稼穡作甘)이다.

37) 오행의 상생설(相生說)을 말한다. 상생설은 상극설(相剋說)과 더불어 전국시대 추연(趨衍)의 학설에 보인다. 물론 『좌전』(左傳)에 "화(火)는 금(金)을 이긴다"(昭公 31년)라든가 "수(水)는 화(火)를 이긴다. 강(姜)을 치면 가하다"(哀公 9년)라고 한 것을 보면 그 이전에 상극설이 발생하고 있었던 모양이다. 상생설은 목(木)은 화(火)를 낳고 화는 토(土)를, 토는 금(金)을, 금은 수(水)를, 수는 다시 목을 낳는 것으로 순환한다. 그래서 전통적으로 자식이 어버이를 계승하는 것이 상생설이며, 우리나라에서 자손들의 이름을 지을 때 이 오행의 상생설에 따라 한자의 부수를 붙이고, 동양의학에서도 이것을 중시한다.

롯된 것을 따르기 때문이다.

昔大禹陳謨, 特以水火金木土與穀, 列之爲六府, 只云其切于民生者.
洪範亦然. 未嘗謂爲元行, 及萬物之本也. 後儒言, 水而木, 木而火, 火而
土, 土而金, 乃以爲相生之序. 此說誠有難, 以順非者.

6. 무릇 나무 가운데에는 불과 흙의 〔원소도〕 겸하여 있는데, 어찌
〔오행대로〕 유독 물로부터만 생기고, 불과 물이〔라는 원소가〕 생기지
않았을 때는 나무가 어떻게 스스로 생성될 수 있는가? 〔또〕 만일 흙이
생기지 않는 것에 앞서 나무가 장차 어느 땅에 심겨져 있었겠는가?

무릇 물건이 서로 생겨남은 지금도 마땅히 예전과 다름 없다. 곧 지
금의 나무[38]가 흙과 태양의 불이 없으면 생길 수 없다. 나무는 반드시
종자가 있어서 먼저 흙에 묻힌 다음 수분을 섭취하고 햇빛을 받은 후에
야 아래로 뿌리가 자라고 위로는 싹이 터 성장한다. 그러므로 옛날의
〔견해〕 또한 여기에 부합한다. 어찌 근거도 없이 그 설명을 달리 하겠
는가?

夫木中兼有火土, 何獨由水生, 而火水未生時, 木安得自成乎. 如土未
生先, 木將于何地植乎. 夫物之相生, 今安無異于昔也. 乃今之木, 無土與
太陽之火, 莫能生. 木必先有木種入土後, 以水漬, 以太陽照而後, 下生
根, 上萌芽, 而長成矣. 則古昔亦應如是. 何無所據而殊其說乎.

7. 또 나무가 불을 생성하는 경우에는 나무의 본성이 매우 뜨겁다.

상극설은 수가 화를 이기며 목이 토를 이기고 토가 수를 이기는 것처럼 패배
한 자를 이긴 자가 계승하는 것으로 말하자면 오행설을 역사의 장으로 적용시
킨 것이다. 물론 동양의학에서도 이용된다.

38) 필사본에는 수(水)로 되어 있으나 목(木)이 되어야 뜻이 통한다. 바로잡았다.

〔이 경우〕물이 어떻게 지극히 차가운 것을 가지고 지극히 뜨거운 나무를 생성할 수 있을까?[39] 〔상생설에 따라〕 물이 이미 나무를 생성하고 나무 〔또한〕 불을 생성할 경우, 물은 할아버지요 불은 손자이니 어떻게 할아버지와 손자가 서로 반대되고 서로 없애는 데 이르러, 하나는 어질지 못하고 하나는 불초하여 이처럼 극단적인 데 이른단 말인가?

又木如生火, 則木性至熱矣. 水何能以至冷者, 生至熱之木耶. 水旣生木而木生火, 水乃祖火乃孫, 則祖孫何至相反相滅, 一不仁一不肖, 至如此極也乎.

8. 애초에 흙·쇠·나무가 없었을 때, 유독 물이 어디에 존재해 쓰였으며 어떤 그릇에 수용되어 있었을까? 쇠〔또한〕흙에서 생기니 나무와 무엇이 다른가? 대개 쇠는 흙 속에서 나오고 나무는 흙 위에서 생기니, 근본은 모두 흙으로부터 발생한다.

初未有土金木時, 獨水于何居存用, 何器受含乎. 金由土生, 則與木何異. 蓋金生乎土內, 木生乎土上, 本皆自土發矣.

9. 또 『주역』의 주(註)에서 하늘은 1을 가지고 물을 낳고, 땅은 2를 가지고 불을 낳고, 하늘은 3을 가지고 나무를 낳고, 땅은 4를 가지고 쇠를 낳고, 하늘은 5를 가지고 흙을 낳으므로,[40] 다섯 가지가 생기는 데는 선후가 있어 순서가 정해진 것 같다.

---

39) 이것은 물이 나무를 낳고 나무가 불을 낳는다(水生木, 木生火)는 상생설을 비판한 말이다. 물의 성질이 차갑다는 것은 4원소설에 근거한 것이다.
40) 『역경』(易經) 첫머리 '하도낙서'(河圖洛書)의 주석에 나온다. 원문은 이렇다. "하늘은 1을 가지고 물을 낳으면 땅은 6을 가지고 이를 완성하며, 땅은 2를 가지고 불을 낳으면 하늘은 7을 가지고 이것을 완성하고, 하늘은 3을 가지고 나무를 낳으면 땅을 8을 가지고 이것을 완성하며, 땅은 4를 가지고 쇠를 낳으

且易註, 天一生水, 地二生火, 天三生木, 地四生金, 天五生土, 則五者之生, 若有先後定序矣.

10. 지금 〔오행의 상생설에서〕 "쇠가 물을 낳는다"고 말하니, 쇠의 4는 마땅히 물인 1보다 앞에 있어야 한다. 〔또〕 "흙이 쇠를 낳는다"고 말했으니, 흙의 5가 마땅히 쇠의 4보다 앞에 있어야 한다. 〔또한〕 불의 2가 비록 흙의 5의 앞에 있으나 3과 4로 〔인해〕 떨어져 있으니, 어떻게 흙을 생성할 것인가? 〔그리고〕 나무의 3이 비록 물의 1의 뒤에 있으나 불의 2로 〔인해〕 떨어져 있으니, 어떻게 물의 1을 받들어 생겨나겠는가?

今曰金生水, 則金四當先居水一矣. 曰土生金, 則土五當先于金四矣. 火二雖居土五之前, 然隔三四, 何以生土. 木三雖居水一之後, 然隔火二, 何以承生于水一乎.

11. 이는 그 순서가 모두 난해하다. 그 때문에 오행설은 자연적 이치[41]와 유사한 것 같으나 부합됨도 근거도 없으니, 이에 앞에서 정한 4원소의 수를 마땅히 보존해야 한다.

是其序, 均難解. 以故五行之說, 似于性理, 無合無據, 仍宜存前所定四元行之數也.

면 하늘은 9를 가지고 이것을 완성하고, 하늘은 5를 가지고 흙을 낳으면 땅은 10을 가지고 이것을 완성한다"(天以一生水而地以六成之, 地以二生火而天以七成之, 天以三生木而地以八成之, 地以四生金而天以九成之, 天以五生土而地以十成之).

41) 원문은 성리(性理)로 전통적인 성리학에서 말하는 성리가 아니다. 앞의 아리스토텔레스의 『성리총령』(性理摠領)에 등장한 것처럼 자연의 이치이다.

4. 원소의 순서 行之序

1. 순서란 만물의 형상(形相)[42]이다. 4원소는 섞이지도 않고 혼란스럽지도 않으며, 머무를 곳을 얻으면 〔운동이〕 안정되고 〔머무를 곳을〕 얻지 못하면 강제 상태가 되나,[43] 강제력이 소멸되면 저절로 본성적 장소로 되돌아온다.

序者, 萬物之文也. 四元行, 不雜不亂, 得所則安, 不得則强, 强力已盡, 自復本所.

2. 본성적 장소란 무엇인가? 흙은 아래에 있고 물은 그 다음이고 불은 위에 있고 공기는 그 다음이니, 이것이 〔4원소의 본성적 장소가〕 정해진 순서이다. 그 까닭에는 세 가지가 있다.

本所者, 何. 土下而水次之, 火上而氣次之, 此定序也. 其故有三.

3. 첫째로 말하면 무거움과 가벼움이다.

무거운 것은 낮은 곳을 좋아하고 가벼운 것은 높은 곳을 좋아해 상하로 나뉜다. 무거움과 가벼움에는 또 정도의 구별이 있는데, 이 때문에 상(上) 가운데에 하(下)가 있고, 하(下) 가운데에 상(上)이 있어, 원소의 네 〔위치로〕 나뉜다.

一曰, 重輕. 重愛低, 輕愛高, 以分上下. 重輕, 又有甚次之別, 因是上

---

42) 선교사들은 아리스토텔레스의 형상(形相)을 대체로 문(文)이나 이모(理模) 또는 이(理)로 번역하였다. 순서는 때로는 질서의 개념으로 많이 쓰인다. 여기서도 그런 의미가 강하다. 뒤의 내용과 통일을 위하여 순서로 옮겼다.

43) 강해진다는 강(强)의 의미는 원소가 본래 자기가 있어야 할 위치를 벗어나면 강제운동을 한다는 뜻이다.

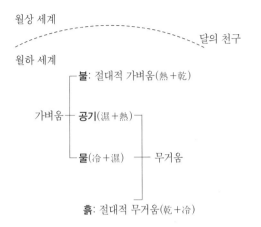

월상 세계

달의 천구

월하 세계

불: 절대적 가벼움(熱＋乾)

가벼움 ― 공기(濕＋熱)

물(冷＋濕) ― 무거움

흙: 절대적 무거움(乾＋冷)

〈그림 1〉아리스토텔레스가 말하는 원소의 본성적 위치와 성격을 나타낸다.
냉열건습 가운데 둘로 짝지어진 것 중 앞의 것이 그 원소의 본원적 성격이며,
가까운 원소와 공통적인 성격을 공유하고 있다.

之中有下, 下之中有上, 以分元行之四.

4. 대개 물은 흙보다 가볍고 공기는 불보다 무거워서, 물은 흙 위에
있고 공기는 불 아래에 있다. 그러나 물을 무겁다고 하지 가볍다고 하
지 않으며, 공기를 가볍다고 하지 무겁다고 하지 않는 것은 비교적 그
무리를 따르기 때문이다. 즉 물은 하나에 흙을 말함 대해서는 가볍지만
둘에 불과 공기를 말함 대해서는 무겁다고 말하고, 공기는 하나에 불을 말
함 대해서는 무겁지만 둘에 물과 흙을 말함 대해서는 가볍다고 말한다. 이
때문에 물은 반드시 아래로 흐르며 위로 올라가지 않고, 공기는 반드시
올라가고 아래로 내려오지 않음을 안다.

蓋水輕于土, 氣重于火, 水在土之上, 氣在火之下也. 但水曰重而不曰
輕, 氣曰輕而不曰重, 較從其衆故也. 蓋水對一土曰輕, 對二火氣曰重, 氣
對一火曰重, 對二水土曰輕也. 以是知水必下而不上, 氣必上而不下也.

5. 둘째로 말하면 공통된 성격[情][44]이다.

대개 [원소의] 성격이란 서로 공통되면 [본성적 장소가] 가깝고 서로 등지면 멀다. 가령 건조하고 차가운 성격은 흙을 이루고, 습하고 차가운 성격은 물을 이루는데, 흙과 물은 차가운 성격을 가지고 서로 공통되므로 [본성적 장소가] 서로 가깝다.

二曰, 和情. 蓋情相和則近, 相背則遠. 假如乾冷成土, 濕冷成水, 土水以冷情相和, 故相近.

6. 습하고 더운 성격은 공기를 이루고 습하고 차가운 성격은 물을 이루는데, 물과 공기는 습한 성격을 가지고 서로 공통되므로 또한 서로 가깝다. 건조하고 더운 성격은 불을 이루고 습하고 더운 성격은 공기를 이루는데, 공기와 불은 더운 성격을 가지고 서로 공통되므로 또한 서로 가깝다.

濕熱成氣, 濕冷成水, 水氣以濕情相和, 故亦相近. 乾熱成火, 濕熱成氣, 氣火以熱情相和, 故亦相近.

7. [그러나] 만약 성격이 대립하는 원소가 상반되면 [본성적 장소가 서로] 멀다. 가령 물은 차갑고 습하며 불은 뜨겁고 건조하여 두 성격이 정면으로 대립하니 그 때문에 서로 멀다.

若背情之行, 相反則遠. 假如水冷而濕, 火熱而乾, 二情正背, 故以相遠.

---

44) 화정(和情)은 두 원소 사이의 공통된 성격으로, 그리스어로 심볼론(*symbolon*) 인데 두 원소가 만나서 서로 하나의 대립자를 주고받을 때 양자 간에 직접 교환을 가능케 하는 '표식'이다(손윤락, 앞의 글, 98쪽). 여기서 성격이란 정 (情)과 같은 의미이다.

8. 묻는다. "흙과 불은 〔이런 논리라면〕 건조한 성격으로써 서로 공통되는데, 〔둘 사이 본성적 장소가〕 지극히 먼 것은 〔무슨 까닭인가?〕"

問土火以乾情相和, 極遠者.

9. 〔답한다.〕 "그것은 흙과 불에 비록 서로 공통되는 성격이 있으나, 무겁고 가벼운 〔성질이〕 크게 다르므로 두 이치를 헤아리고 조절하여 4원소의 순서를 정할 수 있다."

以土火, 雖有相和之情, 重經大異, 故權衡二故, 可以定四行之序.

10. 셋째로 말하면 보고 아는 것이다.

일반적으로 4원소의 순서는 눈앞에서 쉽게 검증된다.[45] 불은 발생하면 불꽃이 되어 항상 아래에서 위로 타올라 뾰족하게 줄어드는 모양이 있는데, 서양에서는 '불의 형태'라 부른다. 대개 〔불은〕 아래에서는 가만히 머무를 수 없어 힘써 위로 올라가, 반드시 지극히 높은 곳으로 향하는 것이 이것이다.

三曰, 見識. 蓋四行之序, 目前易試也. 火發爲炎, 常有從下至上, 尖殺之形, 西曰火形. 蓋不能安下, 而奮力以上, 必向極高, 是也.

11. 〔그런데〕 공기도 우연히 흙이나 물 가운데로 들어가면, 가만히 있을 수 없어 위로 올라가려 한다. 〔그래서 공기가 깊은〕 흙 속에 들어가면 지진이 일어나고 산이 무너지며,[46] 물속에 들어가면 거품과 기포가 되는데, 시험 삼아 강제로 〔공기가 들어 있는〕 공을 물 밑바닥에 밀

---

45) 이하는 4원소 위치의 순서를 맨 위에서부터 불·공기·물·흙으로 설명한다.
46) 지진의 원인을 땅속의 공기로 설명하는데, 이 책의 하권 끝부분에 자세하고 조선 선비들도 그것을 인용했다.

어넣으면 갑자기 솟아오르는 것이 그것이다.

氣偶入土水之中, 不能得安, 而欲上行. 在土爲地震爲山崩, 在水爲漚
爲泡, 試强一毬至水底, 忽然突出, 是也.

12. 〔또〕 물이 상승하여 공기가 있는 지역까지 올라갈 경우, 반드시
강제력을 받아 안정되지 못하나, 강제력이 소멸되면 저절로 본성적 장
소로 되돌아온다. 가령 〔물이 공기 중에 올라가〕 비가 될 경우, 태양이
땅의 습기를 증발시켜 구름이 되는데, 구름이 희박하면 공기에 속하므
로 가벼워서 떠다니고, 구름이 빽빽하면 물에 속하므로 무거워서 〔비가
되어 지상으로〕 떨어진다. 떨어지는 것은 본성적 장소로 되돌아오는 것
이다. 〔그리고〕 흙이 물에 들어가면 반드시 물 밑바닥에 가라앉은 후에
안정된다.

水若騰在氣域, 必被强而不得安, 迨强力已盡, 自歸本所. 如成雨者, 以
太陽薰蒸地濕爲雲, 雲希屬氣, 故輕而浮, 雲密屬水, 故重而墜. 墜者, 復
其本所也. 土入水, 必下之水底而後安.

13. 묻는다. "물은 대부분 〔흙의〕 아래에 있고 흙이 위에 있으니, 왜
그런가?"

問水多在下, 而土在上, 何也.

14. 답한다. "조물주가 태초에 천지를 창조할 때는 산도 없고 골짜기
도 없어서 지면에는 물로 덮여 있었다.[47] 그러나 사물의 편의를 맞추고

---

47) 『성서』, 「창세기」 1장 1절의 "태초에 하나님이 천지를 창조하시니라. 땅이 혼
돈하고 공허하며 흑암이 깊음 위에 있고 하나님의 영은 수면 위에 운행하시니
라." 또 9절에 "하나님이 이르시되 천하의 물이 한곳으로 모이고 뭍이 드러나

자 하였으므로 산은 우뚝 솟고 골짜기는 내려갔으며, 이에 물은 마침내 흘러 구덩이를 채웠다. 마치 사람 몸의 혈맥이 두루 흐르는 것과 같으니, 흙이 물 위에 있는 것이 아니다."

曰造物主初造天地, 無山無谷, 地面爲水所蔽. 但欲適物之便, 故山峙谷降, 水乃流而盈科. 如人身血脈周流, 非土在水上也.

15. 이상과 같이 논의한 것을 살펴보면, 불이 다른 세 원소보다〔위치가〕높음을 알 수 있다. 대개 그〔불의〕본성과 성격은 모두 다른 세 원소의 그것보다 뛰어나고, 그 능력은 더욱 강하고 더욱 빠르며, 그 공(功)은 더욱 크고 더욱 넓다. 그런 까닭으로 불이 본래 있는 곳이 마땅히 다른 세 원소의 그것보다 높아야, 이에 쉽게 통달하고 조물주의 사업을 돕는다.

각각의 원소에 대해서는 나중의 해당되는 논의에서 그 본성과 성격을 상세히 밝히겠다.

就上論, 可知火較諸行爲尊. 蓋其性與情, 皆精於諸行, 而其能力尤强尤速, 其功尤大尤廣. 以故其所居之所, 宜高于諸行, 乃易通達而輔造化之業也. 各行, 後有本論, 以詳其性情.

5. 원소의 모습 行之形

1. 옛날에 어떤 사람이 말하였다. "하늘은 둥글고 땅은 네모처럼 생겼다."[48] 또 말하였다. "물·공기·불은 정해진 형태가 없고, 놓여 있는

라 하시니 그대로 되니라"에 보이는 것이 바로 이 내용이다. 4원소의 위치로서 설명이 부족한 부분을 신학적 내용으로 채웠다. 이 부분은 아리스토텔레스의 이론이 아니라 저자나 다른 신학자의 견해로 추정된다.

그릇이나 장소에 따라 〔자신의〕 형체가 된다. 하물며 하늘은 돌아서 움직이므로 마땅히 원이지만,[49] 4원소는 직선으로 움직이므로[50] 왜 원형이어야 하는가?"

〔그러나〕 오직 『성리정론』(性理定論)[51]에 말하기를, "4원소〔의 본체〕는 반드시 둥그니, 그 이치에는 두 가지가 있다"고 하였다.

古或曰, 天圓地方. 又曰, 水氣火無定形, 乃隨所居之器, 已爲軆. 況天以旋運故宜圓形, 四行直行, 何須圓也. 惟性理定論曰, 四元行必圓, 其理有二.

2. 첫째로 말하면 우주의 전체는 바로 하나의 구(球)로 되어 있다.

구는 하늘·불·공기·물·흙이라는 다섯의 큰 몸체로 이루어지므로 모두 마땅히 형체가 둥글어야 한다. 지금 하늘이 둥근 것은 위에서 이미 증거를 댔고, 그 나머지 4원소의 본체 또한 둥근 모양임은 의심할 여지가 없다.

---

48) 중국 고대의 개천설(蓋天說)을 말한다. 개천설은 춘분과 추분에 밤과 낮의 길이가 같아지는 것을 설명할 수 없는 등 많은 결점이 있어서, 전한(前漢) 중기에 등장한 혼천설(渾天說)에 의하여 이론적으로 밀리게 되었다. 혼천설은 땅이 계란 노른자 모양이고 하늘은 그 껍질과 같다고 여겼으나 역시 땅이 평평하다고 하여 천원지방의 세계관을 벗어나지 못했다.

49) 여러 별들이 도는 하늘을 말한다. 서양 고대에서는 달, 태양, 수성, 화성, 금성, 목성, 토성, 그리고 여러 별이 있는 곳과 종동천을 각각 하나의 하늘로 보고 돈다고 보았다. 그래서 이 책에서는 9개의 하늘이 있다고 보고 모두 원운동을 한다고 생각했다.

50) 4원소가 지구의 중심을 향해 하강하거나 그 반대로 상승하는 직선운동을 말한다.

51) 한역된 서양의 책이름 또는 원 저작이다. 앞의 아리스토텔레스의 이론이 포함된 자연 탐구와 관계있는 책일 것이다. 뒤 I-6-9의 내용에 조물주가 나오는 말로 보아 선교사나 교부철학자의 저작으로 보인다. 이하는 그 책 내용인데 길어서 따옴표를 생략했다.

一曰, 宇宙之全, 正爲一球. 球, 以天與火氣水土五大軆而成, 則皆宜形圓. 今天爲圓, 上已証之, 其餘四軆, 亦圓無疑矣.

3. 둘째로 말하면 4원소는 모두 월천(月天)[52] 아래 면에서 서로 맞닿아 있다.

만약 다른 모양이 있다면 불 모양의 윗부분은 혹 네모나거나 혹 뾰족하여 둥근 형태가 아니어서, 반드시 월천의 아래 면에서는 서로 층이 맞닿지 못해 공간이 생겨 사물의 본성이 용납되지 않는다.

二曰, 四行, 皆在月天之下面, 相切也. 若有他形, 則火形之上面, 或方或尖, 而不圓, 必于月天之下面, 未能相切, 以致有空闕, 爲物性所不容也.

4. 〔따라서〕 4원소의 맨 윗면이 이미 둥근 형태이므로 그 아래 면 또한 마찬가지이다. 진실로 〔4원소의〕 아래가 다른 형태라면, 땅의 중심의 주위 또한 둥근 모양을 이루지 못한다. 〔그러나〕 지면은 이미 원형 아닌 것이 없으므로 그것과 서로 잇닿아 있는 물과 공기 또한 원형 아닌 것이 없다.

四行之上面, 旣圓, 則其下亦然. 苟下有他形, 則地心之週違, 亦不成圓. 地面旣無不圓, 則其相連之水與氣, 亦無不圓矣.

---

52) 달의 천구로 지구상에서 바라보아 달이 지나가는 하늘. 아리스토텔레스에 의하면 세계는 달의 천구를 분기점으로 하여 월상세계와 월하세계로 나뉜다. 월하세계는 4원소에 의하여 다양한 사물들을 구성하나, 제5원소는 월상세계의 불변하는 천체들을 이루며 지구를 중심으로 원운동을 한다. 이 책에 반영된 중세의 우주관은 아리스토텔레스의 그것을 그대로 답습하고 있다. 뒤에 상세히 나온다.

5. 각 원소의 모습에 대해서는 나중에 또 본격적인 논의가 있으니 다시 상세하게 다루겠다. 여기서는 잠시 그 총론적인 입장에서 둥근 모양이 되는 것을 언급했을 뿐이다. 앞에서 말한 땅이 네모나고 불이 뾰족한 것에 대해서는 〔뒤의〕 본론에서 쉬운 해설을 달기로 한다.

每行之形, 後又有本論, 更詳. 此姑就其摠, 爲圓形者言之耳. 若上所云, 地方火尖, 有易解于本論具之.

6. 어떤 사람이 물었다. "4원소〔의 모습〕은 어떻게 둥근 모양에서 취했는가?"

或問, 四行, 何取于圓乎.

7. 답한다. "앞에서 하늘의 본성을 논할 때, 이미 둥근 모양의 오묘함을 상세하게 말하였다." 이에 또 답한다. "둥근 모양은 물건을 보존하고, 네모 모양은 〔물건을〕 쉽게 흩어 훼손시키기 때문에, 비단 4원소뿐만 아니라 여러 하늘과 인물의 사지, 몸 그리고 초목의 과일에 이르기까지 모두 원형 아님이 없다. 〔또〕 물방울에 이르기까지 반드시 구슬 모양을 이루는 본성이 있어서, 본디 모여서 존재하려고 하지 흩어져 없어지기를 바라지 않는다."

曰, 上論天性, 已詳圓形之妙. 此又曰, 圓形存物, 方者易散而毁, 以故非特四行, 諸天至于人物肢體草木菓實, 無不皆圓. 至滴水必成珠性, 固欲合而存, 不欲散而致亡也.

6. 원소의 두께 行之厚

1. 옛날에 간혹 4원소의 넓이와 두께를 비교하여 논한 자가 말하였

다. "원소마다 [본성적 장소가] 높을수록 그 아래에 있는 원소보다 더 넓고 두텁지 않은가? 왜냐하면 높은 위치에 있는 원소는 이미 높고 맑은데, 아래에 있는 것보다 넓고 두터운 것이 아니라면, 그 높고 맑은 것이 드러날 바가 없기 때문이다."

古或較論四元行之廣厚者, 云每行愈高, 亦愈廣厚于其下者否. 則高行旣尊且淸, 非廣厚于下者, 其尊淸無所顯矣.

2. 이 설명은 자연적 이치와 부합하지 않는다. 대체로 4원소의 높고 맑음은 성격 및 본성과 관계하고, 효과로서 증험되지 질료의 넓이와 두께 때문이 아니다. 그렇지 않다면, 흙[에 속하는] 산이 [두텁고 넓으므로] 나무보다 높은 곳에 있고 맑게 되며, 나무는 코끼리보다 높은 곳에 있고 맑게 되고, 코끼리는 인간보다 높은 곳에 있고 맑게 되는데, [이것은] 어찌 그릇되지 않은가?[53]

此說于性理不合. 夫四元行之尊淸, 繫于情性, 而驗以功效, 非由于質體之廣厚也. 不然, 是土之山, 尊淸于樹, 樹尊淸于象, 象尊淸于人, 豈不謬乎.

3. 각 원소의 넓이와 두께를 말하는 데는 고금의 정해진 논의가 있다. 흙(땅)의 둘레는 대략 9만 리[54]이므로, 흙의 두께는 2만 8천636리(里) 36장(丈)이다. 대개 [지구의] 지름이 [흙의] 두께가 되는데, 둘레를 통해 지름을 구하는 것은 [그 둘레의] 삼분의 일에 미치지 못하는 [값을] 얻는다. 이 경일위삼법(徑一圍三法)[55]은 응당 22의 7에 [대한 값을][56]

---

53) 이 답변은 논리적으로 문제가 있다. 4원소끼리의 높이와 넓이 그리고 맑음에 대한 문제인데, 흙과 나무와 코끼리와 인간의 사례를 가지고 답했기 때문이다.
54) 지구의 둘레가 9만 리라는 것은 마테오 리치의 「곤여만국전도」에도 등장한다.

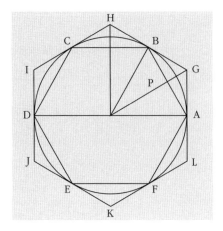

<그림 2> 아르키메데스의 원주율 계산법

기준으로 삼는다.

至言各行之廣厚, 古今有定論. 土之週, 約有九萬里, 則土之厚二萬八
千六百三十六里三十六丈. 蓋徑爲厚, 從周求徑, 得三不及之一. 此徑一
圍三法, 應作二十二之七爲準.

4. 흙 바깥에 물이 있는데, 물의 얕고 깊음은 균등하지 않다. 〔물은〕
모두 큰바다를 중심으로 삼는다면, 아주 깊은 곳의 〔깊이가〕 10여 리에
불과하고 그 둘레를 정하기 어렵지만, 오직 땅과 함께 온전한 구(球)를
구성하고 있을 따름이다.

土外有水, 水之淺深, 不等. 摠以大海爲宗, 卽極心處, 不過十餘里, 而
其週圍難定, 惟與地幷成全球而已.

---

55) 원주에 대한 지름의 비율(π)을 이용하여 원주로부터 지름을 계산하는 방법,
곧 원주÷π=지름이다. 뒤에서는 위삼경일법(圍三徑一法)으로도 소개하고
있다.
56) 22를 7로 나누면 3.14, 곧 원주율(π)에 해당된다. 이것은 원래 아르키메데스
가 π를 계산할 때 근사치로 사용한 값이다.

5. 물과 흙으로 〔된〕 지구 바깥에 공기가 있는데, 공기가 〔존재하는 곳은〕 세 구역으로 나뉘며 해석은 나중에 나온다. 모두 두께가 250여 리이다. 공기 바깥에 불이 있는데, 불의 두께는 46만 7천953리 82장이다. 따라서 불이 가장 두텁고 흙이 그 다음이며 공기가 또 그 다음이고, 물은 여러 원소 가운데에서 〔가장〕 얇게 자리 잡고 있음을 알겠다.

水土球外有氣, 氣分三域 解在後, 共厚而二百五十餘里. 氣外有火, 火之厚四十六萬七千九百五十三里八十二丈. 因知火行極厚, 土次之, 氣又次之, 水居衆行之薄.

6. 각 원소의 두께는 반드시 근거를 댈 수 있는 실제적 증험이 있지만, 각 원소의 본론에서 상세히 밝히겠다. 이것으로 4원소의 두께는 반드시 〔각 원소의 본성적〕 위치의 높고 낮음으로 기준을 삼을 필요가 없음을 알 수 있다.

各行之厚, 必有實驗之可據, 而于各行之本論詳之. 卽此可知, 四行之厚, 不必以位之高下爲準也.

7. 원소의 성격 行之情

1. 옛날 〔누군가〕 이렇게 말한 적이 있다. 4원소는 제각기 본원적 성격[57]이 있어, 불은 맑고 가볍고 공기는 그 다음이며, 흙은 탁하고 무겁고 물은 그 다음이다. 그러므로 4원소의 운동은 올라가기도 하고 내려오기도 하는데, 그것 때문에 달라진다.[58]

---

57) 원문은 본정(本情)으로 본래의 장소나 운동과 마찬가지로 네 원소가 겉으로 드러내는 성질이다. 즉 본성적 장소와 순수한 운동과 같은 수준의 성질이다. 앞에서 원정(元情)이라는 말로 나왔다.

古嘗云, 四元行各有本情, 火淸而輕, 氣次之, 土濁而重, 水次之. 故諸行之動, 或上或下, 由之而異焉.

2. 그러나 살펴보면 다시 의심스러운 것이 있다. 시험 삼아 불을 관찰하면, 혹 위에서 아래 공기층으로 내려와 안으로 들어가므로 불은 가장 가벼운 것이 아니다. 황금·수은·흑연 등의 물질은 모두 흙보다 무거우며, 부석(浮石)[59]은 흙이 주성분인데 물 위에 뜨고, 인간의 시체 또한 그러하다.

然察之, 復有可疑者. 試觀火, 或從上而下于氣, 或之內, 則火非極輕矣. 黃金水銀黑鉛等物, 皆重于土, 浮石以土爲主, 而浮于水上, 人尸亦然.

3. 또 바다 가운데 많은 섬들은 흘러 떠다니며 멈추지 않으므로 흙은 또 가장 무거운 것이 아니다. 서양에 호수가 있는데, 돌이나 나무를 거기에 던지면 가라앉지 않으므로 물은 또 흙보다 무거운 것이 있다. 공기는 가장 가벼운 것이 아니므로 〔상대적으로〕 무거운 것을 데리고 다니면서 섞일 것이고, 물은 가장 무거운 것이 아니므로 〔상대적으로〕 가벼운 것을 데리고 다니면서 섞일 것이다. 섞인다면 본원적 성격[60]이 아니다.

---

58) 이 설명은 아리스토텔레스의 이론이다. 곧 가벼움-무거움은 위-아래와 함께 절대적인 것과 상대적인 것으로 구분된다. 곧 불은 절대적으로 위-가벼움에 해당하고 흙은 절대적으로 아래-무거움에 해당된다면, 물과 공기는 상대적으로 아래-무거움, 위-가벼움이 된다. 그래서 이 상대적인 것이 위와 아래에서 섞임으로써 변화를 일으키는데, 이것이 아리스토텔레스의 변화의 원리 가운데 하나다(손윤락, 앞의 글).

59) 부석(pumice)은 주로 화산지대에서 발견되는 암석 속에 휘발성 기포 흔적의 공간이 많아 물에 뜨는 돌을 말한다.

60) 원문은 순정(純情)으로 원정(元情) 또는 본정(本情)과 같은 의미이다.

이상에서 살펴보면 4원소의 본원적 성격은 반드시 확정된 것이 아니고, 또 앞에서 말한 것과 부합하기도 어렵다.[61]

又海中多島, 流浮不停, 則土又非極重矣. 西有湖水, 投之石木, 不沈, 則水又有重于土者. 氣非極輕, 則稍帶重而雜, 水非極重, 則稍帶輕而雜, 雜則非純情矣. 以上觀之, 則四行之情, 未必確定, 且又上論難合也.

4. 비록 그러하나 자연적 이치를 생각해보면, 오직 불이 가장 가볍고 공기는 그 다음이며, 오직 흙이 가장 무겁고 물은 그 다음이니, 〔이것은〕 그 본원적 성격이 섞인 것 때문이 아니다. 대개 4원소의 본성에 비록 맑고 탁한 차이가 있으나, 모두 본래 순수하고 섞임이 없으니, 그 본원적 성격이 비록 달라도 순수하지 않음이 없고, 다만 서로 비교할 때 섞인 것 같으나 사실은 섞임이 없다.

雖然, 按性理, 惟火爲極輕, 而氣次之, 惟土爲極重, 而水次之, 非由其情之雜也. 蓋四行之性, 雖有淸濁之異, 而皆本純無雜, 則其情雖異, 亦無不純, 惟相較之時, 似雜而實無雜也.

5. 〔원소의〕 성격은 본성을 따르는데, 어찌 본성이 순수하면서 성질이 잡됨이 있겠는가? 이 때문에 불은 본래 가장 가벼워서 지극히 높은 데 오르지 않으면 머물지 않고, 공기는 본래 그 다음으로 가벼우니 태양 아래에 이르면 곧 머물러 다시 올라가려 하지 않으며, 흙은 본래 가장 무거우므로 가장 아래에 이르지 않으면 머물지 않고, 물은 그 다음

---

61) 3번의 여기까지가 누군가 말한 부분이다. 4번 이하는 그 답이다. 이상의 질문은 의미가 있다. 4원소가 안정되어 있다면 현상계의 변화는 일어날 수 없다. 원소의 위치가 이동하면 변화가 일어난다. 질문의 요지는 아리스토텔레스의 4원소의 본성적 장소에 대한 설을 기계적으로 이해하여 의심한 내용이다.

으로 무거우니 흙 위에 이르면 거기에 머물면서 다시 내려가려 하지 않는다.

情隨性, 豈有性純而情雜者乎. 是以火本極輕, 非至極高不止, 氣本次輕, 故至于火輪之下卽止, 而不復欲上, 土本極重, 故非至極低不止, 水本次重, 故至土上卽止, 而不復欲下矣.

6. 시험 삼아 물을 관찰해보건대 우연히 흙의 본성적 위치 안에 있게 되면 반드시 올라오고, 공기가 우연히 불의 본성적 위치 안에 있게 되면 반드시 내려오는데, 어찌 〔이것이〕 자연스러운 현상이 아닌가? 그러나 이른바 공기가 내려오거나 물이 올라오는 경우는 〔그 원소〕 본래의 참된 상하운동이 아니다. 대개 무거운 물건이 그 본성적 위치로 달려가는 것을 일러 참된 하강〔운동〕이라 하고, 가벼운 물건이 그 본성적 위치로 달려가는 것을 일러 참된 상승〔운동〕이라 한다.[62]

試觀水遇在土位之內, 必上, 而氣偶在火位之內, 必下, 則豈非自然之情乎. 但所謂氣下水上, 非眞下眞上也. 蓋趨于重物之本位, 謂之眞下, 趨于輕物之本位, 謂之眞上.

7. 이에 공기가 불 가운데에서 본성적 위치로 되돌아오는 것은 무거운 물건의 본성적 위치로 달려오는 것이 아니니, 어찌 마땅히 내려온다고 말하겠는가?[63] 물이 흙 가운데에서 본성적 위치로 되돌아오는 것은 가벼운 물건의 본성적 위치로 달려오는 것이 아니니, 어찌 마땅히 올라

---

62) 원문의 진상(眞上)과 진하(眞下)의 운동은 이른바 4원소의 본성적 운동이다.
63) 공기는 불 다음으로 가벼운 것이니, 비록 불보다는 상대적으로 무겁다고 할 수 있어도 그 본성적 운동이 내려오는 것은 아니기 때문이다. 아래의 물 또한 그렇다.

온다고 말하겠는가? 다만 그렇다고 말하고 싶을 뿐이다.

乃氣從火之中而反本位, 非趨重物之本位, 豈宜謂之下邪. 水從土之中
而反本位, 非趨輕物之本位, 豈宜謂之上耶. 惟欲言然耳.

8. 어떤 사람이 말하기를, "4원소를 서로 비교할 때 그럴듯하다가도
실제로는 그렇지 않다"고 하니 또한 통한다. 그렇다면 앞에서 말한 여
러 의문이 얼음 녹듯 풀릴 수 있다. 이른바 불이 내려와 본성적 위치 밖
으로 벗어나는 경우, 필시 높은 하늘 위의 형세에 의하여 강제로 그렇
게 된 것이니 자연스러운 현상이 아니다.

或曰四行相較時, 似然而實非然, 亦通. 由是, 則上所說諸疑, 可氷釋
也. 若所謂火下而出乎本輪之外, 是必爲上天之勢所强, 非自然之情也.

9. 황금·흑연·수은의 성격에서도 모두 보이는 잡다한 흙보다는 무
겁지만, 땅속에 깊이 감추어진 순수한 흙보다 무겁지 않다. 대개 여러
금속이 무겁고 〔운동이〕 아래로 내려가는 까닭은 반드시 흙에서 얻은
것이니, 이에 어찌 흙으로 흙을 이길 수 있으며 흙의 무거움으로 흙의
무거움을 이길 수 있겠는가? 다만 흙이 혹 순수하거나 잡된 것을 말미
암았을 뿐이다.

至金鉛水銀之情, 是皆重于所見雜性之土, 而不重于深藏純性之土也.
蓋諸金之所以重而下者, 必得之于土, 乃何能以土勝土, 而以土之重, 勝
土之重也. 惟由于土之或純或雜耳.

10. 인간의 시신이 물에 뜨고 돌이 물에 가라앉지 않는 성격은 모두
물체 내부에 함유된 공기가 그렇게 한다. 또 〔앞에서〕 말한 섬이 물에
뜨는 일과 같은 것은 믿을 게 못 되니, 믿을 수 있게 하기 위해서는 그

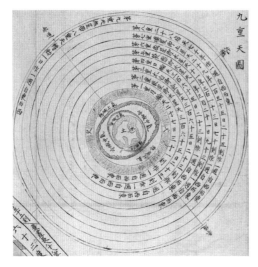

〈그림 3〉 마테오 리치의
「곤여만국전도」(부분)에
나타난 천체도인 9중천도.
중앙의 지구를 중심으로
아리스토텔레스가 말한
4원소의 본성적 장소를
각각 표시하고 있다.

것이 내부에 많은 공기를 함유하여 가라앉지 않게 할 수 있어야 〔뜻이〕
분명해진다.

至人尸浮與石不沈之情, 是皆物內所含之氣使然. 若又所言島浮之事,
未爲可信, 則爲可信, 其爲內含多氣, 不使沈也, 亦明矣.

11. 내가 여기서 논한 것은 오직 원소가 본원적 성격으로서 위치하는
본성적 장소와 그 〔본래의〕 순서를 얻은 것에 대한 것이요, 잠시 〔원소
가〕 우연히 빈 〔공간을〕 만나는 것과 순서의 혼란함에 대해서는 언급하
지 않았다.

吾斯所論者, 惟元行之純情, 而居其所, 得其序, 姑不及其遇空, 與序之
亂者也.

8. 원소의 운동 行之動

1. 원소는 본성적 장소를 벗어나 있기도 하고, 본성적 장소 안에 있기도 하나, 그 운동에는 모두 정해진 이론이 있다.

먼저 말한다면 운동의 종류에는 모두 두 가지가 있는데, 순수한 운동과 불규칙적 운동이다. 단순체는 두 종류이니 여러 천체가 그 하나요, 4원소가 그 둘이므로[64] 순수한 운동에도 두 종류가 있는데, 하나는 원운동으로 곧 여러 천체의 운동이고, 하나는 직선운동으로 곧 4원소의 상하운동이다. 불규칙적 운동과 같은 것은 직선운동을 하기도 하고 원운동도 하는데, 곧 동물이나 인간이 임의로 하는 운동의 종류가 이것이다.

元行, 或在本所之外, 或在本所之內, 其動皆有定論. 先曰, 動類摠有二, 曰純, 曰雜. 純體有二種, 衆天爲一, 四行爲二, 則純動亦有二種, 一曰旋動, 卽衆天之動也, 一曰直動, 卽四行上下之動也. 若雜動, 則或直或旋, 卽禽獸及人任動之類是矣.

2. 지금 원소가 강제로 본성적 장소를 떠나거나 힘이 다하여 스스로 본성적 장소로 되돌아올 경우, 무거운 것은 아래로 가벼운 것은 위로 〔운동하면서〕 직선을 길로 삼는데, 굽지도 않고 기울지도 않아서 그 운동은 반드시 매우 빠르다. 대개 직선이 수많은 선의 지름길인 것은 반드시 짧기 때문이다. 이에 이미 본성적 장소에 도달한 〔원소의〕 운동이 또 크게 그렇지 않은 것은 무엇 때문인가?[65]

---

64) 아리스토텔레스는 월천의 아래에는 오직 4원소의 물질뿐이고, 월천 이상의 천체에는 그것과 다른(제5원소인 에테르) 물질이 있다고 보았다. 여기서 중천(衆天)이란 여러 개의 천구를 말한다. 뒤에 나온다.

今元行或被强, 而離本所, 力盡自還本所, 重者下輕者上, 以直線爲路, 不曲不邪, 其動必極速. 蓋直線, 乃萬線之徑, 必短故也. 乃已得本所之動, 又大不然, 何也.

3. 장차 〔원소가〕 그 본성적 장소로 되돌아가는 운동은 자연스럽다. 〔그러나〕 이미 본성적 장소에 도달한 〔이후 원소의〕 운동은 강제로 된 것이다. 가령 불〔의 본성적 장소〕는 하늘에 가까워서 가볍고 쉽게 운동 하므로 하늘이 운동하는 강제성을 따른다. 〔그러나 불 아래의 원소를 향하여〕 차례로 강제 〔운동을 시키는〕 것은 강제성을 띠게 하는 것으로 부터 멀리 떨어질수록 그 운동은 반드시 점점 약해져 강제성이 없는 곳 에 이르게 되므로 공기 아래의 지역에서는 종동천(宗動天)[66]의 강제성 이 드러나지 않는다.

將復其所之動, 自然也. 已得其所之動, 强也. 假如火行因近天, 輕而易 動, 故從天動之强. 第强之者, 離所强愈遠, 其動必漸衰, 以至于無是, 故 氣之下域, 不見宗動之强矣.

4. 시험 삼아 공기의 상층 지역에 바로 매여 있는 혜성을 살펴보면, 분명히 종동천이 강제로 시키는 원운동의 〔영향을〕 받고 있다. 이에 태 양도 공기의 상층부에 있는데, 어찌 다시 종동천 강제운동의 〔영향을〕 받지 않겠는가?

---

65) 본성적 장소로 이미 되돌아간 원소의 경우, 그것이 또 운동하는 경우를 어떻 게 설명해야 하는가에 대한 물음이다.

66) 아리스토텔레스의 천체에서 천체 운동의 중심이 되는 하늘(Prime Mover)로 서 모든 천체 운동의 근원이다. 여러 천체의 가장 바깥에 있는 하늘. 조선후기 김석문은 9중천설을 말했는데, 제8중천의 바깥 하늘을 태극천(太極天)이라 불렀다.

試觀彗孛正繫氣之上域, 明受宗動天之强旋. 乃火輪居于氣上, 豈不更受宗動天之强乎.

5. 무릇 힘이 멀리까지 미칠 수 있는 것은 반드시 먼저 가까운 곳에 이르기 때문이다. 만약 종동천의 강제운동이 공기 아래 지역 가까이 이르지 않는다면, 〔그 힘이〕 반드시 또한 물이나 흙이 〔있는〕 먼 데까지 이르지 않는다. 〔공기 아래 지역의〕 가볍고 떠 있는 물건도 움직일 수 없다면, 어찌 무겁고 안정된 것을 움직일 수 있을까?

凡力能至遠者, 必先至近故也. 若宗動天之强, 不至其氣下域之近, 必亦不至其水土之遠矣. 不能動其輕且浮者, 胡能動其重且定者乎.

6. 어떤 사람이 물었다. "원소가 이미 본성적 장소를 얻었다면 반드시 안정되었으니, 어찌 강제로 운동할 수 있는가? 〔또〕 강제로 하는 것은 항구적 운동을 할 수 없는데, 어찌 항구적으로 할 수 있는가?"

或問曰, 元行已得本所, 必致安靜, 豈可强而動乎. 强不能常動, 豈可常乎.

7. 답한다. "불과 공기의 두 원소는 비록 종동천의 강제 운동을 만나더라도 다만 그 운동은 본성적 장소 밖으로 나오지 않는다. 그러므로 이 운동은 온전한 강제 운동이 아니니, 왜 그런가? 〔원소의〕 본성적 장소의 자연스러움을 논하고 운동의 강제성을 논해도 종동천의 〔운동은〕 항구적이며, 〔불과 공기의〕 운동도 항구적이다. 〔그러나〕 다른 〔원소의〕 운동을 강제로 시키면 이렇지 않다. 가령 공기가 지하의 땅과 강제로 얽히면 반드시 폭발하여 지진이 일어나고, 물 아래에 〔강제로〕 내려가면 반드시 파도를 일으킬 것이다. 이 두 가지 경우는 원소가 본성적 장소

밖에서 강제로 인한 때문이지, 그 항구적 [모습이라고] 할 수 없다."

日火氣二行, 雖遇宗動之强, 但其動未出本所之外. 故此動非爲全强,
何也. 論本所自然也, 論動强也, 宗動常也, 其二行之動, 亦常. 若他動之
强, 則不然矣. 如氣强纏地下, 必爆爲地震, 在水下必發爲波濤. 二者在
本所之外, 因其强, 不可常也.

9. 원소의 순수함 行之純

1. 앞에서 말했지만, 4원소는 순수하여 [다른 원소와] 섞이지 않고,
각각의 원소는 저마다 [본래] 정해진 위치[67]가 있고, 비록 [다른 원소
의 위치에] 서로 가게 되더라도 [거기 있는 원소와] 기꺼이 서로 화합
하지 않는다. 그래서 흙이 물에 붙지 못하고 물이 불에 붙지 못하며 불
이 흙에 붙지 못하여, [다른 원소의 본성적 장소에] 들어오면 곧장 나가
버리는 것은 그 본성이 그래서이다.

上云, 四行純而不雜, 每行各有定位, 雖相借而不肯相和. 故土不得着
水, 水不得着火, 火不得着土, 有入卽出, 其性然也.

2. 그러나 눈으로 본 것과 이치상 증험된 것은 4원소가 때때로 서로
공격하고 깨뜨려[68] 사물을 생성한 것이므로, 각각의 원소가 서로 섞이
지 않음이 없다는 것이다. 비록 그러하나 이러한 의문을 풀려면, 그 순
수하고 섞임에 두 종류가 있음을 알아야 한다. 하나를 말하면 [자연적]

---

67) 본성적 위치 또는 본성적 장소로 부른다. 원문에는 본소(本所)로 표기되어 있
　다. 원소의 본성적 위치는 그림으로도 보이는데, 메겐베르크의 삽화나 마테오
　리치의 「곤여만국전도」의 오른쪽 상단에 별도로 표기되어 있다.
68) '공격하여 깨트린다'는 의미는 서로 대립한다는 뜻이다.

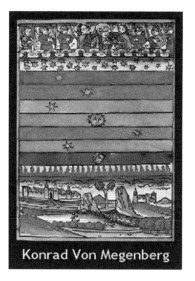

〈그림 4〉 각 원소의 본성적 장소와
천체의 위치를 잘 나타낸 중세의
메겐베르크 삽화.
9중천으로서 특히 종동천에는
신들이 거주하고 있다.
그가 1475년에 출간한
『자연에 대한 책』에 실려 있다.

Konrad Von Megenberg

구성체의 순수함과 섞임이요, 〔또〕 하나를 말하면 정세에 따른 순수함
과 섞임이다.

但目所見而理所驗者, 四行時相攻破, 以致生物, 則各行未有不相雜者
也. 雖然, 欲釋此疑, 須知其純雜有二種焉. 一曰性体之純雜, 一曰情勢
之純雜.

3. 〔우선〕 4원소는 〔각각〕 원소가 되었으니, 〔그 자체의〕 구성체에
〔다른 원소와〕 섞인 것은 없다.[69] 그렇지 않다면 정하여 원소라 부르지
않는다. 가령 불의 질료(matter)는 단지 불의 형상(form)을 품어 불의
원소를 이루고, 다른 원소의 형상을 함께 받아들일 수 없다.[70] 그렇지

---

69) 원소가 최소 단위라는 뜻이다. 원소는 더 이상 다른 어떤 것이 합쳐서 이루어
 진 것이 아니다.
70) 아리스토텔레스의 형이상학이 반영되어 있다. 질(質)은 질료, 이모(理模)는
 형상이다.

않다면 불은 원소가 되지 않고 도리어 4원소 〔가운데 어느 것과〕 섞인 것이 된다.

四行爲元行, 未嘗有性軆之雜. 否則, 定不謂元行矣. 假如火之質, 止懷火之理模, 以成火行, 未能幷容他行之模. 否則, 火非爲元行, 反爲四行之雜.

4. 〔두 번째〕 정세에 대해 논한다면 4원소가 많이 섞이면서 순수하지 못한 경우, 일반적으로 서로 공격하고 대립하는 사이에 〔4원소의 냉열건습의〕 성질로써 서로 파괴하고 손상시킨다. 가령 흙과 공기가 서로 대립할 경우, 흙의 차갑고 건조한 성질은 공기의 따뜻하고 습한 성질에 의하여 공격과 손실을 받는다. 여기서 흙이 비록 그 차갑고 건조한 〔본래의〕 깊은 성질을 얻지 못하고 도리어 다른 성질과 섞이게 되나, 그 〔흙이라는 원소의〕 본성은 오히려 온전히 보존되어 파괴되거나 섞이지 않는다. 다른 원소도 모두 그러하다.

至論情勢, 四行多雜而不純者, 蓋相攻相鬪之際, 未免以情相破相損矣. 假如土氣相鬪, 以土冷乾之情, 或被氣煗濕之情所攻損. 于是土雖不得其冷乾之甚情, 反有異情之雜者, 而其本性猶然全存, 不壞不雜也. 他行皆然.

5. 그러나 각각의 원소가 〔본성적으로 존재하는〕 영역 안에서 다른 원소와 서로 섞이는 경우가 많기 때문에, 4원소 또한 섞인다고 말하고 온전히 순수하게 되지 않는다. 가령 땅 가운데에 물과 공기가 많고, 그리고 불과 물 가운데에도 흙과 공기가 있으며, 공기 가운데에 구름과 바람과 물이 있는 것이 이것이다. 유독 태양은 공기와 떨어져 위에 〔순수하게 있고〕, 그리고 땅의 중심 가까운 곳은 간혹 온전히 순수하고 조

금도 섞임이 없을 수 있다.

　但緣各行之界內, 多有他行相雜. 故四元行, 亦謂之雜, 不爲全純矣. 假
如地中多有水氣, 及火水中有土有氣, 氣中有雲有風有水是也. 獨火輪離
氣以上, 及地近中心之處, 或爲全純無稍雜也.

II. 지구에 대한 논의 地論

4원소의 일반적인 논의는 이미 [앞에서] 분석했다. 다음부터는 당연히 각 원소의 개별적인 논의를 나열하고 펼쳐 그 성격과 본성을 상세히 [밝힐] 것이다. 그러므로 [원소의 위치상] 맨 아래부터 위로 [논의할 때], 흙이 첫째이고 중심이 되므로 먼저 [논의]한다.[71]

四元行之公論, 已析. 次當列陳各行之私論, 而詳其情性矣. 則自下以上, 土爲首爲心, 故先之.

---

71) 이 지론(地論)이 따로 도입부로 있기 때문에 수론(水論)과 기론(氣論)과 화론(火論)이 각각 있어야 논리에 맞는다. 그런데 그것이 없고 바로 이어서 물과 공기와 불에 대한 설명이 이어지고 그 뒤에 원행생물론(元行生物論)으로 연결된다. 원본에 있는데 필사하면서 빠뜨린 것인지, 아니면 원본 자체가 이렇게 되었는지 알 수 없다. 여하튼 지론 속에 다 포함시켰는데, 그래서 전체적으로 하나의 지구에 대한 논의가 되어버렸다.

1. 땅의 넓이와 크기 地之廣大

1. 예나 지금이나 땅의 크기에 대한 논의는 매우 많고 매우 다르니, 그 다른 원인은 사용한 추측[72] 상의 방법 때문이다. 〔그런데〕 간혹 그 정한 도수(度數)와 분수(分數)[73]가 각 지역마다 같지 않다. 〔그래서〕 후대의 뛰어난 철인(哲人)이 정한 수에 따라 이르기를, "지면의 둘레는 약 9만 리이다"[74]라고 하였으니, 위삼경일법(圍三徑一法)[75]에 의하면 반드시 〔땅은〕 2만 8천636리 36장 〔정도의〕 두께이다. 천구의 둘레가 대략 360도인데 매 1도에 해당하는 지면의 길이는 250리이니, 모두 계산하면 반드시 그 수를 얻는다. 그러나 하늘의 매 1도에 해당하는 지면의 길이가 250리라는 것을 어떻게 증험하였는가? 무릇 남에서 북으로 250리를 갈 경우, 반드시 북극을 1도 올려보고, 남극을 1도 내려보게 된다. 남북 방향이 그렇다면 동서 또한 그러한데, 그 것은 하늘과 땅이 구형이기 때문이다.[76]

古今擧地大之論者, 甚多甚異, 而其異之所以然, 爲其所用推測之法. 或其所定度分之數, 各地不同也. 從諸後名哲所定之數, 曰地面之周, 約有九萬里, 則依圍三徑一法, 必有二萬八千六百三十六里三十六丈之厚

---

72) 이 추측(推測)은 추론하고 측정(판단)한다는 의미로서, 훗날 최한기가 추리와 판단이라는 논리(이성)적 인식방법으로 이론화한 말이다. 최한기는 이 책을 깊이 있게 읽었고 그 영향을 짐작할 수 있다.
73) 도수와 분수는 사물을 측정하는 도구나 방법상의 단위 또는 그 범위의 총칭이다.
74) 지구의 둘레가 9만 리로 표현되는 것은 마테오 리치의 '곤여만국전도'에 보인다. 만약 1리가 400m라면 9만 리를 km로 환산하면 3만 6천km가 되는데, 실제 지구의 적도 둘레는 4만 76.6km이다.
75) 원주에 대한 지름의 비율(π)을 이용하여 원주로부터 지름을 계산하는 방법, 곧 원주÷π=지름이 된다. 앞에 나왔다. 그러나 실제로 90000÷π에서 π의 근 삿값을 어떻게 넣느냐에 따라 약간의 차이를 보인다.
76) 이러한 방식으로 지구 둘레를 최초로 계산해낸 사람은 에라토스테네스(Eratosthenes, 기원전 276~기원전 192)이다.

矣. 周天約有三百六十度, 每度定取地面, 二百五十里, 摠算必得其數. 然天上每度定取地面二百五十里, 又何驗之. 凡從南北行二百五十里, 必見北極昻一度, 南極低一度. 北南旣然, 東西亦皆然, 以天地皆圓故也.

2. 대개 이 세계의 넓음은 옛날에 나눈 것이 세 구역일 뿐인데, 유럽·아시아·아프리카[77]가 이르는 곳이다. 그러나 100여 년 전에 서양에서 바다로 여행하여 다른 땅을 새롭게 발견하였는데, 즉 예전에 듣지 못한 곳이다. 그래서 2개 주를 더해 아메리카와 남극대륙[78]이라고 하니, 이 둘을 보태 오대주를 이루었다.

蓋天地之廣, 古者分爲三區而已, 曰歐羅巴, 曰亞西亞, 曰利未亞. 然百餘年之前, 從西遊海, 新逢他地, 卽古所未聞. 因又加二州, 曰亞墨利加, 曰墨加辛尼, 加二成五大州矣.

3. 각 대륙 각 지역에 인간이 거주할 수 있는지 여부는 예전에 의문이

---

77) 利未亞는 '리비아'의 중국식 표기이다. 서양 선교사인 알레니(Giulios Aleni, 중국명 艾儒略)가 지은 『직방외기』(職方外紀)에 수록된 세계지도에 보면 분명 아프리카가 리미아로 표기되어 있고(艾儒略, 謝方 校釋, 『職方外紀校釋』, 中華書局, 1996, 25쪽), 이보다 먼저 마테오 리치가 그린 세계지도(「곤여만국전도」)에도 利未亞로 표기되어 있다.

78) 墨加辛尼는 墨瓦蠟尼加의 오기나 착오일 것이다. 墨瓦蠟尼加는 '마젤라니카'로 읽히며, 마테오 리치의 지도상에는 남아메리카와 아프리카 아래의 큰 대륙에 붙어 있는 이름이다(최동희, 『서학에 대한 한국실학의 반응』, 고려대학교 민족문화연구소, 1988, 25쪽). 또 『직방외기』에도 이와 같은 위치에 있으며 墨瓦蠟尼加로 표기되어 있는데(艾儒略, 앞의 책, 26쪽), 이것은 마젤란이 발견한 땅이라는 뜻이다(謂墨瓦蘭實開此區, 因以其名命之曰墨瓦蠟尼加, 爲天下之第五大州也. 같은 책, 141쪽). 또 마테오 리치의 「곤여만국전도」의 墨瓦蠟泥加로 별도로 표기된 좌단의 지구도를 보면 지금의 오스트레일리아와 합쳐 남극대륙으로 나타냈다. 참고로 서양 고지도에서는 남극대륙 발견 이전에 이미 남쪽에 큰 대륙이 있다는 것이 하나의 오랜 전통이었다.

많았다. [가령] 적도와 남북극 지역에는 모두 거주하는 인간이 없다고
했는데, 그것은 그곳이 몹시 덥고 춥기 때문이다. 그러나 항해하는 사
람이 세계를 일주할 때마다 곳곳에 인간이 [살고] 있음을 증험했으니,
앞의 설명이 옳지 않음을 충분히 알겠다.

그 까닭을 밝히고자 먼저 적도 아래 [지역 기후]의 온화함에 대해서
논하는데, 그 까닭에는 다섯 가지가 있다.

至論各州各地之容人居止, 古者多疑. 赤道及北南二極之下地, 皆無
人居, 以甚寒甚暑故也. 然航海者, 每週全地, 驗處處有人, 足知先說之
非是矣. 欲明其所以然, 先論赤道下之和, 其故有五.

4. 첫째로 말하면 밤낮의 [온도가] 고르다. 대개 [적도 지역의] 낮에
왕성한 열기는 밤의 서늘한 [공기로] 조절하고, 밤에 왕성한 서늘한 공
기는 낮의 열기로 조절하여 이에 공기[의 온도가] 고름을 얻으니, 다른
지역이 견줄 바가 못 된다.

一曰, 晝夜均平. 蓋晝所致陽氣之盛, 有夜之涼以節之, 而夜所致陰氣
之盛, 有晝之熱以調之, 乃氣得其平, 非他方所可比.

5. 둘째로 말하면 [적도 지역은] 항상 비가 와 윤택하다. 대개 태양이
이미 머리 위로 지나가면 그 햇살이 곧바로 아래를 비추는데, [이때] 축
축한 기운을 많이 흡수하여 비를 이루고 열기를 조절한다.

二曰, 恒有雨澤. 蓋日旣行頂上, 其照直下, 多吸陰氣, 以成雨而調熱.

6. 셋째로 말하면 태초에 [천지가] 창조될 때[79] 원래부터 온화함을

79) 저자가 천주교 선교사였으므로 신학적 관점이 반영되어 있는 부분이다.

얻었으므로 인간과 생물을 기르는 데 족할 뿐만 아니라 또 다른 지역보다 좋다.

三曰, 受造之初, 原得溫和, 故非特足育人物, 且善于他方矣.

7. 넷째로 말하면 [적도 지역의] 땅이 큰바다에 가까워 바다의 공기는 온화하고 따뜻하다.

四曰, 地近滄海, 海氣和暖.

8. 다섯째로 말하면 지구상에는 서늘한 바람이 많이 부는데, [적도 지역으로] 향할 때 왕성해진다.[80] 그런데 [그 서늘한 바람이 적도 지역으로] 불어오는 까닭은 항상 서늘한 공기를 불러들이는 형세 때문이다.

五曰, 地多涼風, 以定時來逞. 而其定之故, 由于日常招陰氣之勢也.

9. 이로써 적도 지역과 그 좌우 지역에 거주할 수 없는 곳이 없다는 것을 알 수 있다. 그러나 [적도대의] 각 지역의 형세가 반드시 서로 같은 것이 아니니, 매우 더운 곳에서는 사람들이 반드시 산 속이나 동굴에서 더위를 피한다.

由是可知, 赤道下, 及其左右一帶, 無不可居也. 但各地之勢, 未必相等, 其甚熱者, 人必居山內洞窟, 以避之.

10. 남극과 북극의 두 극지역을 말하자면 사람 살 곳이 못 되는 곳은 없으니, 눈으로 항상 보고 귀로 항상 들은 것만 가지고 의심할 필요가 없다. 만약 한기가 매우 혹독하면, 인간은 반드시 [그 추위를] 방어하는

---

80) 아열대 고기압에서 적도 저압대로 부는 바람은 무역풍이다.

방법을 마련한다.

至言二極之地, 無不爲人住, 則目所常見耳所常聞, 無容疑也. 倘或寒氣甚酷, 人必有防禦之法.

11. 일반적으로 적도 지역에서는 이미 바람과 비가 있어서 열기의 뜨거움을 조절하는데, 어찌 두 극지역에서는 냉기의 차가움을 조절하는 것이 없겠는가? 조물주는 지극히 공의롭고 자비로운데, 어찌 사사로이 〔적도와 다르게〕 일방적으로 〔차별〕하겠는가?

이상에서 보면 또 이 세계의 사방 모두 인간이 거주할 수 있음을 알 수 있으니, 의심할 필요가 없다.

蓋赤道之下, 旣有風雨, 以節陽氣之炎, 豈二極下, 無所以節陰氣之寒也. 造物者, 至公至慈, 奚私一方乎. 就上論, 又可知天地之四面, 皆可居人, 不必疑也.

12. 어찌 무거운 물건이 스스로 땅을 떠나고자 하여 도리어 하늘을 향해 날아오르는 것이 있겠는가? 만약 인간이 자기 발을 디디고 〔땅에〕 서지 못한다면, 땅 또한 어찌 하늘의 중심에 스스로 설 수 있겠는가?[81] 어리석은 사람은 사물의 본성을 꿰뚫어 알지 못하므로 의심하게 된다. 더군다나 실제로 세계의 넓은 바다를 항해하는 사람이 있어서 가는 곳마다 모든 것이 거짓이 아니라는 것을 보고 증험한 일이겠는가?

豈有重物, 而自欲離地, 反升向天也乎. 若人未能對吾足而立, 則地亦何能自立于天之中心乎. 愚者未徹物性, 故致有疑. 矧實有人, 漂航四海, 隨處觀驗, 萬非誑誕也.

---

81) 우주관에서 그리스 이후의 지구 중심설이 반영되어 있다.

2. 땅을 하늘에 비교한 크기 地較天之大

1. 옛날의 추측[82]에 따르면 하늘 둘레의 넓음과 크기로써 지구를 볼 경우, 단지 하나의 점일 뿐이라는 것을 말해왔다. 그러나 이치를 가지고 논하면, 또 의심할 수 있을 것 같다.

從古推測, 天周之廣大, 以視地球, 無不云, 止一點而已者. 但以理論之, 又似可疑.

2. 대개 천체는 유한하니, 지구는 [둘레가] 9만 리의 크기로 항상 비례하는 관계가 있다. 무릇 비례가 있는 것은 제각기 나뉜 수[83]가 있는데, 이미 나뉜 수가 있다면 어떻게 [지구가] 하나의 점이 되겠는가? 대개 점은 나뉠 수 없다.[84] 시험 삼아 달이 떠 있는 하늘에서 지구를 내려다보면, 반드시 달보다 세 배나 큰 [지구를] 볼 것이다. 이제 지구에서 달을 보면 오히려 커서 하나의 점이 되지 않으니, 이에 달보다 세 배나 큰 지구를 무슨 근거로 겨우 한 점이라고 말하는가?

蓋天體有限, 則地球以九萬里之大, 終有比例也. 凡有比例者, 各有分數, 旣有分數, 何爲一點. 蓋點不能受分者也. 試于月輪天, 俯視地體, 必見三倍大于月. 今從地視月, 猶大而不爲一點, 乃三倍于月之地, 何據而止謂一點乎.

---

82) 추측은 추론하여 측정(판단)한다는 의미에 가깝다. 앞에 나왔다.

83) 원문은 분수(分數)로 비례가 성립할 경우 축소도 가능하므로 비율에 따라 작은 수로 나뉜다.

84) 기하학적으로 볼 때 점은 위치만 있지 크기가 없다. 이런 생각에서 지구를 하나의 점이라고 본 것을 비판하고 있다.

3. 〔그런데〕『정리』(正理)[85]에서 말하기를, "지구를 하늘에 비교하는
데는 반드시 비례가 있다"고 하지만, 오직 8중천[86] 이상의 하늘에서만
비교하면 점과 같다. 그러나 이 계산이 만족할 만한 것은 아니다. 이 설
명의 증거를 댈 수 있는 데는 세 가지 단서가 있다.

正理曰, 地球較天, 必有比例, 惟較之于第八重天以上之天, 乃猶點. 然
不足作算矣. 此說可証, 有三端.

4. 첫째로 말하면 지구상의 각 지역이 비록 서로 멀리 떨어져 있으나,
8중천의 한 지역에 비교하면 〔그것은〕 한 점으로서는 반드시 서로 가까
우므로 떨어져 있는 것이 드러나지 않는다. 시험 삼아 각 지역에서 〔8
중천의〕 한 별의 고도와 크기를 동시에 관측하면, 〔꼭 그럴 것이라고〕
기약하지 않아도 〔크기와 위치가〕 딱 들어맞아 조금도 차이가 없으니,
땅의 넓이를 8중천의 크기와 비교하면 반드시 만족할 만한 계산이 나오

---

85) 앞에 나온 아리스토텔레스의 『성리총령』과 함께 책이름으로 보이는데, 무슨
　　책인지 확인되지 않고 있다. 아마도 그의 『천체에 관하여』라는 책이 아니면
　　교부철학자의 책일 것이다.

86) 관측자의 입장에서 지구를 중심으로 회전하는 아홉 개의 천체 가운데 여덟 번
　　째. 월천(月天)·수성천(水星天)·금성천(金星天)·일천(日天)·화성천(火
　　星天)·목성천(木星天)·토성천(土星天)·항성천(恒星天)·종동천(宗動天)
　　의 아홉 하늘은 아리스토텔레스와 톨레미의 이론을 약간 수정한 교부(敎父)
　　과학의 구중천설(九重天說)이다(박성래, 『과학사서설』, 한국외국어대학교출
　　판부, 2000, 48쪽). 그리고 마테오 리치가 지은 『건곤체의』(乾坤體義)에서는
　　지구를 중심으로 월천(제1중)·수성천(제2중)·금성천(제3중)·일륜천(日
　　輪天, 제4중)·화성천(제5중)·목성천(제6중)·토성천(제7중)·열숙천(列
　　宿天, 제8중), 별이 없는 수정천(제9중), 별이 없는 종동천(제10중), 영원히
　　정지한 부동천(제11중)을 밝히고 있다. 열숙천(28宿天)은 항성천의 다른 이
　　름이다. 그런데 마테오 리치의 「곤여만국전도」에 보면 모든 하늘은 서쪽에서
　　동쪽으로 운동하나 제9중천만은 동쪽에서 서쪽으로 하루에 일주한다. 8중천
　　은 서쪽에서 동쪽으로 도는데 7천 년에 한 번 일주한다. 앞의 도표 참조할 것.

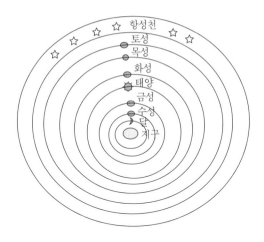

〈그림 5〉 아리스토텔레스와 프톨레마이오스의 전통에 따른 9중천의 천체도

지 않는다. 이에 〔지구는 더 이상〕 나눌 수 없는 점과 같을 뿐이다.

一曰, 地之各方, 相隔雖遠, 較于第八重之一方, 一點必爲相近, 不見隔
也. 試觀各方同時, 測一星之高大, 不期而符纖毫無差, 則地之廣濶, 比
第八重天之大, 必無足算, 乃如無分之點而已.

5. 둘째로 말하면 8중천 가운데 별들은 비록 작아 보여도 〔실제로는〕
지구보다 몇 배나 크다. 별의 크기는 땅에서 보면 오히려 작은 점에 불과
하다. 하물며 하늘에서 지구를 내려다보면 어찌 만족스럽게 볼 것인가?

二曰, 第八重天中, 各星雖甚微者, 必數倍大于地球也. 星之大, 從地視
之, 猶微點耳. 況從彼天俯視地體, 豈足觀乎.

6. 셋째로 말하면 인간은 지상에 있으면서 항상 천체의 절반만 본다.
하늘을 비교하는 경우 나눌 수 있는 몸체가 있다면 반드시 인간이 거주
하는 땅의 지평선일 것인데, 천체를 똑같이 나누어 〔볼〕 수 없다. 〔그럴

경우 나눈 땅이〕크게 되어 많은 별들을 보거나 절반은 작아서 적은 별들을 보게 될 것이니, 모두 들어보지 못했다.

三曰, 人在地上, 常見天體之半. 若比天, 有可分之體, 必人所居之地平, 不能均分天體. 或爲大而見星辰之多, 半爲小而見星辰之小, 俱所未聞也.

7. 또 시험 삼아 태양과 달이 동서로 마주 보고 있을 때를 살펴보면, 양쪽 모두 볼 수 있으므로 하늘의 절반이 〔관찰자의〕 시야 안에 있음을 알겠다. 〔그리하여〕 지구가 〔8중천의〕 하늘에서 〔볼 때〕 하나의 점과 같다는 것이 반드시 증험된다. 혹 지구가 커서 〔관측자가〕 오로지 하늘의 절반도 못 미치는 정도만 볼 수 있거나, 달은 보되 태양을 못 보고 태양은 보되 달을 못 보는 경우라면, 봄과 가을에 또한 밤낮의 길이가 똑같아지는 이치가 없을 것이다. 중국의 이전 선비들이 말하기를, "세상에는 하나의 큰 물건이 없다"고 하므로 지구가 그와 같은 것은 이 논의와 서로 어긋나지 않는가?

又試觀日月, 東西正對時, 俱可兩見, 則知天之一半在目中矣. 必驗地之于天, 猶一點耳. 倘地罞大, 惟可以見天之小半, 或見月而不見日, 見日而不見月, 卽春秋亦無晝夜平之理. 中國先儒有謂, 世間無一箇物事大, 故地恁地者, 與此論不相戾乎.

8. 후학의 뛰어난 철인(哲人)은 이전에 정한 것을 따라 지구를 추리하여 제7진성천[87]과 제6세성천[88]을 비교해도 오히려 〔하나의〕 점이 됨

---

87) 토성천의 다른 이름이다.
88) 목성천의 다른 이름이다.

을 〔알〕 것이다. 그러나 태양이 도는 하늘에 이르러야 그 모습을 비로소 볼 수 있고, 아래로 내려올수록 지구는 더욱 드러나 달이 도는 하늘에 이르면, 달보다 세 배나 큰 것을 이미 알았다. 이 이치의 확실성은 관측하는 기구로서 누차 증험되었으니, 반드시 확실한 오류가 없다. 『혼의』(渾儀)[89])의 논의에서 그것이 상세하게 실려 있는데, 천문가〔의 일〕에 속해서 자연법칙과 긴밀히 관계하는 것이 없다.

後學名哲, 由前定推定地球, 較第七鎭星天, 與第六歲星天, 猶然爲點. 但至于日輪天, 而形始可觀, 愈下則地球愈顯, 至月輪天, 已見三倍大於月之輪矣. 此理之確, 屢驗以測量之器, 必無爽謬. 渾儀之論, 載其詳, 屬天文家, 與性理無切與也.

3. 땅이 엉긴 곳 地凝[90])之所

1. 이른바 하늘의 중심이란 〔천구의〕 사방의 둘레에서 천만 개의 똑같은 선을 〔그었을 때 그 선이〕 교차하여 합쳐지는 곳이다. 옛날에 〔어떤 사람이〕 말하기를, "땅은 남북이나 동서로 치우쳐 반드시 하늘의 중심에 있는 것은 아니다"고 하였다. 또 중국의 선비가 말하기를, "북쪽의 땅은 하늘에 멀고, 남쪽의 땅은 하늘에 가깝다"고 하였다. 또 〔어떤〕 생

---

89) 원래 혼의는 천체의 위치를 관측하는 기구이며, 혼천의(渾天儀)라고도 불린다. 그러나 여기서는 책이름으로 이 책은 아마도 중국에 온 천주교 포르투갈 선교사 상드(Edward da Sande, 중국명 孟三德, 1585년 중국 도착 1600년 사망)의 『혼천의설』(渾天儀說)일 가능성이 크다. 또 독일 선교사 아담 샬(Johann Adam Schall von Bell, 중국명 湯若望, 1622년 중국 도착 1666년 사망)의 『혼천의설』도 있다. 그런데 저자인 바뇨니가 1607년에 도착 1640년에 사망했으므로 둘 다 시기적으로 겹치나, 아무래도 앞선 시기의 영향 관계를 고려한다면 전자일 가능성이 높다.

90) 4원소 가운데 하나인 흙의 본성에 따라 흙이 모여 땅이 되는 것을 말한다.

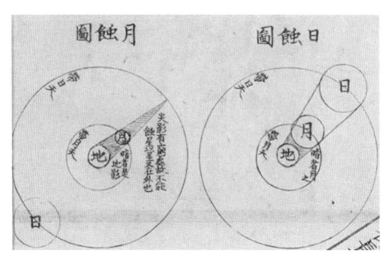

〈그림 6〉 마테오리치의 「곤여만국전도」(부분)에 나타난 일식과 월식의 그림

각에는 "북쪽 바다는 하늘의 껍질을 가까이 붙잡고 있다"는 따위의 설이다.

그러나 『성리』[91]에서 말하기를, "땅은 하늘의 중심에 매여 있고 치우쳐〔있지〕않으니,[92] 〔그〕증거에는 세 가지가 있다"고 하였다.

夫所謂天之中心者, 從四圍千萬均線, 所交而合之處也. 古有云, 地或偏于南北東西, 未必居天之中心. 又中儒云, 北地遠天, 南地近天. 又有想, 北海挨着天殼等說. 然性理曰, 地正繫諸天之中心而不偏, 証有三端.

2. 첫째로 말하면 월식(月蝕)이다. 무릇 태양과 달이 마주 볼 때 반드시 월식이 생기는 것은 지구가 정중앙에서 태양을 가리기 때문이다. 만약 지구가〔하늘의〕정중앙에 있지 않다면, 비록〔태양과 달이〕마주 보

___

91) 앞에 나온 『성리총령』인지 『성리정론』인지 또 새로운 책인지 알 수 없다.
92) 지구중심설이다.

더라도 월식이 생기지 않으며, 또 보름이 아니라도 월식이 생길 수 있다. 『혼의』[93] 등의 여러 책에서 도해(圖解)를 두어 이 이치를 밝혔는데, 살펴보면 의혹이 없다.

一曰, 月食. 凡日月正對, 必致月蝕, 因地從正中掩之也. 若地不在正中, 雖正對亦不蝕, 且非望亦可蝕矣. 渾儀諸書, 設圖以明此理, 考之無疑.

3. 둘째로 말하면 흙의 본성은 매우 무거우므로 본래의 〔운동하는〕 방향이 반드시 매우 낮은 자리로 향하며, 어느 지역이든 반드시 같은 본성이 적용된다. 혹시 〔땅이 하늘〕 가운데에 있지 않다면, 여기에 많은 것이 〔땅의〕 한 부분이면 저기에 적은 것도 한 부분이니, 반드시 아래로 달려가고자 하는 〔흙의〕 본성에 같지 않은 점이 있을 것이다.

二曰, 土性甚重, 故本向必趨于甚低之位, 而各方必同性. 倘非在中, 是此處多一分, 卽彼處小一分, 必趨低之性, 有不同矣.

4. 셋째로 말하면 만약 다른 방향에서 무거운 물건을 잡아끌어 드리우게 내버려두어도 땅의 중심에 이르니 그것들은 반드시 한 점에서 서로 만난다. 만약 땅이 〔하늘〕의 정중앙에 있는 것이 아니라면 이처럼 될 수가 없으니, 이 이치 또한 도해[94]가 있어 고찰할 수 있다.

三曰, 假如從異方, 引重物, 任垂, 至地中心, 其相會必于一點. 若地非居正中, 未能若是, 此理亦有圖可考.

---

93) 앞에 나왔다.
94) 옮긴이가 번역하는 판본에는 도해가 없다.

4. 땅은 둥글다 地體之圓

1. 앞에서 이미 이 〔땅이 둥글다는 문제를〕 거론했으나, 그 까닭을 상세히 밝히지 않았다. 옛날에 어떤 사람이 말하기를 "땅은 책상처럼 네모나다"고 하고, "북이나 돌기둥이나 〔물〕동이 같다"고 하였다. 또 말하기를, "〔땅의〕 아래에는 깊은 뿌리가 있어 끝이 없다"고 하였다. 중국의 이런 선비들은 밤이 짧은 지역에 대하여 말하기를, "생각건대 땅이 뿔처럼 뾰족하게 튀어나온 지역이다"고 하였다.[95] 또 말하기를, "지형이 만두나 곤륜산처럼 뾰족하다"고 하였다. 〔그러나〕 이런저런 설명은 모두 잘못된 것이다. 땅이 반드시 둥근 몸체임에는 여러 가지 단서가 있어 증거를 댈 수 있다.

上已擧此論, 而未詳其所以然. 古或云, 地方如案, 或云, 如鼓, 如石柱, 如盆. 又云, 下有深根, 以至無窮. 中國先儒, 于夜短之地, 曰想, 是地之角尖處. 又曰, 地形, 如饅頭崑崙, 其尖也. 諸說皆非也. 地必圓體, 有數端, 可証.

2. 첫째로 말해 가령 하늘 위에서 자를 가지고 여러 번 땅의 중심에 수선을 그으면 모두 〔이등변〕삼각형이 된다. 삼각〔형〕이란 두 선에 대해서 말한 것인데, 땅의 중심에 있으면 두 선은 합하여 하나의 각이 되고, 땅 밖에 있으면 두 선은 나누어져 두 각이 된다. 〔땅의〕 중심은 등각이 된다. 사방의 변두리에서 그은 선도 모두 여기서 모여 등각이 된다. 만약 땅이 둥글지 않다면 각은 반드시 균등하지 않으며, 태양과 별을 측량할 〔때도〕 곧장 네모난 〔땅

---

95) 밤이 짧은 지역을 이렇게 가정한 근거는 뾰족하게 튀어나왔으므로 햇빛을 받는 시간이 많아서 밤이 짧다는 점이다.

을〕 따르니, 원근 또한 균등하지 않을 것이다.[96]

一曰, 假如天上以度, 數作垂線, 至地中心, 皆爲三角形. 三角者, 就兩線言, 在地心, 則兩線合爲一角, 在地外, 則兩線分爲二角. 中心爲等角. 四邊線, 皆于此, 聚會爲等角也. 倘地不圓, 則角必不均平, 測量日星, 便隨方, 遠近亦不等矣.

3. 둘째로 말하면 시험 삼아 서로 똑같은 크기의 사발을 취하여 물을 가득 담을 경우, 하나는 산 정상에 두고 하나는 지면에 둘 때 반드시 아래에 있는 사발에 담긴 물이 위에 있는 것보다 많이 담길 것이다.[97] 〔왜냐하면〕 대개 물은 땅의 중심에 가까울수록 더욱 둥근 것을 좋아하기 때문에, 아래 사발에 담긴 물이 위의 사발에 담긴 물보다 흙처럼 〔뭉치려고〕 한다. 만약 땅이 둥글지 않다면 이같이 될 수 없다.

二曰, 試取相等兩盂, 注水令滿, 一置山頂, 一實地面, 必下盂盛水多于上盂. 蓋水愈近地心, 愈益愛圓, 故下盂之水, 土于上盂之水也. 使地非圓, 不能如是.

4. 셋째로 말해 시험 삼아 수백 리의 간격을 두고 각각 100장(丈) 높이의 푯대를 세워 각각 지면에 따라 수직이 되게 하면, 그 푯대를 세운

---

96) 지표면의 임의의 두 지점에서 중심을 향해 선을 긋고, 두 지점과 중심을 이으면 이등변삼각형이 된다. 이등변삼각형의 두 밑각은 같고, 또 밑변에서 꼭지점에 수선을 그으면 꼭지각이 똑같이 이등분된다. 이런 성질은 원에서도 동일하다. 임의의 원주상의 두 지점에서 중심에 선을 그어 이으면 이등변삼각형이 되는 것과 같다. 따라서 지구가 둥글다는 것이 증명된다. 그러나 실제로는 지구의 적도반지름이 극반지름보다 약간 긴 타원체이다.

97) 물이 많이 담긴다는 말은 사발의 가장자리보다 중앙이 볼록하게 솟아나 있어 물이 많이 담긴다는 설명이다.

땅 쪽이 반드시 서로 가깝고 푯대의 끝이 반드시 서로 먼 것은 왜 그런가? 형체가 마치 수레바퀴의 바퀴살 같[기 때문이]다.[98]

三曰, 試隔數百里, 各竪百丈高表, 各與地面作直角, 其表址必相近, 表端必相遠, 何也. 形如輪輻也.

5. 넷째로 말하면 월식의 형태가 또한 땅이 둥글다는 것을 증명한다. 대개 달이 지구에 의하여 가려지면 월식이 되는데, 둥근 그림자는 반드시 원형인 물체에 의하여 만들어진다.

四曰, 月蝕之形, 亦証地圓. 蓋月爲地所掩而蝕, 圓影必圓體所生也.

6. 다섯째로 말하면 사람들이 둥그렇게 [흩어져] 사는 것 또한 땅이 둥글며 모나지 않다는 것을 증명한다. 왜 그런가? 동쪽에 사는 사람들은 태양과 달과 별이 뜨는 것을 먼저 보고, 서쪽에 사는 사람들은 나중에 본다. 그러므로 피차 낮과 밤이 빨리 오고 늦게 오는 차이가 있으며, 또 일식과 월식이 보이는 것도 동쪽과 서쪽에 먼저 나타나고 늦게 나타나는 순서가 있다. 만약 땅이 네모나다면 해와 달과 여러 별이 마땅히 동쪽과 서쪽에서 동시에 보여야 할 것이다.

또 시험 삼아 북쪽으로 갈 경우, 북쪽으로 갈수록 북극의 별들은 [고도가] 높아지고, 남극의 별들은 고도가 낮아진다. 북극점에 이를수록 남극은 점차 내가 발을 대하듯이 [내려다보게] 되는데, 북쪽에서 남쪽으로 갈 때도 이와 같다. 어찌 [이것이] 땅이 둥글고 [땅에] 모가 없음이 분명하지 않은가?

---

98) 이 설명은 실제로 육안으로 관측하기 어려운 일이다. 지구가 바퀴처럼 둥글다고 가정하고 바퀴살의 비유로서 설명했다. 그러나 원리적으로 타당한 설명이다.

五曰, 人物之環居, 亦驗地圓不方. 何也. 居東者, 先視日月星辰之出
也, 居西者, 後以. 故彼此有晝夜速遲之異, 日月之見蝕, 東西有先後之
次. 倘地方, 則日月諸星, 東西當同時而見也. 又試向北行, 其愈近北, 北
極之星愈高, 南極諸星愈低. 至北極到頂, 而南極漸與吾對足, 從北而南
亦然. 豈不明地圓, 而無方耶.

7. 여섯째로 말하면 〔땅이〕 둥근 까닭은 지구가 본래 하늘의 중심을
힘써 향하므로 이에 각각 나누어진 부분도 반드시 같은 본성과 성질이
어서 반드시 제각기 그 본성적 장소로 가고자 하기 때문이다. 이는 〔흙
이〕 사면에서 다투어 서로 모이고 합쳐, 마침내 응결해서 둥근 모양을
이루었다. 이것은 〔땅이〕 둥글다는 증거의 두 번째 〔주장과〕 같은 이치
이다.[99]

六曰, 其圓之所以然, 地本力趨于天之中心, 乃其各分, 必同一性情, 必
各欲得本所. 是四面爭相會合, 遂凝結, 而成圓形矣. 此與証圓之第二,
同理.

8. 옛날에 "땅은 네모나다"고 말한 것은 그 덕(德)을 논한 것이지 그
모습을 논한 것이 아니다. 만약 "〔땅이〕 모나지도 않고 둥근 모양도 아
니라 물동이와 같다"고 한다면 서쪽에 사는 사람이 해와 달이 뜨는 것
을 보는 것이 반드시 동쪽에 사는 사람보다 먼저 보게 되니, 이것은 바
로 산 〔꼭대기〕에 사는 사람이 산골짜기에 사는 사람보다 〔그것을〕 먼
저 보는 것과 같다. 이제 그것이 그렇지 않으니, 이 땅은 반드시 네모나

---

99) 필자는 여기서 지구 중력의 중심과 하늘의 중심을 혼동하였다. 당시까지만 해
도 중력에 대하여 명확한 이해가 없었던 것을 반증하고 있다.

며 물동이 모양이 아니다.

古曰地方, 論其德不論其形. 若曰不方不圓形, 如盆盎, 則居西者, 見日月之出, 必先于居東者, 正如居山者, 先于居谷者也. 今不其然, 則是地必方, 而非盆形矣.

9. [또] "산골짜기는 평평하지 않은데 어떻게 [땅이] 둥글 수 있는가?"라고 말하는데, 이는 산골짜기를 땅의 크기에 비하면 그 정도는 계산할 여지가 없고, [골짜기의] 여러 빈 공간은 물이 채워지는 곳이 되기를 원해 다시 그 둥근 모양이 됨을 모르는가? 나중에 물의 본성에 대해서는 상세히 논하겠다.

若云山谷不夷, 何能爲圓, 不知山谷之于地, 其度數必無足實算, 祝諸空缺爲水所墳, 而更致其圓乎. 後水性, 論詳之.

10. 어떤 사람이 말하였다. "땅이 이미 둥글다면 태양이 처음 떠오를 때 지평선과 만나 [이루는] 경계선은 마땅히 구부러진 것이어야 하는데, 어째서 곧게 보이는가?"

或曰, 地旣圓, 則日輪始出時, 與地平相切之線, 宜曲, 奈何見直乎.

11. 답한다. "[이] 선은 본래 구부러진 것이다. 그것이 곧게 보이는 것은 오직 멀리서 보기 때문이다. 대개 인간의 눈과 태양의 거리가 매우 멀어서 단지 태양이 땅보다 작게 보이나, 사실은 지구보다 60여 배 크다.[100] 이 큰 것이 이미 작게 보이므로 서로 만나 [이루는] 구부러진

---

100) 태양의 지름은 약 139만km로 지구의 지름의 109배이며 부피는 지구의 130만 배이다. 질량은 약 2×10^{33}g으로 지구의 33만 배이고 평균밀도는 지구의

〔경계선〕은 저절로 곧게 보인다. 시험 삼아 높은 산에 올라가 바다를 바라보면 평평하게 보이지 않음이 없으나, 사실은 평평한 것이 아니다. 대개 〔둥근 물체에 있어서〕 둘레의 선이 넓을수록 그 〔선〕 가운데 제각기 〔부분으로〕 나누어진 곡선은 더욱 감추어져 쉽게 보이지 않는다."[101]

日線本曲也. 其見直者, 惟遠視之故. 蓋人目距日, 甚遠, 但見日小于地, 而實大于地一倍六十餘倍地. 夫大者旣見小, 則相切處曲者, 自見直矣. 試從高山望海, 無不見平, 而實非平. 蓋周線愈廣, 其中各分之曲, 愈匿而不易見也.

5. 땅은 정지해 있다 地性之靜

1. 상고에는 간혹 땅이 물 가운데에 떠 있어서 배와 같다고 생각하기도 했다. 그러나 누가 또 생각하기를, 땅이 항상 운행하면서 돌고 하늘은 항상 편안히 정지하나 거기에 사는 사람들은 깨닫지 못했으니, 도리어 잘못된 것은 하늘이 돌고 땅이 정지해 있는 것이라고 하였다. 중국 선비가 또 말하기를, "땅은 사방으로 떠돌고 상하〔운동〕을 한다"고 하였다. 그러나 이런저런 설명의 오류는 한 번 분석해보면 저절로 분명해진다.

上古或擬地浮水中, 猶舟. 然或又憶, 地恒運旋, 天恒寧靜, 而居民不覺, 反謬爲天旋地靜矣. 中士又有, 曰地有四遊升降. 然諸說者之謬, 一

1cm³당 5.52g에 대해서 약 1/4인 1.41g이다. 따라서 실제적 사실과 차이가 있다.
101) 이 점을 보다 명확히 이해하려면 수학의 미분(微分)을 생각해볼 수 있다. 평면상의 작은 곡선도 미분하면 직선으로 표시할 수 있다. 마찬가지로 지구와 같이 큰 물체의 수평선이나 지평선은 육안으로 볼 때 당연히 미분의 효과를 나타내고 있다고 보면 되겠다.

剖自明.

2. 대개 정지하지 않은 것에는 좌우와 상하의 직선운동이 있다. 하늘이 일주운동을 하듯이 원운동이 있기도 한다. 땅이 만약 직선운동을 한다면 〔하늘〕 가운데에 있지 않을 때가 있을 것이나, 〔지금까지〕 관측하여 증험한 것[102]은 모두 정확하다. 하물며 땅이 한 번이라도 〔하늘〕의 중심에서 이탈한다면 반드시 하늘을 향하여 상승운동을 할 것이니, 어찌 무거운 물건이 〔본성상〕 할 수 있는 것이 되겠는가?

蓋凡不靜者, 有左右上下之直動. 或有圓轉, 如天之周動. 地如直動, 則有時不居中, 測驗皆爽. 況地一離中, 必向天而上, 豈爲重物所能有耶.

3. 만약 "본성적 운동 때문이 아니라 땅의 운동이 강제로 시키는 것 때문이다"라고 말한다면, 이에 어떤 물건의 힘이 땅을 강제로 움직일 수 있어서 〔그것을〕 거꾸로 상승시켜 움직이게 할 수 있단 말인가?

若曰, 非由本性之動, 或由地動所强, 乃何物之力, 能强地, 使之逆上而動乎.

4. 만약 〔땅의 운동을〕 원운동이라고 한다면, 천정(天頂)의 시각[103]은

---

102) 원문은 측험(測驗)인데 나중에 최한기가 자신의 『운화측험』이라는 책에 상당수의 내용과 이 용어를 그대로 반영한다. 측험이란 대상에 대한 과학적 인식과정으로 실험이나 관찰 또는 측정한 것을 가지고 검증하는 과정이다. 최한기의 『운화측험』 서문을 보면 "이 물건 저 물건을 비교하여 헤아림(판단)을 낳고, 한 가지 두 가지 일을 경험하여 증험을 얻는다"(此物彼物比較而生測, 一事二事經歷而得驗)에서 측(測)과 험(驗)으로 이루어진 그 뜻을 추리할 수 있다. 그러나 이 글에서는 이런 뜻인지 명확하지 않으나 측정하여 증험한 것으로 풀이하였다.

바뀐다. 그 〔하늘의〕 양극의 거리와 도수는 별들이 출입할 때 그것들로 하여금 차고 뜨겁게 하는데, 마땅히 모두 갑자기 정해지지 않는다. 이 제 이에 확실히 증거가 있고 문란하지 않는 것은 무엇 때문인가? 또 시 험 삼아 화살 한 발을 곧바로 하늘 중앙을 향해 쏘면, 그 화살이 내려올 때 반드시 처음 쏘았던 자리에 다시 떨어지지 않는 것은 마치 흐르는 물 가운데에 배가 떠 있는 것과 같다.[104]

若謂周動, 則天頂時刻換矣. 其兩極之距度, 各星之出入時, 令之寒熱, 宜皆倐忽不定. 今乃有確據不紊, 何也. 又試射一箭, 直冲天頂, 則其下 必不復落于故處, 正如舟在流水中矣.

5. 또 만약 "땅이 이동한다"고 한다면, 이것은 자연스러운 이동인가, 아니면 〔누가 강제로〕 힘써서 된 움직임인가?

又曰若地有移動, 是自然之動乎, 或勉然之動乎.

6. 〔땅은〕 이미 하나의 순수한 몸체[105]를 가져서 오직 한결같이 자연 스럽게 하강하는 운동을 하므로 마침내 그 본성적 장소를 얻어서 〔본래 자리로 돌아오면〕 전혀 다시 움직이려 하지 않는다. 만약 〔강제로〕 힘 써서 되는 운동일 경우, 힘쓰는 것은 항구적인 것이 될 수 없다. 〔그 경 우〕 또 과연 어떤 사물이나 어떤 의지가 있어서 〔땅이〕 강제로 〔힘을〕 받는가? 만약 종동천(宗動天)이 또 그 아래의 가깝고 가볍게 떠 있는 〔하늘에도〕 움직임을 미치지 못한다면, 어떻게 멀고 무겁고 견실한 저 땅을 움직일 수 있겠는가?[106]

---

103) 정시(正時)를 말한다.
104) 땅이 아니라 하늘이 마치 물처럼 움직인다는 뜻이다.
105) 땅도 본질적으로 흙이라는 원소로 되어 있으므로 단순체이다.

既有一純之體, 止有一自然降下之動, 乃得其本所, 萬不欲復動. 若爲勉然之動, 勉然者, 未能爲常. 且又果有何物何意, 而受强也乎. 若天之宗動, 且不及動夫下域之近且輕浮者, 胡能動夫地之遠且重實者乎.

7. 〔땅이〕움직이지 않는 까닭에 〔대해서〕예나 지금이나 제각기 정해진 설이 있다. 어떤 사람이 말하였다. "땅은 물을 의지처로 삼는데, 〔그렇다면〕저 물은 다시 무엇을 의지처로 삼는가? 하물며 물은 뜨고 미끄러운데, 어떻게 땅을 안정되게 가만히 있게 할 수 있겠는가?"

至論不動之所以然, 古今各有定說. 或曰, 地以水爲據, 夫水復以何爲據. 況水浮滑, 奚能定寧地乎.

8. 어떤 사람이 말하기를, "땅에는 깊은 뿌리가 있어 아래로 끝없이 뻗는다"고 하였으나, 대체로 땅은 둥글고 사람은 둥그렇게 모여 살아 〔우주 내에〕한계가 있으니, 어떻게 끝없는 뿌리를 이루겠는가? 하물며 밑이 없는 〔긴〕뿌리라면, 장차 여러 하늘의 운행을 막고 방해하지 않겠는가?"

或云, 地有深根, 下至無窮, 夫地圓而人環居, 卽屬有限, 何致無窮之根哉. 況是無底之根, 不將滯阻諸天之運乎.

---

106) 중세 교부들은 아리스토텔레스와 톨레미의 천체론을 받아들여 신학적 관점을 부여하였다. 종동천(宗動天, Primum Mobile)은 아홉 번째 하늘로서, 그 아래에 있는 모든 천구의 회전을 주재하는 하늘이다. 물론 그 주재하는 주인은 신이며, 각각의 하늘은 9가지 계급이 다른 천사들이 맡았다(박성래, 앞의 책, 48~49쪽). 메겐베르크의 삽화는 1475년에 출판한 『자연에 대한 책』에 수록된 것인데 15세기 유럽인들이 믿었던 지구중심설을 잘 보여준다. 앞에서도 보인 것처럼 이 삽화에서 맨 상층부의 하늘에서는 신들이 거주하고 있다(김성근, 『교양으로 읽는 서양과학사』, 안티쿠스, 2009, 105쪽). 여기서는 종동천의 힘이 도저히 지구에 미칠 수 없음을 말한다.

9. 철학자[107] 아리스토텔레스가 말하였다. "땅의 본성은 매우 무거우므로 우주 내에서 반드시 매우 낮고 깊은 위치를 찾아 얻는다. 이미 〔그 위치를〕 얻으면 반드시 편안히 정지하며 다시 움직이지 않는다. 만약 다시 움직인다면, 이것은 또 본성을 거슬러 상승하는 것이다. 무릇 무거운 것이 어찌 상승할 수 있겠는가?"

亞利斯多德性理之師曰, 地性甚重, 故于六合乃, 必求得甚低甚深之位. 旣得之, 則必寧靜, 而不復動也. 倘復動, 是又逆本性, 而上升矣. 夫重者, 豈可升乎.

6. 산악 山岳

1. 앞선 성인[108]이 논하기를, "땅이 처음 창조될 때 매우 둥글어서 깊고 얕고 높고 낮은 차이가 없었으며, 오직 물이 지면을 두루 에워싸고 있었을 뿐이다"고 한다.[109] 그러나 조물주는 장차 인간과 만물이 지면

---

107) 원문 성리지사(性理之師)를 오늘날 입장에서 해석한 것이다. 따라서 본문에 나오는 성리(性理)는 자연철학이나 자연과학과 관련된 것이다.
108) 앞선 성인은 아마도 모세를 지칭한 것으로 보인다. 전통적으로 「창세기」는 모세 5경 가운데 하나로 여겨왔기 때문이다.
109) 지면을 물이 에워싸고 있다는 내용은 『성서』, 「창세기」 1장의 "땅이 혼돈하고 공허하며 흑암이 깊음 위에 있고 하나님의 신은 수면에 운행하시니라 (……) 하나님이 가라사대 물 가운데에 궁창이 있어 물과 물로 나뉘게 하리라 하시고 하나님이 궁창을 만드사 궁창 아래의 물과 궁창 위의 물로 나뉘게 하시매 그대로 되니라 (……) 하나님이 가라사대 천하의 물이 한 곳으로 모이고 뭍이 드러나라 하시매 그대로 되니라 하나님이 뭍을 땅이라 칭하시고 모인 물을 바다라 칭하시니 하나님의 보시기에 좋았더라"와 일치한다. 바로 뒤 이어지는 내용도 「창세기」 1장의 이 내용이다. 그런데 여기서 원문의 편(偏, 치우치다)은 편(遍, 두루 미치다)이 되어야 「창세기」의 내용과 일치한다. 뒤의 6~7의 비슷한 사례에서는 편(徧)으로 되어 있다. 아마도 필사하면서 획 하나를 빠뜨린 것 같다. 후자로 해석하였다.

에 살 것이므로 연못과 구덩이를 만들어 물이 그곳을 채우게 되었고, 마른 흙의 경우는 곧 그 취한 흙으로 산악 및 언덕과 같은 것들을 이루게 한 것이다. 시험 삼아 바닷가를 관찰하면 [바다는] 산과 언덕의 뿌리에 연결되지 않음이 없고, 강과 하천은 대부분 산맥과 언덕 사이를 끼고 흐른다. 골자만 말하면 높은 산은 대부분 깊은 계곡에 가까우니, 그것이 처음 생길 때의 뜻을 증험할 수 있다.

先聖論地初受造時, 甚圓, 無深淺高卑之殊, 惟水偏圍其面而已. 但造物者, 將居民物于地面, 則開取淵坎, 令水歸之致露, 乾土, 卽以所取之土, 致成山岳陵阜之類. 試觀海涯, 無不倚山陵之足, 江河多峽于阜嶺之中. 大約, 高山多近深谷, 可以驗其原生之意也.

2. 그러나 [조물주가 땅을] 조성한 후에 또 변천이 있었다. 대개 여러 나라의 기록 문헌을 보면 산의 높은 암석은 골짜기였고, 깊은 골짜기는 능선이었다고 한다. 옛날에 없던 것이 간혹 새롭게 드러나 보이는 것은 곧 지진이나 풍력(風力) 또는 물의 힘이 [지형을 바꾼] 것이다.[110]

然造成後, 又有變遷. 蓋諸國典籍所記, 高岾爲谷, 深谷爲陵. 古所未有者, 或新發而始見, 是逎地震所致, 或風力, 或水勢所成也.

3. 만약 그 산이 생긴 목적인(目的因, the final cause)[111]을 찾아보

---

110) 바람의 힘과 물에 의하여 지형이 바뀌는 풍화작용이나 퇴적작용을 말했다. 그러니까 세상을 처음 창조한 고정된 모습으로만 보지 않는 신학적 관점 위에 과학적 관점을 수용하고 있으니 바로 토마스 아퀴나스의 이성을 중시한 신학적 입장을 반영하고 있다.
111) 아리스토텔레스의 철학이 반영된 입장에서는 목적인이지만, 만물을 창조했다는 신학적 입장에서 본다면 신의 의도이다. 그래서 목적인과 신의 의도를 일치시켰다.

면, 다만 땅을 보이게 세우거나 땅의 뼈대를 곧게 갖추는 것뿐만 아니라 인간과 만물에게도 이로움이 많다. 대개 〔땅은〕 오금(五金)[112]을 기르거나 사방의 바다를 막고, 시내나 연못의 물을 샘솟게 하거나 무성한 수풀로 우거지게 하며, 바람과 눈을 막아주거나 축축하고 음침한 것을 가로막아주고, 국경을 막는 경계가 되거나 도적떼를 막아주기도 하며, 〔동물이〕 날거나 뛰노는 동산이 되기도 하거나 꾸밀 거처를 넓게 감추었다. 〔이처럼 땅의〕 묘한 쓰임을 헤아릴 수 없으니, 조물주의 원래 의도는 이 세상의 아름다움을 온전케 하여 살아가는 백성들의 필요를 갖추는 것이다.

若究其山生之爲者, 不但飭地之觀竪地之骨直, 于人物有多益焉. 蓋或以毓五金, 或以捍四海, 或以湧溪澤, 或以茂林薮, 或以蔽風雪, 或以障陰翳, 或以界封疆, 或以禦寇盜, 或以闢飛走之囿, 或以廣藏修之居, 無算妙用, 則造物者之原旨, 以全夫寰宇之美, 而備生民之須耳.

4. 옛날의 설에 땅은 매우 건조한 몸체로 물을 쫓아내므로, 그 때문에 물은 깊은 곳으로 돌아가 땅을 적시지 않는다고 하였다. 또 그 설에 북극성에는 다른 덕이 있어서 흙을 취해 산을 세우고 물을 모아 산골짜기로 돌아가게 할 수 있다고 하였다.

古說, 地以甚乾軀, 逐諸水, 以故水歸深處, 而不淹地也. 又有說, 北極星有異德, 能取土立山匯水歸壑.

5. 두 설은 모두 잘못되었다. 대개 땅의 건조한 성질에는 이런 능력이 없다. 그렇지 않다면 호수·시내·강·하천의 〔물〕은 넓은 바다로 흘러

---

112) 금·은·동·철·주석의 다섯 가지 금속이다.

가, 마침내 바싹 말라버리는 것이 마땅하다. 만약 옛날 북극성에 이 덕이 있었다면, 지금은 어찌하여 갑자기 없는가? 어째서 〔북극성이〕 날마다 흙을 취해 새로운 산을 만들지 않으며, 오래된 산에 〔흙을〕 더하여 높게 만들거나 물이 날마다 줄어들어 다시 〔골짜기가〕 깊어지게 하지 않는가?

二說皆非. 蓋地之乾情, 無是能力. 不然, 湖川江河, 及乎滄海, 終宜乾渴矣. 若北極星古有是德, 今豈遽無. 何不常取土而生新山, 或加舊山使高, 使水日退而更深乎.

6. 어떤 사람이 또 물었다. "땅의 성질은 건조할 뿐인데, 어찌해서 도처에서 습기를 발산하며 물을 솟구치게 하는가?"

或又問曰, 地情乾已, 何到處, 能發濕, 而湧水耶.

7. 답한다. "땅의 성격은 본래 건조하다. 그러나 만물을 길러주기 위해서 부득불 습할 수밖에 없다. 곧 창조될 당시에 〔땅은〕 본래 물 아래에 온전히 숨어 있는 것이 마땅했으나, 조물주가 다시 〔땅을〕 나누어 〔물 밖으로〕 드러나게 하여 사람들이 거주하고 만물이 자라나게 하였다. 그러므로 땅이 비록 그 건조한 본성에 적합하려 해도 조물주가 호수·바다·강·하천이나 산의 동굴을 통해 수맥을 많이 이끌어, 습기가 두루 〔미치고〕 물이 드러나 윤택하게 해서 〔만물이〕 건조하고 굳어지는 것을 면하게 하였다.[113] 하물며 매우 건조하고 습기가 없는 물건이 엉기거나 모으기가 어렵고 쉽게 흩어지거나 훼손되는 경우이겠는

---

113) 이것은 아리스토텔레스의 원소(여기서는 흙과 물)가 본성적 장소에 있다는 이론에 신학적 이론을 적절히 반영시킨 내용이다. 이 장 전체에 반영되어 있다.

가? 마치 모래와 먼지 같은 종류에서 볼 수 있다."

曰地情本乾矣. 但爲養滋萬物, 故不得不濕, 則受造之初, 本宜全隱于
水下, 而造物者復分露之, 以舍人物而養萬物類. 故地雖欲適其性之乾,
而造物者, 或從湖海或從江河或從山窟, 多引陰渠, 使徧濕發水, 以備潤
澤, 而免乾涸也. 況物之甚乾而無濕者, 難凝注而易散毀乎. 如沙塵之類,
可見.

8. 어떤 사람이 또 물었다. "땅의 덕은 건조하고 차가운 두 성질을 벗
어나지 않는데도, 산에 있는 나무는 살아 있는 물건으로서 마땅히 땅을
중요하게 여긴다. 〔그런데〕 어찌해서 도리어 〔이런 건조하고 차가운〕
땅을 통해서 사는가?"

或又問曰, 地之德不外乾冷二情, 山木乃生活之物, 宜貴于地矣. 何反
由地生乎.

9. 답한다. "땅은 본래 생물보다 〔위치가〕 낮다. 그러니 스스로 〔물건
을〕 낳을 수 있는 것이 아니다. 이에 조물주가 태초에 〔만물을〕 만들어
이룰 때 초목을 생기게 명하였는데, 하나는 보기에 좋도록 꾸미고 하나
는 〔인간이〕 쓰는 것을 준비하기 위해서였다.[114] 또 각 방면의 흙의 성
질에 따라 〔초목의〕 종류를 구별하고 아울러 번식(繁殖)하는 덕을 부여
하였으니,[115] 이로부터 땅의 덕이 널리 퍼져 끝이 없었다. 그러므로 세

---

114) 이 내용은 『성서』, 「창세기」 1장 11~12절의 "하나님이 가라사대 땅은 풀과
　　씨를 맺는 채소와 각기 종류대로 씨를 가진 열매 맺는 나무를 내라 하시매 그
　　대로 되어 땅이 풀과 각기 종류대로 씨 맺는 채소와 각기 종류대로 씨를 가진
　　열매 맺는 나무를 내니 하나님의 보시기에 좋았더라"와 29절의 "하나님이 가
　　라사대 내가 온 지면의 씨를 맺는 모든 채소와 씨를 가진 열매 맺는 모든 나
　　무를 너희에게 주노니 너희 식물이 되리라"가 반영되어 있다(고덕은 옮긴이).

속에서는 하늘을 아비로, 땅을 어미로, 만물의 종류를 자식으로 삼았다. 『성리정론』에 의하면 하늘과 땅은 실제로 스스로 만물을 능히 길러내는 것이 아니고, 다만 조물주가 사용하는 큰 그릇일 따름이다."[116]

日地本賤于生物, 然非自能生之也. 乃造物者, 于造成之初, 卽有生草木之命, 一以餙觀, 一以備用. 又因各方土情, 以別種類, 幷賦傳種之德, 自此而地之德, 流通不窮矣. 故俗以天爲父, 以地爲母, 而以萬生之類爲子. 依性理正論, 天地實非自足養育萬生, 止爲造物者所用之大器具耳.

7. 땅과 물의 크기 비교 地水大小之較

1. 옛사람들은 대부분 물이 땅보다 크다고 의혹을 품었다. 그러나 바다를 항해하는 자들은 항상 바다 가운데의 여러 섬들을 보며, 바다의 가장 깊은 곳이 10여 리에 불과하다는 것을 탐구하였다. 가령 땅의 두께가 2만 8천600여 리라고 한다면, 땅은 물보다 크다. 〔계산에〕 매우 밝다면 천하의 강과 시내나 도랑의 물을 모아도 〔그것을〕 큰바다와 비교할 수 없듯이, 천하의 많은 바다를 모아 땅과 비교해도 〔그 두께가〕 수십 수백 〔리〕는 아닐 것이다.

古人多疑水大于地. 然涉海者, 常見海中各島, 及探其極深處, 不過十

---

115) 「창세기」 1장 22절의 "하나님이 그들에게 복을 주어 가라사대 생육하고 번성하여 여러 바다 물에 충만하라 새들도 땅에 번성하라 하시니라"와 관련된 내용이다.

116) 저자는 동양 전통의 천지, 즉 자연 스스로 만물을 화생(化生)한다는 견해를 의식하고 비판하고 있다. 이 또한 아리스토텔레스가 원소는 강제적 힘이 아니라 스스로의 힘에 의하여 만물을 생성한다는 설을 간접적으로 부정하는 말로서 『성리정론』은 아리스토텔레스의 저술이 아니라 교부철학자의 저술로 보인다.

餘里. 如地厚二萬八千六百餘里, 則地大于水也. 甚晰卽, 或聚天下江河
川瀆之水, 亦未能比一大海, 聚天下衆海較地, 又不啻什百矣.

2. 지면과 수면 〔가운데〕 어느 것이 넓은가에 〔대한 문제는〕 옛날부
터 지금까지 상세하게 밝히지 못했다. 수면이 크다고 주장하거나 지면
이 크다고 주장하는데, 증거를 대서 결정하는 데는 무리가 있다. 대개
바다의 섬이 매우 많기 때문에 바다를 항해하는 사람들이 수시로 처음
가는 섬과 땅을 만나지만, 일시에 속깊이 연구할 수 있는 것이 아니므
로 딱 잘라 밝히기가 어렵다.[117]

至如地面與水面, 誰爲寬廣, 則自古迄今, 未及詳明. 或議水面大, 或議
地面大, 無理可據而決. 蓋因海島甚衆, 而涉海者, 隨時遇新島新地, 非
一時所能窮究, 故難剖明.

8. 땅과 물의 높낮이 비교 地水高卑之較

1. 예나 지금이나 물의 위치를 논한 것에는 여러 가지가 있다. 어떤
사람은 창조될 당시 물은 한곳으로 돌아가 스스로 구형(球形)을 이루
었고, 또 땅의 몸체와 일치하지 않으니 이러한 물과 땅은 두 구체(球
體)가 되어 밀접하나 서로 통하지 않는다고 생각하였다.

古今論水之位者, 多端. 或擬造成之初, 水歸于一處, 而自成球, 且異于
地體, 是水地爲二球, 相切不相通矣.

---

117) 실제로 지구의 표면을 차지한 비율로 볼 때 대양이 대륙보다 넓다. 16~17세
기 당시로서는 정확히 알 수 없었을 것이다.

2. 또 물었다. "물이라는 구체는 무엇을 의지처로 삼아 흐르고 흩어져 땅을 담그지 않는가?"

且問, 水球何據而不流渙, 以致淹地也乎.

3. 물이 스스로 공중에 매달려 있을 수 없고 또 〔땅〕 아래로 흐르지 않아서 흙 전체를 본다면 〔물은〕 땅 바깥에 떠 있음을 알겠다. 만약 〔물의 위치가〕 높아지더라도 지면을 보면 〔물은〕 땅 가운데에 있으니 도리어 낮은 것이 된다.

因知水自不能空懸, 而不流下, 視全土, 則浮于地外. 若爲高而視地面, 則于地中, 反爲下.

4. 대개 〔물의〕 본성은 아래로 내려가는 것인데, 틈이 있으면 반드시 들어가고 흙을 만나면 머무른다. 그러므로 〔물은〕 땅에 따라서 높낮음이 있으니 물은 〔땅의〕 낮은 곳에 있게 된다. 만약 바다가 땅보다 높다고 한다면 땅은 또 침몰을 면치 못하게 되니, 앞에서 이미 증명한 것과 같다.[118]

蓋本性就下, 有隙必入, 遇土而止. 故因土體, 有崇卑, 水卽得其卑處. 如日海高于地, 地又不免爲沈沒, 如上已証矣.

5. 둘째로 말해 만약 바다가 〔땅보다〕 높으면 바다 가운데에 있는 여러 섬은 모두 〔물 밖으로〕 드러나지 않을 것이다.

二曰, 倘海高, 則海中諸島, 全無露出者矣.

---

118) 필사하면서 몇 문장이 빠진 것 같다. "바다가 땅보다 높지 않은 근거는 무엇인가? 그 이유에는 여섯 가지가 있다"라는 말과, 또 첫째 항목의 말이 빠져 있다. 여기서 말하는 땅이란 땅 전체보다 육지를 말하는 것 같다.

6. 셋째로 말해 만약 바다가 높으면 배가 강과 하천에서 바다로 들어갈 때 거슬러가므로 당연히 속도가 느리게 되고, 배가 바다에서 강과 하천으로 들어갈 때는 순하게 가므로 속도가 빠른 것이 마땅하다. 그러나 평소에 항해하는 자들은 〔실제로〕 바다로 내려갈 때는 쉽고, 강과 하천으로 진입할 때는 어려워한다. 내가 그 때문에 바다가 반드시 아래에 있음을 알겠다.

三曰, 倘海高, 則舟從江河入海, 宜逆而行遲, 舟從海進江河, 宜順而行速. 乃素航海者, 下海則易, 而進江河則難. 吾以知其必下也.

7. 넷째로 말하면 물의 본성적 장소는 바다에 있다. 무릇 강·하천·시내·계곡의 물은 모두 바다로 흘러들어가므로 바다의 몸체는 아래에 있음을 알겠다.

四曰, 水之本所在海. 凡江河溪澗, 皆流注之, 則知海體爲下.

8. 다섯째로 말해 〔땅에〕 구덩이를 파서 물을 취하려면 반드시 대부분 〔땅 속〕 깊은 곳을 〔파야〕 하는데, 〔그것은 물이〕 아래에 있기 때문이다.

五曰, 凡穴地取水, 必多遇于深處, 下故也.

9. 여섯째로 말하면 물과 땅은 온전히 하나의 구(球)를 이루므로 물이 스스로 별도의 구를 이룰 수 없다. 이 이치는 후에 다시 상세히 말하겠다.

六曰, 水與地全成一球, 則水自不能別成一球. 此理更詳于後.

10. 어떤 사람이 물었다. "땅은 이미 바다보다 높은데, 이에 물가를

돌아 바다에 떠도는 사람들은 땅을 어떻게 낮은 것으로 보는가?"

或問曰, 地旣高于海, 乃巡濱而漂海者, 何視地如卑下乎.

11. 답한다. "바다에서 땅을 보면 대부분 어두운 색인데, 어두운 색은 항상 깊고 낮게 보인다. 시험 삼아 그림 그리는 방법을 관찰하면, 우물이나 동굴이나 그윽하고 깊숙한 것 등의 사물을 그리려 할 경우 모두 어둡게 〔나타내므로〕 땅이 낮게 보이는 것은 인간 시각의 오류이며 실제상황이 아니다."

曰地從海視之, 多如黑, 黑者恒視如深卑也. 試觀繪法, 欲繪井穴幽深等物, 無不黑之, 則地之見卑者, 人目之謬, 非實情矣.

12. 어떤 사람이 또 물었다. "〔배를 타고〕 바다에서 강과 하천으로 들어가면 바다는 땅보다 높지 않아 강과 하천의 물을 모두 거슬러 올라간다."

或又問, 江河從海而出, 則海非高于地, 江河之水, 皆逆而上矣.

13. 답한다. "이 의문은 〔이 책〕 하권의 강과 하천〔에 대한〕 본론에 정확한 풀이가 있다."

答曰, 此疑于下卷, 有正解, 在江河本論.

9. 물의 몸체는 둥글다 水體之圓

1. 어떤 사람이 앞의 논의를 생각해서 의심쩍어 〔이렇게〕 물었다. "물·불·공기는 정해진 형체가 없어서 그것이 담겨 있는 그릇에 따라 몸체로 여긴다. 따라서 물은 오로지 땅을 따라 그 빈 공간을 보충하는

데, 바로 요즘 사람들의 이른바 '사발이 네모나면 〔거기에 담긴〕 물도 네모나고, 사발이 둥글면 물도 둥글다'고 하는 것이 이것이다. 그런데 〔물의 몸체를〕 둥글다고 여기는 것은 무슨 까닭인가?"

按上論, 或疑水火氣無定形, 乃隨所居之器, 以爲體. 故水惟循地, 而補其空闕, 正如今人所謂, 盂方水方, 盂圓水圓者是已. 乃以爲圓, 何也.

2. 첫째로 말하면 물건의 본성은 대부분 둥근 것을 좋아하니 물의 본성이 더욱 심하다. 전체의 물과 한 방울의 물이 같은 본성임을 시험해 보자. 시험 삼아 물방울을 공중에 뿌려서 먼지 속에 들어가면, 모두 둥근 모양이 된다. 〔물이〕 비와 눈이 되어 내리는 것도 이와 같은데, 이제 물을 사발에 가득 차게 부으면 반드시 둘러서 둥근 원을 이루므로 전체의 물이 둥근 것은 매우 분명하다.

一曰, 物性, 多愛圓, 水性更甚. 試之, 全水與一分之水同性. 試以滴水灑空入塵, 皆成圓體. 降爲雨雪, 亦復如是, 卽斟水滿甌, 亦必拱成穹圓, 則全水之圓, 甚晰.

3. 둘째로 말해 만약 땅은 원형이나 물이 평평하게 네모난 모양이라면 반드시 〔물은〕 땅의 중심에서 가깝고 먼 구분이 있다. 〔땅의 중심으로부터〕 멀리 있는 〔물은〕 곧 땅의 중심으로 돌아가지 않으니, 이것은 본성을 위반한 것이다. 그러므로 무릇 물은 모두 둥근 땅에 붙어 매달려 있으려 하니 〔물은〕 평평한 네모와 같은 다른 형태를 취할 수 없다.

二曰, 倘地旣圓, 而水或平方, 必有與地心近遠之別. 其相遠者, 便不歸向地心, 是違本性也. 故凡水皆欲附麗圓地, 必不得平方他形也.

4. 셋째로 말하면 항해하는 사람은 당초에 해가 솟아오르면 곳곳에서

동시에 볼 수 없고, 반드시 동쪽에 있는 사람이 먼저 〔보고〕 서쪽에 있는 사람이 나중에 〔본다.〕 만약 물이 네모나다면 어찌해서 동시에 모두 보지 못하는가? 반드시 점차로 태양을 접하기 때문이다. 이 뜻은 〔물이〕 땅(흙)과 함께 〔둥글다는 것에〕 동일하게 적용된다.[119]

三曰, 航海者, 當初日升, 不能處處同見, 必在東先, 而在西後. 倘水方, 何不同時皆見. 必以漸而接日光也. 此義與土同用.

5. 넷째로 말하면 바다 가운데에서 〔육지 쪽으로〕 항해할 때 멀리서는 산의 꼭대기를 바라보다가 점차 〔다가가서는〕 산의 허리를 보고 가까이 가서는 산부리를 보는데, 동시에 〔산을〕 다 볼 수 없다. 이 뜻 또한 〔물이〕 땅(흙)과 함께 〔둥글다는 것에〕 동일하게 적용된다.[120]

四曰, 在海中行, 遠望山頂, 漸見山腰, 近視見山足, 不能一時盡見. 此義亦與土同用.

6. 다섯째로 말하면 월식 때 땅과 물이 하나의 몸체로 된 그림자를 만드는데, 그 그림자가 둥근 모양이므로 〔물의〕 몸체 또한 둥글다. 이것으로 보아 땅을 물과 비교해도 오히려 〔원형으로 생긴 모양이〕 크게 다르지 않음을 알 수 있다.

五曰, 月蝕時, 地水合成一體之影, 其影圓, 則體亦圓. 由是可知, 地較水, 猶不甚遠.

---

119) 앞에서 논의하였는데, 땅이 네모나다면 동쪽에 뜨는 태양을 어디서나 동시에 볼 수 있다고 말했다.

120) 이 부분은 II-9-4와 함께 지구가 둥글다는 증거로 최한기의 『추측록』에도 인용되고 있다.

7. 대개 땅은 이미 산악·강·바다로 나뉘어 있으므로 [지형의] 높낮음도 정해져 있다. 그 몸체는 또 건조하고 견고하므로 부드러운 물이 스스로 흘러 운동하여 제각기 땅의 중심으로 돌아가 절묘한 원형을 이루는 것과 같을 수는 없다. 그러나 흙이 비록 정교한 원형은 아니지만, 오직 물을 얻어 그것과 합쳐 구덩이와 빈 공간을 채우게 되니 [물과] 함께 원형을 이룬다. 이로써 또 물은 흙과 관련해서 온전하게 그 본성적 위치나 본래의 모습을 얻었다고 말할 수 없음을 알 수 있다.

蓋地既分山岳江海, 則已定崇卑. 其體又乾而堅, 不能如水之柔, 自爲流轉運動, 則各歸向地心, 成絶圓形也. 然土雖不甚圓, 惟得水, 爲合盈科補空, 蓋共成其圓也. 由是又知, 水與土未可謂全得本位及本形也.

8. 대개 만물은 이미 [조물주에 의해] 인간의 쓰임을 위하여 생겼으므로 물이 [제 위치에서] 물러나고 땅이 [물 밖에] 노출되는 일은 모두 자연스럽지 않다. 이에 [조물주가] 그렇게 하는 데는 부득이한 점이 있고, 그렇게 되도록 부리는 사이에 오히려 제각기 그 본성을 보존하고 그 형태를 유지하게 되어 대부분 그 [있는] 장소를 얻게 된 것이다.[121]

蓋物既爲人用而生, 則水退地路, 俱非自然. 乃有使之不得不然, 而于其使然之間, 猶各存其性, 持其形, 而槩得其所矣.

9. 어떤 사람이 물었다. "처마 끝에 있는 물방울이 매달려 떨어지지 않음은 스스로 둥근 것을 선호하는 본성 때문이다. [그런데] 두 번째 물방울이 [거기에] 이어지면 처음 것과 함께 아래로 떨어지는데, 어찌해

---

121) 아리스토텔레스의 4원소가 갖는 본성적 장소에 대한 물과 땅의 경우는 땅이 맨 아래에 있고 그 위에 물이 있다. 그것과 일치하지 않게 물 위로 땅이 솟아나는 경우는 신학적 견해로서 조정하였다.

서 그 둥근 것을 좋아하지 않는가?"

或問簷溜之滴, 懸而不下, 旣爲自愛其圓性. 及繼以第二滴, 乃竝初滴俱下, 何不愛其圓也.

10. 답한다. "첫 물방울의 본성이 비록 아래로 떨어지고자 하나, 다만 흩어지는 것이 두려워서 원형을 이루어 스스로 매달려 있다. 〔그러나〕 두 번째 물방울이 합쳐지면 〔물방울이〕 둥글게 되는 것을 좋아하나, 단지 아래로 떨어지려는 무게의 힘을 이기지 못해서이다."

曰初滴性雖向下, 因惟恐渙散, 故成圓形自懸. 繼以二滴, 則愛圓之, 惟不敵其向下加重之力耳.

11. 어떤 사람이 물었다. "물은 〔정말로〕 땅의 중심을 향하는가?"

或問曰, 水趨地心否.

12. 답한다. "물의 본성적 장소는 오직 지면일 뿐이다. 〔그 본성적 위치를〕 얻으면 드디어 안정되고 다시 〔아래로〕 내려가려 하지 않는다. 곧다시 아래로 내려갈 때는 단지 달려가 빈 공간을 메우는데, 지세를 따라 내려가 〔땅과〕 함께 하나의 구체를 이룰 뿐이다. 만약 지면에서 땅의 중심까지 굴이 있다면 〔거기에는〕 공기가 채워지는데, 물은 반드시 땅의 중심까지 내려가 공기의 아래 위치를 차지할 것이며, 〔또〕 땅의 몸체를 좇아 구체를 이룰 것이다." 물에 관한 다른 여러 논의는 하권의 물의 모양 편에서 다룬다.

曰水之本所, 惟地面而已. 得之, 遂安, 而不復欲下矣. 卽復下時, 惟趨補空闕, 隨就地勢, 以與之合成一球而已. 使自地面至地心, 有竇, 爲氣所充, 水必下至心, 以得氣之下位, 而就地之體, 以成球矣. 諸他, 關水之論, 見下卷, 屬水象之論.

10. 원소로서 공기의 유무 氣行有無

1. 예전에 혹 공기가 색깔이 없기 때문에 오행(五行)[122]에 넣지도 않고 외관상으로 보아 없다고 의심하였다.[123] 이 설은 매우 잘못되었으니, 그 증거를 댈 수 있는 것이 여섯 가지이다.

古或以氣無色, 不屬五, 外司疑爲無有. 此說大謬, 可証者有六.

2. 첫째로 말해 공기가 없으면 하늘 안은 비게 된다. 〔그렇다면〕 땅이 어째서 빈 것을 좋아하지 않고, 〔우주〕 가운데에 있을 수 있는가? 만물은 어떻게 살아갈 수 있는가? 해·달·별이 어떻게 밖으로 빛날 수 있는가? 또 보이지 않는 능력으로 만물을 양육하는가? 대개 만물은 다만 〔서로〕 연관되어 통일되므로 대부분 서로 성취시키고 도와주는데, 비어 있고 아무것도 없는 것은 〔만물이〕 크게 기피하는 것이다.

一曰, 無氣, 則天內空矣. 地何以不戀空, 而得居于中. 萬物何以得生. 日月星辰, 何得以外光. 或以隱德養育萬生乎. 蓋物惟聯統, 庶得相濟相保, 空虛, 是所大忌避也.

---

122) 동아시아에서 고대로부터 전해오는 만물을 생성·구성하는 물질 또는 성질 등의 다섯 가지 요소로 화(火)·수(水)·목(木)·금(金)·토(土)를 말한다. 5원소라고 번역하지 않고 전통적 용어를 그대로 썼다. 대신 서양의 그것은 4행이라 하지 않고 4원소로 풀이했다.

123) 저자는 음양오행의 근원이 기(氣)라고 보는 전통을 놓치고 있다. 이때의 기는 반드시 공기만을 지칭하는 것이 아니지만, 공기는 이러한 기의 범주 속에 포함된다는 점을 알지 못하고, 단지 중국인들이 공기를 없다고 여긴다고 오해했다.

3. 둘째로 말하면 새들이 〔공기를〕 의지하지 않으면 날 수 없다. 난다는 것은 날개로 공기를 젓는 것인데, 마치 인간이 손으로 물을 저어 〔물위에〕 뜰 수 있는 것과 같다.

二曰, 禽鳥無所賴, 則不能飛. 飛者, 以翼御氣, 如人用手御水, 而得浮也.

4. 셋째로 말해 바람이 고요할 때 사람이 급히 달려가면 전면에 마치 물건처럼 접촉하는 것이 있는데, 이것이 공기가 아니고 무엇인가?

三曰, 風寂時, 人急趨走, 則前面, 若有物觸之者然, 是非氣而何.

5. 넷째로 말해 사람이 공중을 향해 채찍을 휘두르면 반드시 소리가 울리게 된다. 무릇 탄알을 발사할 때도 모두 그렇다. 대체로 소리는 두 물건이 서로 부딪혀 생기는데, 만약 공중에 공기가 있는 것이 아니라면 다른 물건이 소리를 내는 일은 있을 수 없다.

四曰, 人向空中揮鞭, 定有聲響. 凡彈射, 皆然. 夫聲從二物相擊而生, 若空中非有氣, 必無他物, 以生聲矣.

6. 다섯째로 말하면 하나의 방에서 양쪽 문이 서로 마주 보고 있을 경우, 한쪽 문을 여닫으면 반대쪽 문도 움직인다. 또 사람이 방 가운데에 있을 때, 창호지〔문〕 쪽으로 슬며시 움직여 〔방에〕 매달려 있는 가벼운 물체에 이르면 역시 움직이니, 〔이 또한〕 공기가 있는 것이 아니라면 무엇 〔때문〕인가?

五曰, 一室中, 兩門相對, 開閉此一門, 則彼一門亦動. 又人在室中, 隱行其窓之紙, 及諸繫懸之輕物, 亦動, 非有氣而何.

7. 여섯째로 말해 방안이 고요하고 바람이 없을 때 틈새를 보면 먼지 〔같은 것이〕 아래위로 둥둥 떠다니는 이른바 아지랑이는 무엇인가? 〔그것은〕 반드시 공기가 그렇게 만드는 것뿐이다.

六日, 室中靜寂無風, 見隙內, 塵埃滾滾上下, 所謂野馬者, 何也. 必氣使之然耳.

8. 공기가 있다는 증거를 대는데, 여러 단서가 〔아직도〕 부족한가? 그 〔공기의〕 종잡을 수 없고 헤아릴 수 없는 경우는 〔그것이〕 무질서하게 크거나 작게 감응하는 것 때문이지 밝히기 어려운 것은 아니다.

공기는 오직 실제로 있으니 없다고 하는 것은 천부당만부당하다. 하나는 〔공기가〕 숨을 쉬는 재료로서의 일이다. 〔또〕 하나는 〔공기가〕 하늘에서 빛나는 물상을 움직이고, 인간과 동물의 목소리의 자취이다. 〔또 다른〕 하나는 불이나 물과 같은 원소로 존재하고 분류되는 〔공기의〕 본성이다.

數端不足証有氣乎. 至其變幻莫測, 則因小大應感之不倫耳, 非難明也. 氣惟實有, 而萬不可無. 一則以資喘息之功. 一則以運天光物像, 及人物聲音之跡. 一則存火水等, 類之之性.

9. 대개 공기가 한 번이라도 없으면 인간과 동물은 호흡을 멈출 것이며, 〔인체〕 내부 심장의 불[124]과 생명이 아울러 없어질 것이다. 또 높은 하늘에서 비추는 빛과 물건이 드러내는 모양, 여러 물체가 내는 소리 등은 기대거나 근거할 것이 없고, 마땅히 이를 곳에 이르러 그것이 포

---

124) 저자는 인간의 몸 안에도 불이 있다고 생각했다. 뒤의 II-14-8에 등장하는 '인체 내부 심장의 불이 있다' (人有內火)가 그것이다.

함하는 물건의 몸체를 보존하거나 도와줄 방법이 없다.

蓋氣一缺, 則人物之呼吸遂撤, 而內心火及其生機, 並滅. 又上天所射
之光, 形物所發之像, 諸體所出之聲音, 無所憑據, 無由至于所當至, 而
資存其所包含內物之體也.

10. 만약 공기에 볼 수 있는 색깔이나 몸체를 볼 수 없다고 해서 이를
없다고 한다면 저 바람 소리와 냄새, 맛 그리고 귀신이나 인물의 혼 등
인간의 눈에 보이지 않는 것들은 모두 없다고 해야 하는가? 무릇 외적
으로 〔신체의〕 눈이 미치지 못하는 것은 추론이라는 내적인 눈이 있어
볼 수 있다. 상편(上篇)에서 이미 상세하게 말한 바와 같다.

若言氣無色體可見, 遂謂之無, 則彼風聲臭味, 及鬼神人物之魂, 諸不
屬人目者, 悉當謂之無乎. 夫外目所不及者, 有理之內目可及也. 如上篇
已詳之矣.

11. 공기층의 두께와 운동 氣之厚域行動

1. 앞에서 공기의 존재를 이미 논했다. 그 형체와 본성 그리고 성격은
각각 본격적인 논의가 있으니 혼동해서는 안 되며, 〔우선〕 다음과 같이
분석한다.

前旣論氣之有矣. 而其形體性情, 各有本論, 不可混淆, 析之如左.

2. 먼저 말하면 〔본성적 장소에 있는〕 공기층의 두께는 여러 저명한
학문의 논의를 살펴보건대 대략 250리가 된다. 무엇을 증거로 삼을 것
인가? 태양이 흙과 물을 당기면 맑은 공기는 막힘 없어 바로 솟구쳐 곧
바로 태양에 이르러 머문다. 이에 공기는 매우 건조하고 매우 맑기 때

문에 쉽게 연소하여 불로 변한다. 그 미미한 것은 한 번 연소하자마자 흩어지니 이것이 유성(流星)이 된다. 두꺼운 것은 연소하면서 쉽게 없어지지 않고 오랫동안 공중에 매달려 있는데, 이것이 혜성(彗星)으로서 반드시 공기[층]의 가장 높은 곳에 매달려 있다. 방법을 사용하여 그 높이를 측정하면 250리에 지나지 않는다.[125] 공기를 다시 두텁게 한다면 보이는 혜성은 마땅히 다시 높이 매달릴 것이다.[126]

先曰, 氣之厚, 按諸名學之論, 約有二百五十里. 何以爲証. 太陽攝土水, 淸氣無所阻而徑冲, 直至火輪而止. 乃以甚乾甚淸, 易燃而變火. 其微者, 一燃卽散, 是爲流星. 厚者, 燃不易滅, 久懸空中, 是爲彗孛, 必繫氣之最高域矣. 用法測其高, 不過二百五十里. 使氣再加厚, 則所視彗孛, 宜更高懸.

3. 만약 강제로 혜성의 상부에 되레 맑은 공기가 있게 하면, 이 공기는 불로 변화는 것이 아니라 불의 본성에 가까우니, [이 경우는] 마땅히 불의 위치 안에 두어 헤아려야지 공기의 위치에 두어 헤아리기는 부족하다. 『혼의』(渾儀)[127] 등의 여러 책에 이 설을 증명하는 것이 많아서

---

125) 공기층의 두께는 실제로 대류권과 성층권, 유성이 관측되는 중간권을 다 합쳐도 약 80km이다. 250리를 현재의 길이로 1리를 400m로 보고 환산하면 대략 100km이니 20km 차이가 난다. 80km에서 천km 사이의 열권에도 미량의 질소와 산소가 있기 때문에 이것도 공기층으로 본다면 위의 설명과 큰 차이가 있다.

126) 이 이론은 실제 사실과 완전히 다르다. 당시 과학 수준에서 4원소로 설명하려고 하니 견강부회하게 되었다. 그런데 유성(별똥별)은 지구의 중력에 의해 빨려 들어온 암석이 낙하하면서 대기와 마찰하여 생긴 것인데, 여기서는 공기와 관련지었으나 본질적으로 다른 문제이다. 혜성(살별)은 태양계 내의 작은 천체로 타원 또는 포물선 모양의 궤도를 가지고 운행한다. 그러니 공기와 아무런 상관이 없다.

127) 앞에 나왔다.

고찰할 수 있다.

若强以彗孛之上, 尚有淸氣, 此氣非變于火, 亦近火性, 當于火域內實
算, 不足算于氣域矣. 渾儀諸書, 多端証此說, 可考.

4. 다음을 말하면 공기는 상·중·하의 세 층으로 나뉜다. 상층은 불
과 가까운데, 불과 가까우니 항상 뜨겁다. 하층은 물 및 흙과 가까운데,
물과 흙은 항상 태양열을 받아 따뜻한 열기를 발산하므로 공기 또한 따
뜻하다. 중간층은 위로는 하늘에서 멀고 아래로는 땅으로부터 멀어서
춥다.[128]

次曰, 氣厚分有上中下三域. 上域近火, 近火常熱. 下域近水土, 水土常
爲太陽所射, 足以發煖, 故氣亦煖. 中域, 上遠于天, 下遠于地, 則寒.

5. 각 공기층의 경계를 어떻게 나누는가? 〔가령〕 높은 산을 잘라 경
계로 삼아보자. 〔높은 산의〕 윗부분이 상층이 되는데, 바람과 비가 없고
공기는 매우 맑아서 사람과 생물이 살기 어렵다. 〔그〕 아래는 중간층이
되는데, 비와 눈이 응결되어 생긴다. 그 이하는 하층의 차례가 된다.

各域之界, 由何以分. 以絶高山爲界. 上爲上域, 風雨所不至, 氣甚淸,
人物難居. 下爲中域, 雨雪所結. 自此以下, 爲下域之第.

6. 그 차가움과 따뜻함이 나뉘는 지역에는 또 〔공기층〕의 두께가 같

---

128) 공기를 세 층으로 나눈 것은 실제로 대류권·성층권·중간권 그리고 열권으
로 나누는 것과 유사성은 있다. 그러나 위의 설명은 실제 사실과 다른 점이
많다. 대류권만 하더라도 상층은 최저온도 −50° C까지 내려간다. 그러나 그
구분에 구애받지 않는다면 지표면에 가까운 대기는 따뜻하고 멀수록 차갑
다. 그러나 열권에서는 공기가 희박하여 온도를 측정할 수 없다.

지 않다. 〔가령〕 남극과 북극 아래 지역의 경우, 태양과 멀기 때문에 공기의 상층과 하층의 따뜻한 층은 얇고 중간의 차가운 층이 두텁다.[129] 적도 아래 지역의 경우, 태양과 가깝기 때문에 공기의 상층과 하층의 따뜻한 층은 두텁고 중간의 차가운 층이 얇다.[130] 이것으로 공기층의 〔두께가〕 고르지 않음을 알겠다.[131]

其寒暖之分處, 又有厚薄不等. 若南北二極之下, 因遠太陽, 則上下暖處薄, 中寒處厚. 若赤道之下, 因近太陽, 則上下暖處厚, 中寒薄. 以是, 知氣域之不齊也.

7. 〔또〕 다음을 말하면 공기의 본원적 성격이 비록 본래 매우 습하고 그 다음으로 열이 있지만, 서로 접촉하는 다른 원소나 물건에 의해 쉽게 열을 받으므로 본원적 성격의 순수함을 잃게 된다. 만약 〔공기〕 상층이 매우 뜨겁다면 태양과 맞닿아 가깝고, 위로는 항상 불타는 별에 손상을 입으며, 아래로는 항상 건조한 공기의 상승을 접하기 때문이다. 또 종동천의 운동을 받아서 그 열을 증가시킬 수 있다.

次曰, 氣之情, 雖本甚濕次熱, 因所切之他行他物, 易染于熱, 而失元情之純. 假如上域太熱者, 以其切近火輪, 上恒接火星之損, 下恒接乾氣之升. 又被運于宗動, 能增其熱也.

---

129) 이 경우는 사실상 해가 멀기 때문이 아니라 비스듬히 비추어서 단위 면적당 받는 열량이 적기 때문에 기온이 내려간다. 비스듬히 비추는 것을 멀다고 표현한 것 같다.
130) 이 또한 해와의 거리가 문제 아니라 지면과 해가 거의 수직이므로 단위 면적당 받는 열량이 많기 때문이다. 그것을 가깝다고 표현한 것 같다. 이 부분은 최한기의 『추측록』 권2, 「천지간한계」(天地間寒界)에 부분적으로 실려 있다.
131) 앞의 각주에서 살펴본 것처럼 현재 대기권은 대류권·성층권·중간권·열권으로 나뉘는데, 앞의 설명에서 세 층으로 나눈 것과 그 실제적 현상에서 차이가 있다.

8. 〔공기의〕 하층은 비록 상층보다 건조하고 뜨겁지 않으나 또한 본
원적 성격을 넘어서는 것이 있다. 하나는 흙에서 발산하는 열기 때문이
며, 또 하나는 지면에서 반사하는 태양의 복사열 때문이고, 또 하나는
산이나 골짜기[132] 안에서 항상 화염이 솟아올라 그 본원적 성격에 영향
을 미치기 때문이다.

下城雖不若上城之燥熱, 而亦過本情者. 一因土中發出之熱氣, 一因日
彙從土反退之力, 一因山洞內, 常有火炎冲上, 而染其情.

9. 중간층의 경우는 오히려 더 차가운데, 먼저 위로는 하늘에서 멀고
아래로 땅에서 멀기 때문이다. 〔다른〕 하나는 접한 흙과 물에서 빠져나
와 상승한 공기는 이미 본성적 장소와 멀어졌으므로 얻은 열기를 쉽게
잃고 본성적 성격과 상반되는 차가움으로 구름과 비 같은 음물(陰
物)[133]을 발생시키기 때문이다. 또 〔중간층〕 내부에서 생긴 냉기는 상
층과 하층의 뜨거운 성질의 공격을 받아 다시 더 차가워지는데, 한결같
이 높은 하늘 위에서 운동하는 영향을 받지 못해 열기를 발생시킬 단서
가 없기 때문이다.

若中域反爲甚冷, 一則上遠于天, 下遠于地. 一則所接土水出升之氣,
旣遠本所, 易失所借之熱, 而反本情之冷, 乃生雲雨等屬陰物也. 又內生
之冷, 被上下熱情所攻, 更加其冷, 一因不見運動于上天, 卽無生熱之端.

10. 〔또〕 다음으로 말하면 공기의 모습이 비록 엉켜 모이기가 어렵지
만 대체로 원형이다. 대개 〔공기의〕 하층은 흙과 물로 〔된〕 구(球)를 따

---

132) 화산활동에 의한 열일 수도 있다.
133) 물과 관련되는 비 · 안개 · 구름 · 눈 · 서리 등을 말한다.

라 돌므로 지구와 함께 원형이다. 상층은 태양과 가깝기 때문에 그 위의 하늘 운동을 따라 쉽게 떠서 움직이므로 두텁기도 하고 얇기도 하니, 그 때문에 하층처럼 원형이 될 수 없다.

次曰, 氣之形雖難結注, 大槩爲圓. 蓋下域循週土水之球, 故與球同圓. 若上域因切火輪, 而隨上天之運, 易致浮動, 且或厚或薄, 以故未能圓, 若下域矣.

11. 〔또〕 그 다음을 말하면 공기는 본래 자연스럽게 위로만 움직인다. 대개 〔원소인〕 단순체에는 하나의 순수한 운동만 있다. 이에 그것이 상승하는 운동만 있고 다시 다른 운동을 하고자 할 수 없는데, 물질이 운동하는 까닭은 그 원소의 본성적 위치를 얻어 그 본성을 온전히 하기 때문이다. 공기는 오직 본성적 위치를 얻지 못하므로 위로 운동하여 그 본성적 위치를 구한다. 〔그러다가〕 그 〔본성적 위치를〕 얻는 데 이미 이르렀다면 아주 운동을 멈추는데, 어찌해서 다시 움직여야 하는가? 따라서 공기는 이미 순수한 원소가 되니 하나의 자연스러운 상승운동만 있음을 알겠다.

次曰, 氣本止有上動之自然. 蓋純體止有一純動也. 乃其止有上動, 不能復欲他動者, 物之所以動, 以得所而全性也. 氣惟未得所, 故上動以求之. 至旣得矣, 卽足而靜矣, 何須復動乎. 因知氣旣爲純行, 止有一自然之上動而已.

12. 〔공기의〕 상층에서 선호하는[134] 종동천의 원운동 같은 것은 자연

---

134) 앞에서 공기의 상층에서는 그 위에 있는 하늘의 움직임에 영향을 받아 움직인다고 하였다.

스러운 것이 못 된다. 만약 〔그것이〕 자연스러운 것이라면 중간층과 하층의 공기가 어찌해서 같이 원운동을 하지 않는가? 대개 나뉜 물질의 정세 또한 전체 물질의 정세가 되기 때문이다. 가령 공기와 불의 온전한 본성은 본래 상승하고자 하므로 잘게 나뉜 공기와 불 또한 반드시 상승한다. 흙과 물의 온전한 본성은 본래 하강하고자 하므로 잘게 나뉜 흙과 물 또한 반드시 하강하고자 하니, 〔여기에〕 무슨 의혹이 있겠는가? 무릇 공기의 하층은 이미 스스로 원운동을 하지 않으므로 상층의 원운동이 어찌 자연스러운 것이 되겠는가?

若上域所愛, 宗動天之旋動, 不爲自然矣. 若爲自然, 則中域下域, 何不並旋運乎. 蓋物分之情勢, 亦爲全之情勢故也. 如氣火之全性, 本欲上, 則氣火之各細分, 亦必升矣. 土水之全性, 本欲下, 則土水之各微分, 亦必欲下, 何疑之有. 大氣之下域, 旣自不旋動, 則上域之旋動, 安得爲自然哉.

13. 〔또〕 다음을 말하면 공기의 맑음·탁함·조화로움·어긋남의 〔원인은〕 위로는 다르게 비추는 별 때문이고, 아래로는 다른 성질을 가진 물과 흙 때문이다. 대개 별들은 제각기 보이지 않는 능력이 있고 만물을 도와 길러내니, 이에 제각기 서로 모이고 서로 대립하는 기세가 반드시 다른 상황과 힘쓰는 것을 자아낸다. 그리고 공기의 본체는 또 매우 연하고 매우 순해서 쉽게 여러 하늘의 변화와 여러 작용의 영향을 받는다. 또 매우 가볍고 잘 떠서 영향을 받은 외적인 성질을 가지고 쉽게 인간과 동물 속에 들어가 영향을 준다. 또 흙과 물이 때때로 발산하는 차갑고 건조한 두 기운은 본원적 성격을 가지고 공중의 공기에 전하지 않음이 없다. 이것으로 말미암아 추리하여 알아보면 인간과 동물의 지혜로움과 어리석음, 아름다움과 추함,[135] 강함과 약함 등의 현상은

모두 제각기 호흡한 공기와 크게 관계 있다.

次曰, 氣之淸濁和乖, 或上由星辰之異照, 或下由水土之異情. 蓋星辰
各有隱德, 資育萬物, 乃因各相會相對之勢, 必致異情異効. 而氣體又甚
軟甚順, 易受諸天之變與諸効之染者也. 又甚輕甚浮, 以其所染外情, 易
入人物而薰染之. 又土水時發濕乾二氣, 無不帶原情, 而傳于空中之氣
也. 由是推知, 人物之智愚美惡姸媸强弱等情, 皆于各所吸之氣, 大有關
係矣.

12. 원소로서 불의 유무 火行有無

1. 옛날에 간혹 공기 위에는 불이 없으나 지하의 불을 [본성적 장소
의] 원소로 삼는다고 생각하였다. 아니면 또 [불을] 땅이나 산의 내부
에 있다고 보고, 밖에 보이는 것을 내부에 있는 불의 흔적으로 삼았다.
그러나 자연법칙의 실제적 논의[136]에 의하면, 4원소 가운데 불의 위치
가 가장 높고 귀하며 [나머지] 3원소의 위에 위치하고 있음을 인정하지
않음이 없었다. 비교하여 논하는 대지(大旨)는 이미 앞에서 개략적으
로 거론하였으니 이에 마땅히 자세한 것을 생략하겠다.

古者或意, 氣上無火, 而以地下之火爲元行. 或又以實之于地山之內,
以外所見者爲內火之跡也. 然依性理實論, 無不認四元行中, 火爲冣尊爲
冣貴, 而位于三行之上. 比論大旨, 上已槪擧, 玆宜詳畧之.

---

135) 원문은 미악연강(美惡姸强)인데 아마도 강(强)은 치(媸)와 모양이 비슷하여
   오자인 듯하다. 바로잡았다. 미악(美惡)이나 연치(姸媸) 둘 다 아름다움과
   추함의 뜻을 가진다.
136) 원문은 성리실론(性理實論)이다. 책이름인지 '자연법칙의 실제적 논의'를
   뜻하는지 명확하지 않다. 후자를 택했다.

2. 무릇 만물이 생육하는 데는 열을 주동적으로 삼는다. 대개 열은 주동적으로 활동하여 힘이 매우 크므로 다른 본원적 성격[137]의 힘이 견줄 바가 못 된다. 각 원소의 본원적 성격에는 반드시 종속적인 것과 주동적인 것이 있는데, 가령 물은 차갑고 흙은 건조하고 공기는 습하고 불은 뜨거운 것을 주동적으로 한다.[138] 그러니 열(熱)의 성격이 불이라는 원소에 있는 것이 아니라면 어디서 와서 어디로 돌아가 주동적인 것이 되겠는가?

凡萬物之生育, 以熱爲主. 蓋熱主作而力甚大, 非他原情之力可比. 元情必有所從所主之行, 如水主冷土主乾氣主濕火主熱, 則熱情非有元火之行, 何所從何所歸以爲主也.

3. 또 불의 본성은 맑고 미세하여 마땅히 매우 가벼운 것이 되어야 하는데, 이미 매우 가벼운 것이 되었으므로 당연히 여러 원소의 위에 솟아 날아올라야 한다. 시험 삼아 아래의 지상에서 불타오르는 것을 관찰해보면 〔작은 것으로〕 분리된 불의 본성과 성격은 반드시 전체 불의 본성 및 성격과 다르지 않다. 해가 보이지 않을 경우라도 불은 반드시 있으므로 대개 원소로서의 불은 땅속에서 솟아오르는 불 같은 것이 아니라 매우 가볍고 매우 뜨겁다.

又火性淸細, 宜爲至輕, 旣爲至輕, 卽宜冲飛于諸元行之上. 試觀下火之燃炎上, 乃分火之性情, 必不異于全火之性情也. 若火輪之不見, 是必

---

137) 열(熱)에 대해 냉건습(冷乾濕)의 세 원정(原情, 또는 元情)을 말한다.
138) 반면에 물은 습하고 흙은 차갑고 공기는 뜨겁고 불은 건조한 것을 종속적인 성질로 삼는다. 따라서 흙(건, 냉), 물(냉, 습), 공기(습, 열), 불(열, 건)은 제각기 성격의 쌍을 갖는다(이 책, I-4-5~6 참조). 앞의 것은 주동적 성격이고, 뒤의 것은 종속적 성격이다.

有故, 蓋元火非如下土焚蓺之火, 極淨極熱.

4. 그러나 나무나 석탄 같은 땔감이 없어도 그 빛을 전하기 때문에 불은 볼 수 있는 몸체가 없다. 만약 〔불이〕 탈 수 있는 물질을 만날 경우에 반드시 〔타면서〕 빛이 생기는데, 가령 혜성과 유성의 불을 증거로 댈 수 있다. 도자기나 기와를 굽는 데 비유하자면 불 조절이 이미 〔충분한 온도에〕 도달하면 불이 〔없는 것처럼〕 멈추는데, 비록 불이 아니라고 해도 〔탈 수 있는〕 물건을 만나면 곧장 연소하여 재빨리 다시 〔원래대로〕 바뀐다. 상세한 것은 별도로 나중에 열거해 보이겠다.

但因無薪炭供焚之料, 以傳其光, 無體可見. 倘遇可蓺之物, 則光必立發, 如彗字及流火可証. 譬如陶窯, 火候旣到而火息, 雖曰不火, 而遇物便燃更速更易也. 其詳別列于後見.

13. 불의 두께와 둥근 모양 등 元火厚圓等情

1. 〔불의〕 본성을 논한 사람은 저명한 스승으로, 본성적 장소에 있는 불의 두께를 정하였는데, 대략 46만 7천953리 82장이다. 그것을 어떻게 증험하였는가? 아랫면으로부터 시작은 혜성을 바라볼 때, 곧 공기와 불로 서로 나뉜 곳임을 안다. 윗면으로부터 시작은 달을 볼 때, 곧 달과 불이 서로 나뉜 곳임을 측정할 수 있다. 상하의 두 경계가 정해졌으므로 그 중간의 간격이 벌어진 곳은 손바닥을 가리키는 것과 같〔이 쉽〕다.

論性者, 名師, 定元火之厚, 約有四十六萬七千九百五十三里八十二丈. 何以驗之. 從下面始, 則視彗字, 便知氣火相分之處也. 從上面始, 則觀月輪, 便可以測月輪與火相分之處. 上下二界已定, 則其中之隔處, 如指掌矣.

2. 그러나 본성적 장소에 있는 불의 〔층이〕 꼭 이렇게 두터운 것은 무엇 때문인가?

말한다면 하나는 불이 땅과 매우 멀기 때문이고, 하나는 불이 사물과 깊이 관계하기 때문이다.[139] 만약 그렇지 않다면 불의 열은 물과 흙의 차가움을 상대하기 부족하고, 햇빛 또한 광대한 세상을 기운 차게 할 수 없으므로 인간과 만물은 길이 양육받지 못한다. 또 남극과 북극에서의 반년이 밤일 때, 넓은 공중의 본성적 위치의 불을 얻은 것이 아니라면 무엇으로 말미암아 그 생명을 유지하겠는가?

然元火必如是寬者, 何也. 曰一因其甚遠于地, 一因其甚關于物. 使不然, 則其熱不足敵水土之寒, 而太陽之光照, 亦不足以氤氳宇宙之廣大, 卽人物無有長育矣. 且南北二極, 有半年夜時, 非得空中元火之廣博, 何由以遂其生乎.

3. 어떤 사람이 말하였다. "불이 존재하는 지역이 이미 이처럼 두껍고 그 열의 힘도 본래 커서 다른 원소와 비교가 안 되니, 불 아래 층에 있는 물건을 태울 염려가 있지 않은가?"

或曰, 火域旣寬如是, 而其熱力又本大, 非他行之比, 不有焚燼下物之患乎.

4. 답한다. "그렇지 않다. 불이 있는 위치의 아래위에 반드시 다른 구성체의 힘이 있어 그것을 〔막아〕 깨뜨리거나 억제한다. 위로는 달과 토성이 모두 숨은 능력을 갖고 있고, 아래로는 중간 지역의 공기가 차갑

---

139) 원문은 '일인심심관우물'(一因甚甚關于物)인데 앞의 심(甚)은 기(其)가 되어야 앞 구절처럼 뜻이 통한다. 모양이 비슷하여 혼동한 것 같아서 바로잡았다.

고 습한 성질을 포함하고 있어, 시시각각 불의 열기를 깨트려 제 맘대로 아래 물건을 손상하지 못하게 한다. 더구나 저 불 몸체의 윗부분은 가장 희박하여 그 불타는 힘이 약해서 성질이 거칠고 두꺼워 불타는 힘이 매우 큰 아랫부분의 불과 같지 않다. 가령 불똥이 타는 것은 석탄이 타는 것만 못하고, 석탄이 타는 것은 쇠붙이에 붙은 불보다 못한 것이 이것이다."

曰否也. 火域上下, 必有他體之力, 以破抑之. 上則月與土星, 俱有陰德, 下則中域之氣, 有所含冷濕之情, 時時破火之熱, 不使肆殘下物也. 況彼上火之體, 宼稀且薄, 卽其焚爇之力短, 不似下火爲質粗厚, 因而焚爇之力, 亦甚大也. 如火熛之焚爇, 不如炭火, 炭火又不如着火之鐵是也.

5. 어떤 사람이 또 말하였다. "아래에 〔있는 지상의〕 불은 때맞춰 땔감을 제공받지 못하면 반드시 꺼지는데, 위에 〔있는 원소로서의〕 불은 어찌해서 땔감도 없이 항상 타고 있는가?"

或又曰, 下火非時得薪料, 必息, 上火何以無料, 而常燃乎.

6. 〔첫째로〕 말하면 아래의 불은 본성적 장소 밖에 매여 있어서 다른 원소의 적대적 공격을 받으므로 항상 연료를 공급받지 못하면 절대로 오랫동안 존재할 수 없다. 〔반면에〕 위에 있는 불은 본성적 장소에 있고 〔다른 원소를〕 대적하는 것으로부터 멀며, 또 본원적 정소의 영역이 넓고 두꺼워서 스스로 존재하기 쉬워 다시 다른 연료의 제공을 기다릴 필요가 없다. 아래의 불은 쉽게 떨어지고 없어지므로 인간들은 불 피우는 방법을 마련한다.

曰下火繫居本所之外, 因受他行敵攻, 故非恒得薪料之供, 萬不能永存. 上火居本所, 遠于對敵, 又本域廣厚, 易自存, 不復須他料, 以供之矣. 下火易隕滅, 故人備爨火之方耳.

7. 둘째로 말하면 본성적 장소의 불의 형태는 대체로 원형이다. 대개 불의 윗면은 월천(月天)에 접해 있고, 하늘이 원형이므로 불의 형태도 원형이다. 그렇지 않다면 불의 윗면은 혹 다른 형태의 하늘이 되고, 불의 변두리는 공간이 생겨 사물의 본성을 받아들이지 못한다. 아랫면은 앞에서 논한 것에 의하면 완전한 원형이 아닌데, 〔그것은〕 불이 공기와 접하는 까닭으로 적도와 양극 지역에서 두텁고 얇음의 〔차이가〕 있기 때문이다. 그러니 이른바 콩팥 모양이 그것이다. 이것이 비록 완전한 원형은 아니나 또한 원에 가깝다.

二曰, 元火之形, 大都爲圓. 蓋上面切于月天, 天圓卽火形圓. 不然, 火上面, 或爲他形天, 火之際, 未免有空, 物性所不容也. 若下面, 依上諸論, 不至圓, 因其與氣, 或赤道下或二極下, 有厚薄之故也. 則所謂腰子形, 是也. 是雖非全圓, 而亦近圓矣.

8. 어떤 사람이 말하였다. "아래에서 불타오를 때 모양은 원이 아니고 끝이 갈라지는데, 불의 모양이 이와 같다면 전체 불의 모양도 그렇지 않음이 없겠다."

或曰, 下火炎上時, 形不圓而尖分, 火之形如是, 則全火之形, 無不然矣.

9. 답한다. "아니다. 〔지상에 있는〕 아래의 불은 본성적 장소를 벗어나 있어서 항상 연료가 있어야 계속 연소하게 된다. 그러므로 그 불의 몸체에는 맑고 탁하고 가볍고 무거운 차이가 있어서 맑고 가벼운 것은 먼저 타서 올라가고 그 다음 것이 이어서 나중에 올라가며, 탁하고 무

거운 것은 또다시 그 모양을 뒤에 남긴다. 그러므로 〔불꽃이〕 뾰족한 것을 어찌 족히 〔원소로서 본성적 장소의〕 불의 본래 형태라고 정할 수 있겠는가?"

曰否也. 下火繫居本所之外, 恒須薪料, 而養其燃. 故其體有淸濁輕重之不同, 淸且輕者, 先炎而升, 其次者, 連升于後, 濁且重者, 又復在後其形. 故尖何足定元火之本形耶.

10. 셋째로 말하면 불은 본래 순수한 원소로서 단지 하나의 자연스러운 순수한 운동만 갖고 있으니, 위로 올라가는 까닭이 그것이다. 앞에서 이미 상세하게 논했다. 그 외에 위로는 종동천의 운동 〔영향을〕 받아서 동쪽에서 서쪽으로 〔도나〕, 하늘에 매여 있어서 〔그〕 운동은 불의 본성을 따른 것이 아니다. 그러므로 자연스럽다고 말하지 않으며, 또한 불의 본성을 거스르는 것도 아니므로 전적으로 강제운동이라 말하지도 않고 다만 하늘에서 운동〔의 영향을〕 받는다. 오히려 그러나 본성적 장소를 벗어나지 않으면 그로 인해 영구히 파괴되지 않을 수 있다. 여러 다른 운동의 경우 이리저리 움직이는데, 모두 강제 운동에 속하여 부득이한 형세 〔때문이다〕.

三曰, 元火固爲純行, 止有一自然之純動, 乃其所以趨上者是也. 上論已詳. 此外, 上被宗動天之動, 自東而西, 但繫天, 動非順火性. 故不謂之自然, 亦非逆火性, 故不謂之全强, 惟是受動于天. 猶然, 不離本所, 因能永久而不壞. 若諸他動, 或縱或橫, 皆屬强而不得已之勢也.

14. 지상에 있는 불 下火

1. 앞에서 인간은 불 피우는 방법을 많이 마련한다고 했는데, 이제 시

험 삼아 상술하겠다. 〔불은〕 간혹 유리나 수정 등으로 만든 광학기구[140]로 해를 비춰서 취하거나 딱딱한 물체를 서로 부딪쳐 일으키고,[141] 혹은 잿불을 끌어당겨 옮게 붙게 한다. 그러나 딱딱한 물체를 서로 부딪쳐 불을 발생시키는 원리는 헤아리기 매우 어렵고 난해하다.

上云, 人備多許爨火之方, 今試詳之. 或以玻璃水晶等霳器, 向日暎取, 或以硬體擊發, 或以宿火引傳. 然硬體相擊, 而生火之所以然, 極難測難解.

2. 저명한 학자의 이론에서 말하였다. "딱딱한 물체가 서로 부딪칠 때 그 사이에 텅 빈 공간의 공기가 압축되어 맑고 얇아진다. 이미 얇으므로 또한 뜨겁고 이미 뜨거우므로 드디어 불타며 그 빛을 발한다."[142]

名士有論曰, 硬體相擊時, 其間虛氣被逼迫, 遂成淸薄. 旣薄則亦熱, 旣熱遂燃, 而射出其光矣.

3. 시험 삼아 〔두 물체가〕 서로 부딪치는 것을 볼 경우, 물체가 견실하고 단단할수록 그 발생하는 불이 더욱 빠르고 〔불꽃도〕 큰 것은 무엇 때문인가? 대개 물체가 견실하면 그 압축된 공기가 작아지려 하지 않고 그보다 더 두터워지려 한다. 〔그래서〕 압축된 공기가 얇고 가늘게 바뀔

---

140) 빛을 한곳에 모아 열을 내는 돋보기로 볼 수 있으나 오목거울(반사경)이다. 즉 유리나 수정의 뒷면에 불투명하게 칠을 하여 거울을 만든다. 결정적 증거로 '해를 비춰서 취한다'(向日暎取)와 뒤의 II-14-4에 나오는 '불투명한 물체를 만나면 투과하지 못한다'(遇諸霳體, 不能透過)에서 '불투명한 물체'(霳體)이다. 따라서 유리와 수정은 원래 투명한 것이나 '유리나 수정 등으로 만든 광학기구'(玻璃水晶等霳器)는 거울에 해당한다.

141) 부싯돌로 이해하면 되겠다.

142) 성냥이나 부싯돌과 같은 원리는 순간적인 마찰열에 의하여 불꽃을 발생시킨다.

수록 빠르게 열에 감촉되어 불붙는다. 그 때문에 강철은 〔일반〕 철보다 빠르고 철은 뼈보다 빠르며 뼈는 대나무보다 빠르고 대나무는 나무보다 〔불이 일어나는 속도가〕 빠르다. 이것으로 〔물체가〕 서로 부딪칠 때 먼저 타는 것은 그 가운데 압축된 공기임을 알겠다. 공기가 타기 시작하면 곧장 가까이 있는 물건을 태우며 건조하고 얇을 물질일수록 쉽게 불붙는데, 가령 초석이나 유황, 마른 풀, 실오라기 등이 그것이다.

試觀相擊者, 體愈實且硬, 其生火愈速且大, 何也. 蓋體旣堅實, 則其逼氣不旨少, 寬于是. 所逼之氣, 愈易薄細, 因速于感熱, 而焚燃. 以故鋼速于鐵, 鐵速于骨, 骨速于竹, 竹速于木. 因是知相擊時, 先燃者, 中所逼之氣也. 氣旣燃, 便致燃隣物, 而物之乾且薄者, 愈易受燃, 如硝磺如草線等物也.

4. 햇빛에서 불이 생기는 이론의 경우에는 또 다른 이유가 있다. 대개 빛은 본래 넉넉히 열을 발생하는데, 거울을 만나면 투과하지 못하고 이에 반사되나, 중복되는 빛의 힘으로 인근에 있는 열기를 모으니 대개 거울은 〔열〕기를 거두되 흩어지지 않게 하기 때문이다.

至論日光所生之火, 亦有他故. 蓋光本足生熱, 遇諸霣體, 不能透過, 乃退而以重彙之力, 聚熱隣氣, 蓋霣者能收氣, 不散故也.

5. 또 주변이 두껍고 중심이 얇은 렌즈가 있는데, 햇빛이 투과하면 또한 비추는 물건을 충분히 태운다.[143] 〔그것은〕 대개 많은 햇빛을 거두는 것은 중심이 얇을수록 빠르므로 힘이 크고 빛이 강렬하다.[144]

---

143) 유리로 되어 있고 빛이 투과(透過)해 모여 물건을 태우니 볼록렌즈(돋보기)
    이다. 설명대로 중심이 얇고 바깥이 두꺼운 유리라면 오목렌즈를 말하는데,
    오목렌즈는 빛이 투과하기는 하나 모이지 않는다. 그래서 원문은 '주변이 얇

又有周邊厚中心㴩之玻璃鏡, 日光透過, 亦足燃所射之物. 蓋日彙收,
速于㴩心, 故力大而光毒也.

6. 둘째로 말하면[145] 불이 꺼지는 이유에는 세 가지가 있다. 대립하는
상대〔원소의〕[146] 공격을 받거나, 제공되는 연료가 모자라거나, 작은 불
이 큰 불의 침범을 받는 경우이다. 세 가지는 각기 본격적인 논의가 있
으니 증명해보겠다.[147]

二曰, 火滅之故, 有三. 或被敵攻, 或乏供料, 或小火爲大火所逼. 三者
各有本論, 以証之.

7. 무릇 불이 흙·물·공기의 차거나 습한〔성질의〕 공격을 받으면
그 강한 것을 대적할 수 없어, 곧바로 꺼지면서 다시 살아나지 않는
다.[148] 또 무릇 불이 바깥 공기의〔영향을〕입으면 점차 그 힘이 줄어들

고 중심이 두껍다'(周邊薄中心厚)가 되어야 한다. 원문의 박(㴩)은 박(薄)의
뜻이다.
144) 이 설명도 만족스럽지는 않다. 원문 '얇은 중심'(㴩心)은 '두꺼운 중심'(厚心)
이 되어야 한다.
145) 이 글에서 첫째가 어디인지 분명하지 않다. 셋째도 없다. 아마 잘못 필사한
것 같다.
146) 앞의 원소의 성질을 다룰 때 말했지만, 불의 성질과 반대되는 성질을 지닌
원소인데, 불은 건조하고 뜨거우니 차거나 습한 성질을 지닌 원소를 말한다.
147) 소화(消火)의 원리는 발화점 이하의 온도로 낮추기, 인화물질의 제거, 산소
공급의 차단이다. 아직 산소 공급의 차단을 밝히지 못하고 있다. 작은 불이
큰 불의 공격을 받는 것은 그 작은 불은 꺼지겠지만 소화가 아니라 더 크게
번지는 경우이다.
148) 건조하고 뜨거운 불에 전형적으로 대립하는 성질은 차갑고 습한 물뿐이지
만, 각각의 성질의 쌍 가운데 한 가지만 대립해도 적용되는 것으로 설명했
다. 가령 차고 건조한 흙이나 덥고 습한 공기 가운데 한 가지만 해당해도 불
이 꺼진다고 보았다. 즉 온도나 낮거나 습도가 많아도 소화가 된다.

고, 계속해서 힘을 돕는 연료를 보충받지 못하면 또한 꺼지지 않을 수 없다. 또 〔불이 일단 꺼지면〕 비록 연료가 부족하지 않게 차례로 재빨리 첨가하더라도 불이라고 부르지 않으니, 힘이 단지 불을 키우지 못해서가 아니다. 또 불이 꺼지게 되는 것과 연료가 없는 것은 같다. 가령 기름은 본래 등불의 빛을 키우는 것인데, 기름이 소진되면 당연히 등불은 꺼지게 마련이다.

凡火受土水氣冷濕之攻浸, 而不能敵其强, 便滅而不復甦矣. 又凡火被外氣, 漸削其力, 而不繼以補力之料, 亦不能不滅. 又雖薪料不缺, 第其料驟加, 不稱火, 力不惟不能養火. 或且致滅熄與無料等. 假如油本以養燈之光, 使油太甚失, 宜必致灯滅.

8. 이 이치는 단지 불에만 〔적용되는 것이〕 아니다. 곧 인간이 섭생하는 방법에도 그러하다. 대개 인간에게도 〔신체〕 내부 심장의 불이 있는데,[149] 신체 및 목숨과 관계되며 그것과 외부의 불의 생멸은 동일한 이치이다.

此理非特火也. 卽人就養之道, 亦然. 蓋人有內火, 軀命所關, 其與外火生滅, 同一道耳.

9. 앞에서 말한 것과 같이 작은 불은 간혹 큰 불의 압박을 받게 되는데, 큰 불은 강한 힘으로 〔작은 불로부터〕 모든 연료를 닥치는 대로 빼앗아버린다. 그러나 작은 불은 한편으로 바깥 공기의 공격을 받고, 다른 한편으로 힘을 도움 받아 몸체를 보존하는 연료가 없기 때문에 어쩔 수 없이 꺼진다. 하지만 작은 불은 대개 모여서 큰 불이 되는데, 불이

---

149) 앞에 나온 II-10-9의 '인체 내부 심장의 불이 있다'가 그것이다.

하나 되면 실로 끌 수 없다.

若上所云, 小火或爲大火所逼者, 大火以强力擅取諸料. 而小火, 一則被外氣之攻, 一則因無料以補力而存體, 故亦不得不滅也. 然小火槪湊爲大火, 至成一火, 而實不能滅矣.

10. 어떤 사람이 물었다. "불이 이미 바깥 공기의 공격을 받아 꺼졌다면 또 어찌해서 공기가 있어야 불이 유지되는가? 그릇 안에 불을 저장할 때 공기의 출입이 없으면 반드시 꺼지고 만다."

或問, 火旣爲外氣所攻而滅, 又何須氣以存之乎. 火藏器內, 無氣出入, 則必滅息也.

11. 답한다. "공기라는 것은 또한 불을 마련하는 데 필요하다. 대개 불이 타오를 때 항상 연기와 그을음이 발생하는데, 이것들은 불이 맑게 피어오르는 것을 매우 방해한다. 그러므로 새로운 공기를 얻을 때 〔그것이〕 들어가 〔그 연기와 그을음을〕 몰아 쫓아내고 아울러 〔원소로서의〕 불을 제공하지 않으면 반드시 꺼질 것이다."

日氣也者, 亦供火之需也. 蓋火燃時, 常生煙煤, 此物甚礙火之淸養. 故非得新氣時, 入而遂散之, 幷供元火, 必致隕滅.

12. 저가 〔불이 든〕 기구의 〔입구를〕 막고 말하였다.[150] "공기가 들어갈 방법이 없고 내적으로 연료가 없으면 꺼질[151] 수 있고, 또 탁한 연기

---

150) 원문은 피색기기왈(彼塞其器曰)인데, 피색기기(彼塞其器)가 서양 인명으로 생각해볼 수 있으나 최한기의 『운화측험』에서 '기구 안에 불을 넣고 그 기구의 입구를 막는다'(蔣火器內, 塞其器口)라는 말로 되어 있어 사람 이름으로 보지 않았다.

에 막혀서 꺼지지 않겠는가?" 또 말하였다. "바깥 공기의 서늘하고 습한 것이 대개 날아가기 좋아하는 불의 본성을 억제하여 흩어지지 못하게 한다. 만약 불을 주둥이가 작은 그릇에 조심스럽게 주입할 경우, 반드시 공기가 뜨겁게 되어 맑고 서늘한 공기가 도우려 해도 돕기 어렵다. 그러므로 마침내 꺼지지 않을 수 없다."

彼塞其器曰, 氣無由入, 而內無料, 可食, 又爲濁烟所滯, 得不滅乎. 又有云, 外氣之涼濕, 約抑喜飛之火性, 不使渙散. 倘火約注于小口之器, 必致氣熱, 難得淸涼之氣, 以濟之. 故終不得不滅也.

13. 〔이 질문〕 또한 〔뜻이〕 통하나, 불이 반드시 새로운 공기가 있어야 불이 유지된다고 말한 것은 꼭 매우 습하고 차가운 공기〔를 말함이〕 아니다. 그렇지 않다면 불의 힘이 대적하여 꺼질 수 있지 않는가? 따라서 장차 꺼질 불은 가볍게 부채질하면 다시 타오르나, 길고 크게 부채질하면 쉽게 꺼져버림을 알겠다. 또 불이 움푹 파인 곳에 있으면 오래 보존되고, 불룩 튀어나온 곳에 있으면 쉬이 꺼진다. 〔이것은〕 대개 음기의 서늘한 〔성질〕 때문에 〔위로〕 뜨는 〔불의〕 본성을 누르고 묶어 흩어지지 않게 하나, 양기는 열을 가지고 서로 통하여 불을 잡아당겨 힘이 이미 흩어지므로 〔불이〕 쉬이 꺼진다.[152]

亦通, 但言火必須新氣以存者, 必非太濕太冷之氣. 不然, 火力能敵而不滅哉. 因知將滅之火, 輕扇之, 則復燃, 而長大扇之, 則易消而敗. 又火居陰處, 久存, 居陽處, 易敗. 槩由陰氣之凉, 抑約浮性, 而不致散渙, 陽氣以熱相通引火, 力旣散, 故易致滅息也.

---

151) 원문은 식(食)으로 발음이 똑같아 식(熄) 또는 식(息)의 착오로 보인다.
152) 다소 억지스러운 설명이다. 움푹 들어간 곳은 공기의 유입이 적어 불이 오래 가나, 돌출된 부분은 공기의 유입이 원활해 쉽게 빨리 연소하기 때문이다.

14. 어떤 사람이 말하였다. "앞에서 바깥 공기가 지상의 불을 공격하면 종국에는 반드시 꺼진다고 말하고서 이제 말하기를, '불은 반드시 공기가 있어야 스스로 유지되고 길러진다'고 하니, 두 설은 〔서로〕 모순이 아닙니까?"

或曰, 上云外氣攻下火, 終必滅之. 玆云火必須氣以自存養, 二說不矛盾乎.

15. 답한다. "아니다. 불과 공기라는 두 원소는 열 때문에 서로 친하여 서로 보존할 수 있다. 또 건조함과 습함 때문에 서로 적대적이어서 서로 무너뜨리고 없앤다.[153] 지상에 있는 불의 몸체는 비록 작지만 다만 강력한 힘으로 공기를 공격하면, 공기 또한 쉽게 변하여 불이 되어 스스로 길러진다. 〔반면에〕 지상에 있는 공기의 힘도 비록 작지만 다만 커다란 몸체로 불을 공격하면, 불 또한 점차 변하여 공기가 되며 스스로 유익하게 된다. 무릇 〔불과 공기라는〕 두 원소가 서로 공격하고 서로 적대적이어서 서로 무너뜨리나, 도리어 또 서로 도와주고 보탬이 되어 서로 길러주고 서로 보존하게 하니 조물주의 공이 이와 같이 묘하다."

曰否也. 火氣二行, 以熱相親, 可以互相保存. 又以乾濕相敵, 可以互相隕滅. 下火之體, 雖微, 惟以强力攻氣, 則氣亦易化爲火, 而自養焉. 下氣之力, 雖微, 惟以大體攻火, 則火亦漸化爲氣, 而自益焉. 夫二行相攻相敵, 以致相隕相減, 旋又相資相益, 以致相養相存, 造化之功, 其妙如是.

16. 어떤 사람이 물었다. "원소들은 제각기 생물을 품어 돕는다. 가령

---

153) 불의 성질은 열(熱)과 건(乾)이고 공기의 성질은 습(濕)과 열(熱)로 되어 있기 때문이다.

공기가 날짐승에 대하여 물이 물고기에 대하여 흙이 길짐승에 대하여 그러한데, 이에 불이 존재하는 영역은 매우 두터운데 유독 〔왜〕 이러한 절친함이 없는가?"

或問曰, 元行各足懷保物生, 如氣于禽鳥, 水于魚鼈, 土于走獸, 乃火域甚寬, 獨無此切耶.

17. 답한다. "옛날에 다수의 사람들이 '지상의 불 또한 생물들을 족히 품어 돕는다'고 말했다. 서양 사람들이 불에 대해서 말하는 것이 비록[154] 그러하나 후학들의 다수가 그것은 아니라고 하여 말하기를, '생물들은 불 속에서 절대로 생존할 수 없다'고 하니, 왜 그런가? 무릇 생물이 살아가는 데는 반드시 뜨겁고 차갑고 건조하고 습한 네 가지 성질의 조화를 원한다. 불의 경우 매우 뜨겁고 건조해서 반드시 〔세 가지〕 다른 성질에 이기고 지는 〔관계가 되어〕 조화로운 성질이 이미 끊어지니, 생명의 의지가 어떻게 보존되겠는가? 이 때문에 또한 여러 형체를 가진 사물들이 불 속에서는 반드시 길이 존재할 수 없음을 알겠다. 비록 그러하나 불이 〔존재하는〕 영역에서 생물을 품어 돕지 않는 것은 그 본성의 〔지위가〕 낮거나 힘이 약해서가 아니다. 마침 〔불이〕 매우 맑고 매우 강한 것을 보여 다른 〔세 가지〕 성질이 섞임을 용납하지 않으나, 그것이 품고 돕는 공은 더욱 여러 다른 원소에게 비교할 바가 아니다.

曰古者多云, 下火亦足懷保生物. 西言火雖然, 後學多非之云, 生物萬不能存于火內, 何也. 夫物之生, 必欲熱冷乾濕四元情之和. 若火甚熱且乾, 必勝敗諸他情, 和情旣絶, 生意何由存乎. 由是, 亦知諸他負形之物,

---

154) 원문은 충(虫)이나 수(雖)의 오자로 보인다. 바로잡았다.

于火內, 必不能永存. 雖然, 火域之不懷保生物, 非其性之卑, 力之弱也. 適以見甚淸甚强, 不容他情之雜, 其懷保之功, 更非諸他元行可比也.

　공제격치 상권[155] 끝

---

155) 목차에는 상권의 끝부분에 '4원소의 성격도'(四行情圖)라는 것이 있는데, 내용에는 없다.

하권

Ⅲ. 만물을 생성하는 원소 元行生物論

1. 무릇 원소들이 처음 만나 접할 때 반드시 대립하는 성격으로 서로 공격하고 섞이므로 각 원소들의 성격이 손상을 입는다. 그러나 그 [원소의] 본성은 여전히 존재하여 없어지거나 다른 물건으로 변하지 않는다. 가령 건조한 공기는 흙의 영향을 받고 습한 공기는 물의 영향을 받는데, 열이라는 다른 성질이 섞여들므로 솟구쳐 바람·안개·비·이슬 등을 생성한다. 그런즉 바람·안개·비·이슬 등은 비록 흙과 물의 본원적 성격[1]의 순수함을 보존하고 있지 않더라도 그 원래의 본성을 오히려 보존하고 있다.

凡元行始交, 必以相反之情, 相攻相雜, 則各行之情, 已見損破. 而其元性仍存, 不至見滅, 變于他物. 假如乾氣之生從土, 濕氣之生從水, 被熱之異情所雜, 故冲上生風生霧生雨生露等類. 則風霧雨露等類, 雖不存其土水元情之純, 然其元性猶然在矣.

---

1) 원소가 갖고 있는 고유한 정으로 냉열건습(冷熱乾濕)을 말한다. 흙의 원정은 건(乾)과 냉(冷)이요, 물의 원정은 냉(冷)과 습(濕)이며, 공기의 원정은 습(濕)과 열(熱)이고, 불의 원정은 열(熱)과 건(乾)이다. 앞에 나왔다.

2. 따라서 원소가 접하여 응결해 생긴 물건에는 두 종류가 있음을 알겠다. 하나는 변하였으나 그 부류를 떠나지 않는 것을 일러 '(몸체를) 이루지 못한 물건'이라 하는데, 가령 바람·구름·비·눈 등이 그것이다. (또) 하나는 원래의 본성을 잃고 변하여 다른 물건이 된 것을 일러 '몸체를 이룬 물건'이라 하는데, 가령 금속이나 암석 등이 그것이다.[2]

因知元行交結所生之物, 有二品. 一變而未離其類, 謂未成之物品, 如風雲雨雪等類是. 一失元性, 而變成他物, 謂成體之物品, 如金石等類是也.

3. 이제 다만 그 (몸체를) 이루지 못한 것을 거론하니, 이에 네 가지가 있는데, 불에 속하거나 공기에 속하거나 물에 속하거나 흙에 속한다. 따라서 차례로 거론하여 그 성격과 본성을 다음과 같이 분석하였다.

此止擧其未成者, 乃有四焉, 或屬火或屬氣或屬水或屬土. 因序立論, 以析其情性如左.

---

2) 만물의 다양한 모습은 각각의 원소가 본성적 장소에만 존재한다면 생성되지 않는다. 따라서 각 원소끼리 대립하여 운동하기 때문에 만물이 생성된다는 점을 암시하고 있다.

A. 불에 속한 물상 火屬物象

불의 모양은 매우 많으나 크고 또 드러난 것은 약 14종으로 불꽃, 봉화, 미친 불, 뛰는 양 불, 불기둥, 머리털에 붙는 불, 쌍불, 홑불, 유성불과 운성, 나는 용, 우레, 번개, 혜성이 그것이다. 이것들은 모두 건조한 공기를 따라 불을 만나, 불에 타면서 맺혀 그 모양을 이루었다.

其象甚繁, 而大且顯者, 約十有四, 爲火熛, 爲火烽, 爲狂火, 爲羊躍火, 爲垂線火, 爲拈頂火, 爲雙火, 爲單火, 爲流星火隕星, 爲飛龍, 爲雷, 爲電, 爲彗字. 此皆從乾氣, 而遇火, 燃結成其象.

1. 불꽃 火熛

1. 건조한[3] 공기가 많고 맑아서 점차 공중으로 올라가 펼쳐져 늘어나는 중에 홀연히 불이 타는 것을 만나면 불꽃이 일게 된다. 세속에서 말하는 횃불 모양과 같다. 공기층에 따라 두텁고 얇고 맑고 흐림이 다르고, 그 불빛의 크기와 몸체의 길이 및 보이거나 보이지 않는 시간 또한 다르다. 단지 공기가 맑고 얇을수록 쉽게 타고 밝으며 쉽게 없어져 흩어진다.

燥氣繁而淸, 漸騰空際, 伸而長之, 忽遇火燃, 則有火熛. 若俗所云, 火把之象也. 第氣之質, 厚薄淸濁不等, 其光之巨微軆之長短, 及隱顯之遲速, 亦不等矣. 惟氣愈淸愈薄, 愈易燃而亮, 愈易滅而散.

---

3) 원문은 화참(火㷤)인데 그런 글자가 없어 조(燥)의 오자로 보았다.

2. 봉화 火烽

1. 공기가 공중에서 길고 넓으며 균등하게 머물러 있으면서 움직이지 않을 때 불이 〔그것을〕 태운다. 마치 봉화나 불화살이나 가로로 누운 불기둥과 같다.

氣之空中, 長廣等齊, 停注不動, 而火燃之. 如火烽, 或火箭, 或火棟.

3. 미친 불 狂火

1. 건조하거나 습한 공기가 탁하면서 기름기를 많이 함유하여 높이 솟아오를 수 없어 홀연히 차가운 공기에 둘러싸여 압박을 받거나 바람에 부딪쳐 흐르면, 쉽게 타고 떠서 질서 없이 이리저리 움직이므로 미친 불이라고 한다. 사람들이 여름철과 가을철의 달밤에 빨리 가면서 많이 본다.

乾濕氣, 濁且多含膏油, 不能冲高, 忽値寒氣圍逼, 或風所觸激, 則易燃而浮且非法亂動, 故謂之狂火也. 人于夏秋月夜, 疾行多見之.

2. 간혹 〔그것이〕 사람의 앞이나 뒤, 왼쪽이나 오른쪽에 있는 것은 무엇 때문인가? 사람의 앞에 있는 경우는 사람이 빠르게 갈 때 그 〔불타는〕 공기를 쫓아가기 때문이다. 사람의 뒤에 있는 경우는 인간이 그 〔불타는〕 공기를 당겨 나란히 따르기 때문이다. 사람의 곁에 있는 경우는 〔불타는〕 공기가 바람이나 다른 물체로 인해 움직이기 때문이다.

或在人先後左右, 何也. 其先, 因人疾行時, 逐其氣故也. 其後, 人引其氣, 比從故也. 其傍, 因氣爲風或他軆所運故.

3. 대개 이런 종류의 [불타는] 공기는 쉽게 떠서 움직이게 되고, 대부분 언덕이나 무덤 [주위]에서 나타나는데, 내부적으로 쌓인 시체[에서 나오는] 공기가 있기 때문이다. 그러므로 허공에 매달려 있는 시체에서 이런 공기가 생기는데, [그런 공기가] 여기에 더욱 많으며 그 [공기가 타는 불] 이름을 도깨비불[4]이라고 한다.

蓋此種氣, 易爲浮動, 大抵多顯于邱墳中, 以內有積屍氣故也. 故空懸之尸, 生是氣, 尤多此中, 名曰燐火.

4. 뛰는 양 불 躍羊火

1. 건조한 공기가 높이 솟아오르되 그 몸체는 넓지 못하고 길고 두께가 일정치 않은데, 처음 탈 때 먼저 맑고 얇은 공기에서 불이 붙어 그 두터운 공기로 뛰면서 옮겨 붙는데, [이때] 양이 뛰는 모습을 이룬다.

燥氣沖高, 其體不廣而長, 厚薄不等, 始燃時, 先從其氣之淸薄者, 傳跳于其厚者, 致成羊躍之象.

2. 어떤 사람이 말하였다. "[그] 공기의 몸체와 질은 보다 두텁고, 바깥에서 둘러싸는 공기는 보다 얇아 마치 양 몸체의 털 같다. 불은 밖에서 [붙어] 또 중심으로 연결되니 마치 양이 뛰는 것 같다."

---

4) 원문 인화(燐火)는 도깨비불인데, 우리나라 민간이나 설화에도 이런 종류의 도깨비불을 보았다는 사람이 있다. 그러나 이것은 원소의 하나인 인(燐)이 타는 불이라고 생각할 수도 있다. 인은 발화점이 낮아 비교적 낮은 온도에서도 타기 때문이다. 과학에서는 인이 동물의 뼈·이 등의 주요 성분이고, 또 피틴·인지질(燐脂質)·인단백질·핵산(核酸) 등의 중요한 유기화합물로서 체내에 함유되어 있다고 한다. 그래서 인은 인화성이 커서 공기와 접촉하면 자연적으로 발화하여 초록빛의 인광을 내며 특이한 마늘 냄새가 난다고 한다.

或曰, 氣之體質略厚, 其外圍之氣略薄, 似羊身之絨. 火然于外, 又連于中, 若羊躍然.

5. 불기둥 垂線火

1. 건조한 공기가 균일하지 않아서 아래는 두텁고 탁하며 위는 얇고 맑을 경우, 맑은 공기가 먼저 타 오르고 탁한 공기가 나중에 타 내려오는데, 이에 기둥이 서 있는 모양을 이룬다. 혹 위는 뾰족하고 아래는 두터운 하나의 수선(垂線) 모양이다.

燥氣不均, 下厚且濁, 上薄且清, 清者先燃而炎, 濁者後燃而下, 乃其成若楹立. 或一垂線上尖下厚之象也.

6. 머리털에 붙는 불 拈頂火

1. 얇고 미세한 공기가 흙으로부터 날아올라 떠돌아다니면서 일정한 곳에 머물 수 없기 때문에 쉽게 타고 쉽게 흩어진다. 그러나 사람이 다닐 때 머리털이나, 말이 다닐 때 갈기에서 많이 보이기도 한다. 〔그것은〕 털이나 갈기에 기름기가 있기 때문에 피륙의 털이나 가는 비단을 손으로 문지르면5) 불이 나고, 또 '찌직' 하는 소리가 나는 것도 이런 종류이다.6)

薄細之氣, 從土飛出浮遊, 不能定立, 以故易燃易散. 然多見燃于人行時之髮, 或于馬行時之鬣. 因髮與鬣有膏油, 故今毳毛及細繒, 以手守之

---

5) 원문은 륜(守)이나 랄(拶)이어야 뜻이 통한다. 최한기의 『운화측험』을 보고 바로잡았다.
6) 마찰에 따른 정전기(靜電氣)의 방전을 불로 설명했다.

卽發火, 且磔磔有聲, 亦是其類.

7. 쌍불과 홑불 雙火單火

1. 홑불은 지상의 건조하고 더운 공기가 매우 두텁고 끈적끈적할 경우, 우연히 외풍의 공격을 받거나 외부의 차가운 공기로 둘러싸여 압박을 받을 때 〔발생하여〕 탄다. 그 공기는 맹렬하고 흩어지지 않아 반드시 폭풍을 일으킨다.

單火, 因地上燥熱之氣, 甚肥且粘, 偶被外風鼓擊, 或遇外寒圍逼, 因而燃之. 其氣猛而未散, 必生暴風.

2. 쌍불의 경우 이 공기가 이미 둘로 나뉘면 마침내 사그라져 흩어지는 조짐이 되니, 그래서 폭풍이 장차 그칠 것을 안다. 그러므로 홑불은 대부분 흉하고, 쌍불은 대부분 길하다. 항해자들은 누차 그것을 증험하였으나 세속에서는 대부분 귀신이 나타난 것으로 여기니 그릇된 것이다.

雙火者, 是氣旣分爲二, 乃消散之兆, 因知暴風將息矣. 故單火多凶, 雙火多吉. 航海者屢驗之, 俗多以爲鬼神所顯, 謬矣.

8. 유성과 운성 流星隕星

1. 〔유성(별똥별)이 생기는 데는〕 두 종류가 있으니, 하나는 공기가 희박하고 길게 또는 맑고 가늘게 〔늘어져〕 그 한쪽 끝이 불타기 〔시작하여〕 가로나 세로로 타면서 점차 다른 쪽 끝에 가서 끝난다. 이에 〔마치〕 별이 흐르고 떨어지는 모양을 이루나 공기는 실상 이동하지 않는다.

有二種, 一者, 或氣微而長, 清而細, 燃其一端, 或橫或直, 漸燃至于他端而盡. 乃成星流星墜之象, 而氣實未移動矣.

2. 다른 하나는 미세하고 짧은 연기를 내며 하나의 날실처럼 타기 시작하다가 다시 가벼워져 쉽게 움직이거나 막힘없이 상승하여 차가운 구름의 영향을 받으면, 곧장 타다가 가로로 날면서 점차 사라진다. 또 공기에 많이 함유된 찌꺼기가 있어 불에 달구어져 돌이 되어 떨어진다.[7]

一者, 或煙微而短, 一經燃着, 更輕而易動, 或無阻而上, 遇雲之寒所逼, 卽燃而橫飛漸化. 或有氣多含渣滓, 受火煅, 爲石而隕.

3. 그리하여 〔모두〕 유성(별똥별) 모양을 이루는데, 유독 야간에만 있는 것이 아니라 낮에도 많지만, 다만 햇빛으로 인해 그 빛이 〔시야에서〕 빼앗기므로 밤의 별처럼 드러나지 않는다.

乃成流星隕星之象, 非特夜間有之, 卽白晝更多, 特爲太陽光所奪, 故不顯如星宿也.

4. 별이 많이 흐르거나 떨어지는 경우에는 폭풍이 일어나는 것을 반드시 체험한다. 〔그것은〕 대개 유성과 바람이 대부분 하나의 〔공기라는〕 원소의 질료를 따라 발생하기 〔때문이다.〕 만약 여러 방향에서 별이 흐르거나 떨어지는 것을 본다면, 반드시 여러 방향에서 바람이 서로 거세게 불어 장차 물건을 요란하게 흔들어댈 것이다.

---

7) 유성은 실제로 공기가 타는 것이 아니라 태양계에 존재하는 소행성의 작은 입자인 유성체가 지구의 중력에 이끌려 대기로 진입하면서 공기와의 마찰로 발광하는 현상을 말한다. 보통 100~130km 상공에서 떨어지는 유성은 눈에 보인다.

若星流隕多者, 必驗暴風之起. 蓋流星與風, 槩從一元質生發. 若多方見星流隕, 則多方必有相拂之風, 將至而撓物也.

5. 어떤 사람이 물었다. "두 종류의 유성이 발생할 때 외관상 흔적을 남겨, 하나의 불줄기나 불길을 이루는데, '불붙은 별은 여기에서 저기로 뛰어넘을 수 없다'고 말한다."

或問曰, 二種流星行時, 以遣名跡, 成一火線, 或一火路, 謂火星從此跳彼不可也.

6. 답한다. "이것은 다만 눈의 착각일 뿐이다. 별이 빨리 흐르는 것은 사람으로 하여금 다만 그것이 발생하는 곳과 〔흘러서〕 도착하는 곳만 보게 하지, 점진적으로 차례차례 흘러 거쳐가는 것을 분명히 하지 않는다. 번갯불[8]이 내리치는 것에 비유하자면, 매우 빨라서 사람이 그 점진적으로 차례차례 내리치는 것을 세세하게 구분하지 못하고, 다만 그 거쳐간 흔적을 마치 하나의 불줄기처럼 본다."

答曰, 是惟目之謬矣. 星流之捷, 使人惟視其所從起及其所至, 而不分其由行之漸次. 譬之雷下, 甚疾, 人不及細分其下之漸次, 止見其所由之跡, 如一火線.

9. 나는 용 飛龍

1. 땅에서 나온 공기가 매우 덥거나 건조하지 않아 빽빽하고 두껍게 솟구쳐 오를 때 홀연히 차가운 구름을 만나면, 반드시 아래로 물러 내

---

8) 내용상으로 보면 원문의 뇌(雷)가 전(電)으로 되어야 한다.

려온다. 이에 그것이 선회하는 사이에 반드시 〔얼룩진〕 점처럼 타게 되어 용이 날아가는 모양을 이룬다.

地出之氣, 不甚熱燥, 宓厚冲騰之際, 忽遇寒雲, 必退轉下. 乃其旋廻之間, 必致點燃, 而成龍飛之象.

2. 또 그 공기가 상승하는 머리 부분은 본래 맑고 깨끗하지만, 물러날 때는 점처럼 타는 모양 때문에 용이 불을 토하며 돌아 내려오는 꼬리와 같다. 또 차가운 구름의 압박으로 가늘어져 꿈틀거려 용의 꼬리와 같다. 그러나 세속에서는 진짜 용으로 여기니, 틀렸다.

又因其氣上升之首, 本淸潔, 其退回時, 點燃之象, 猶龍吐火, 而旋下之尾. 又爲寒雲所逼, 因細而蜿蜒, 猶龍尾. 然俗以爲眞龍, 謬矣.

10. 우레 雷

1. 가뭄이 든 땅에서 건조하고 더운 공기가 발생하여 크고 두터운 구름 가운데로 점차 치솟아 들어가면, 차고 습한 구름에 둘러싸여 압박과 공격을 받아 없어지려는 것 같으나, 건조하고 더운 〔공기의 성질이〕 주동하고 또 압박하여 스스로 온전히 하고자 한다. 그러므로 힘을 떨쳐 세차게 흘러 오가며 찾아 나온다. 그것이 날고 흐를 즈음 공기가 더욱 맑아지면, 〔그 공기의〕 얇은 본성은 더욱 열려 흩어지려 하므로 내부에서 빽빽하게 압축되는 것을 용납하지 않는다. 그 때문에 찌르며 부딪혀 소리를 내니 우레가 된다.[9]

---

9) 뇌성 곧 우레 소리는 공기 중에 전하(電荷)가 많아져 전압차가 높아지면 전위(電位)가 낮은 쪽으로 순간적으로 방전(放電)하면서 나는 소리이다. 우레는 반드시 번개와 같이 발생한다.

旱地發燥熱之氣, 漸冲入太厚雲中, 被雲之寒濕圍遶攻逼, 若欲滅之者, 而乾熱主動, 又迫欲自全. 故奮力飛流, 往來求出. 其飛流之際, 氣愈加淸, 薄性愈欲開散, 不容鬱逼于內. 以故衝擊致響, 而爲雷轟.

2. 우레가 칠 때 차갑고 습한 공기는 건조하고 더운 공기에 의하여 이기게 되어 돌면 곧 불타고 갈라지면서 갑자기 터져나오며, 빛과 소리가 있으니 마치 총이 발사되는 것 같다. 그러나 빛은 곧 번개이니 나중에 논하는 가운데 상세히 밝히겠고, 소리는 곧 빠른 우레이다. 그 몸체가 크며 그 소리 또한 크다. 또는 차갑고 습한 공기가 둘러싸는 것이 견고하지 않아서 건조하고 더운 공기가 점차로 투과하여 나오면, 단지 은뢰〔가 될〕뿐이다. 은뢰는 우레 소리가 작은 것이며 굉뢰와 서로 유사하다.

當雷鳴時, 寒濕爲燥熱所勝, 旋卽燃裂, 忽爆出而有光有聲, 如銃爆. 然光卽電, 詳後論中, 聲卽迅雷也. 其體大, 其聲亦大. 或寒濕圍遶不固, 乾熱以漸透出, 但殷雷而已. 殷雷聲之小也, 與轟雷相似.

3. 〔우레는〕 가을·겨울보다 봄·여름에 잦으며, 적도 아래 지역이 두 극지역보다 잦다. 〔그것은〕 대개 봄과 여름철에 또 적도 아래 지역에서 건조하고 더운 공기가 매우 많이 발생하여 쉽게 응결해서 굉뢰(轟雷)[10]가 되기 때문이다.

春夏多于冬秋, 赤道下多于二極下. 蓋春夏之月, 赤道之下, 生燥熱之氣甚繁, 易結爲轟雷故也.

4. 그러나 우레 소리에는 또한 꼭 먼저 불[11]이 나지 않고서도 소리

10) 작은 우레 소리. 곧 은뢰(殷雷)와 비슷한 것이다. 앞에 나왔다.

나는 것이 있다. 그것은 두 물체가 서로 부딪치면 소리가 크게 울리는 것과 같은데, 마치 공기 중에 채찍을 휘두르면 반드시 울리는 것과 같으나, 다만 공기가 탈 필요는 없기 때문이다.

然雷聲, 亦有不必先燃而後鳴者. 因二體相撞, 猶足鳴響, 如鞭激氣時, 必致鳴, 但氣不必燃耳.

5. 또 어떤 설에서 말하였다. "우레가 치는 것은 단지 공기가 구름과 부딪히는 기세만이 아니다. 무릇 두 개의 크고 두터운 구름이 서로 부딪혀서도 우레 소리를 이룰 수 있는데, 왜 그런가? 두 공기가 서로 부딪히고 떨어질 경우에도 족히 우레 소리를 이루므로, 구름이 서로 부딪히고 깨뜨릴 때에도 어찌 우레 소리가 일어나지 않겠는가?"

又有說曰, 雷鼓之鳴, 非止氣衝雲之勢也. 凡二大厚雲, 相激亦可成雷, 何也. 二氣相擊相鬪, 足致雷鳴, 則雲相撞相破之時, 何不足成雷乎.

6. 어떤 사람이 비난하여 말하기를, "구름과 산은 시시각각 서로 부딪히는데 어찌해서 소리가 나지 않는가?"라고 하였다.

或難之曰, 雲山時時相撞, 何不響耶.

7. 답한다. "구름과 산이 서로 부딪히는 형세는 두 구름이 서로 부딪히는 형세와 크게 다르다. 일반적으로 산은 본래 정지해 편안히 있어서 강제로 사물을 쪼개 갈라놓지 않는데, 구름을 만나 그것에 둘러싸이게 되어도 실제로 소리 내는 상황은 없다. 그런즉 혹시 소리 나는 것은 바람의 맹렬한 기세가 산봉우리를 만나 강하게 맞서기 때문이니, 끝내 우

___

11) 번개를 말한다.

레 소리가 일어나지는 않는다."

答曰, 雲與山相撞之勢, 大不同于二雲相撞之勢. 盖山本停寧, 不强闢
裂乎物, 雲遇之因而圍遶, 實無生響之勢. 卽或作響, 亦以風勢猛烈遇山
岑, 强敵之故, 終不成雷聲耳.

8. 어떤 사람이 또 말하였다. "예전에 서양에서 하늘은 맑고 구름이
없었는데, 홀연히 화산이 〔폭발해〕 무너지면서 매우 많은 용암과 유황
과 유독한 가스를 분출하였다. 공중에 솟아오르는 그 화산의 폭발하는
소리가 우레와 같았다. 그래서 구름이 소리 나는 형세는 다른 물체로부
터 부딪히거나 때리는 것이 있는 것이지, 단지 공기가 강제로 구름을
열어젖혀 생기는 것이 아님을 알겠다."

或又曰, 向者太西, 天晴無雲, 曾有火山燄崩, 而吐火沙硫黃與惡氣甚
衆. 其冲空際爆響如雷. 因知雲響之勢, 有從他體鼓擊者, 非止氣强闢雲
而生矣.

9. 또 굉뢰에는 대략 두 종류가 있음을 알겠다. 혹 공기가 구름 가운
데를 흐르다가 오래되어도 빠져나갈 길이 없어 좌충우돌하면서 심한
소리가 연결된 선처럼 그윽히 흐르는데, 마치 소의 울음소리 같으니
〔이것이〕 그 첫 번째이다. 혹 공기가 〔구름 속을〕 흐르다가 마침내 구름
을 열어젖히고 큰 소리가 나는 것이 그 두 번째이다.

又知轟雷, 約有二種. 或氣流雲內, 久而無路可出, 左右衝突, 甚響連線
幽澲, 正如牛聲, 其一也. 或氣流而終闢雲大響, 其二也.

10. 그러나 구름이 두꺼우면 층이 많으므로 공기가 이기면 그 구름을
열어젖힌다. 층마다 반드시 우레가 울리고, 층이 많으면 반드시 우레가

많이 친다. 빠른 우레가 반드시 큰비를 동반하는 것은 공기가 격렬하게 흩어지기 때문인데, 마침내 합쳐져서 함께 내린다. 〔그런데〕 신속하게 그 하늘이 개는 것은 격렬하게 흩어지는 것이 다하여 다시 〔구름 속에〕 쌓인 것이 없기 때문이다.

　但雲之厚, 多有其層, 則氣之勝而鬪裂夫雲也. 每層必鳴, 多層亦必多鳴也. 又迅雷之雨必大者, 因其激散, 遂合倂俱下也. 其霽必速者, 激散已盡, 無復積滯也.

11. 번개 電

1. 옛날에는 번개가 생기는 까닭을 몰랐다. 어떤 사람은 하늘 가운데에서 내려오는 하나의 불이라고 생각했는데, 아니다. 이러한 설명은 한편으로 천체에 불이 있는 것으로 삼고, 또 한편으로는 천체를 나눌 수 있는 것으로 삼으나, 모두 자연의 이치에 용납되지 않는 것이다.

　古時未明電生之所以然. 或意爲天中所降之一火, 非也. 如其說, 一則以天體爲有火, 一則以天體爲可分, 皆性理所不容.

2. 어떤 사람은 또 〔그것을〕 해가 비추는 불이라고 여겼는데, 〔이〕 또한 아니다. 저 깊은 밤에는 햇빛이 전혀 없어도 번개는 오히려 더 선명히 보이므로 햇빛과 어떻게 관계하겠는가?

　或又以爲太陽所照之火, 亦非也. 彼深夜, 悉無太陽之光, 而電猶然顯著, 則于日光何與哉.

3. 『성리정론』에서 말하였다. "건조하고 더운 공기가 이미 차가운 구름 안에 막혀서 〔이리저리〕 날아다니면서 충돌하기 때문에 불에 타면서

빛이 생기므로 번개가 된다." 번개가 있느냐 없느냐 하는 경우는 공기의 질적인 형세 때문이다. 다만 우레가 치되 빛을 내기에 부족한 경우는 앞의 글에서 이미 논한 바와 같다.[12]

正論曰, 乾熱氣, 旣因鬱于寒雲之內, 流飛衝突, 或著火燃而發炎, 則爲電. 若或有電無電, 是由于氣質之勢. 只是發雷不足發光, 如上篇已論之矣.

4. 반드시 우레가 먼저 친 뒤 번개가 일어나지만, 이에 인간이 번개를 먼저 보고 도리어 우레 소리를 나중에 듣는 것은 눈으로 보는 것이 빠르고 귀로 듣는 것이 느리기 때문이다. 〔그것은〕 빛의 형적은 미묘하고 신비로워 공중에서 막힘이 없으므로 빨리 눈에 도달하나, 소리의 형적은 거칠고 두터워 공중에서 공기에 막히므로 듣는 것이 늦다. 언젠가 배를 끄는 것을 보았는데, 노로 물을 저을 때 사람은 물 밖에 노가 솟아 있는 것을 〔먼저〕 보나 나중에 부딪히는 물소리의 모든 것을 듣는다. 총을 발사하거나 북을 칠 때 먼 곳에서는 모두 이같이 관찰된다.[13]

雷必先電必後, 乃人見電光在先, 而反聞雷聲在後者, 目視捷耳聞遲. 光之迹微而神, 空中無滯, 故速傳到目, 聲之迹粗而厚, 空中爲氣所滯, 故聞遲也. 嘗見擢舟者, 以楫激水, 人見楫起水外矣, 而後聞激水聲一切. 放銃擊鼓, 遠處皆作是觀.

---

12) 번개는 우레와 일어나는 원인이 동일하며 주로 구름과 구름 사이, 구름과 대지 사이에 일어나는 방전현상이다. 땅으로 번개가 치는 경우는 주로 소나기구름에서 일어나며 구름 하부의 음전하(陰電荷)가 지상의 양전하(陽電荷)로 방전한다.
13) 저자가 빛과 소리의 속도 차이는 인지하고 있으나, 사실 양전하와 음전하가 방전하면서 번개와 우레 소리는 동시에 일어난다. 빛이 소리의 속도보다 빠르기 때문에 먼 곳에서는 그것을 동시에 보거나 들을 수 없다.

5. 그러나 또한 우레 소리가 먼저 들리고 번개가 나중에 보일 때도 있는데, 〔그것은〕 그 공기의 울리는 소리가 빠르나 타는 것이 느리기[14] 때문이다. 또 구름이 매우 얇기 때문에 건조하고 더운 공기와 대적하여 싸울 수 없으므로 번개는 잘 생기나 우레는 생길 수 없다.

然亦有時雷先聞電後見, 因其氣鳴速而燃遲. 又緣雲或甚薄, 與乾熱氣不能敵爭, 故足發電不足發雷.

12. 우레의 실체 雷降之體

1. 세속에서는 우레를 일으키는 실체를 신(神), 이른바 뇌공(雷公)[15]이라 하는데, 잘못된 것이다.[16] 신은 모두 신령하나 형체가 없다. 우레는 형체가 있으나 신령함이 없다. 또 우레를 돌로 여기는데, 역시 잘못된 것이다. 우레가 비록 돌과 함께 내리치나 그 근원은 돌이 되지 않는다. 대개 우레는 물체에 투과하여 들어갈 수 있지만, 돌은 그렇지 못하다.

---

14) 원본에는 속(速)으로 되어 있으나 지(遲)가 되어야 뜻이 통한다. 고치고 해석했다.

15) 통속적으로 뇌사(雷師) 또는 뇌신(雷神)으로도 불린다. 『산해경』(山海經)에는 뇌신(雷神)이 용신(龍神)으로 사람 머리 모양을 하고 배를 북처럼 울려서 천둥을 친다고 하고, 또 당나라의 『운선잡기』(雲仙雜記)에는 우레를 천고(天鼓)라 하며 그 신을 우공이라 한다는 기록이 보인다. 그리스 · 로마 신화에서도 제우스나 유피테르가 우레를 일으키며 손에는 뇌정(雷霆)과 왕홀(王笏)을 가진 모습으로 표현하고 있다. 이하 말하는 우레는 벼락에 대한 설명이다.

16) 여기서 자연현상을 신의 뜻이 아니라 합리적인 과학으로 보려는 토마스 아퀴나스의 합리적인 신학이 반영되어 있다. 그러나 목적론에서는 신학적 관점을 유지하고 있는데 가령 일부 개신교에서 여전히 우레나 지진 등을 신의 뜻으로 보려는 경향이 있는 것과 같다. 일례로 2011년 3월 11일 일어난 일본 동북부 센다이 지진을 두고 어떤 개신교 목사는 일본인들에 대한 '하느님의 경고'라고 해서 물의를 일으킨 바 있다(『한겨레』 2011년 3월 13일자 기사). 뒤의 II-D-1-29를 참조바람.

俗以雷降之體, 爲神, 所謂雷公, 非也. 神皆靈而無形. 雷有形而無靈. 或以雷爲石, 亦非也. 雷雖帶石而降, 其原不爲石. 蓋雷能透入物體, 石則未能.

2. 우레의 실체는 다른 게 없으니 이는 건조하고 더운 공기가 차가운 구름 안에 막혀서 흘러 날아다니다가 불이 붙고 힘차게 충돌하여 강력하게 구름을 뚫고 내려오기 때문이다. 〔그런데〕 그 공기가 구름 가운데 있을 때, 구름의 형세가 두텁고 밀도가 높아 〔공기와〕 다투어 대적하나 갈라지지 않으므로, 공기가 〔구름 속에서〕 오랫동안 돌아다니기 때문에 〔마침내〕 응결하여 돌을 이룬다. 여기서 다시 곁에 있는 구름을 급하게 때리고 쳐서, 마침내 구름을 가르고 내려온다. 만나는 모든 단단한 물체도 부서지지 않는 게 없다.

雷之體, 無他, 乃乾熱氣, 因鬱于寒雲之內, 流飛着燃, 因奮力衝突, 至強劈雲而下. 當其氣含雲內時, 雲勢厚密, 爭敵不裂, 則氣由內行久之, 凝結成石. 于是叟急撞擊雲旁, 終劈裂之而下. 凡所遭硬體, 無不破碎也.

3. 그러므로 우레가 내리치는 실체는 그 단독으로 치는 것을 논한다면 하나의 불타는 건조한 공기에 불과하다고 이미 논하였고, 한 쌍으로 치는 것은 불붙은 공기가 돌을 가지고 내리치는 것임을 알겠다.

則是知雷降之體, 論其單行者, 不過一燃之乾氣, 而已論, 其雙行者, 卽彼着燃之氣, 同帶一石而降下矣.

4. 그 내리치는 것에 또한 일정한 규칙이 없으므로, 그 모양이 있을 때는 어떤 사람은 화살이나 높은 나뭇가지, 갈고리 또는 뇌공의 도구로 여긴다.[17] 그러나 그 〔구름 속〕 공기의 응결에 있어서 두껍고 얇음이 같

지 않기 때문에 그 〔돌이 든 우레가〕 내리칠 때 땅에 이르지 못하고 흩어지는데, 땅에 이르나 땅을 뚫지 못하고 흩어지고 땅을 몇 자나 파고 들어가 그치기도 한다.

其下也, 亦無定規, 故嘗有象, 或以爲箭, 或以爲標, 或以爲鉤, 或以爲雷公揳. 但緣其氣凝結厚薄不等, 故其降或未至地而先散, 或至地不能透而散, 或入地數尺而止.

5. 대개 〔이러한〕 암석류의 전후좌우에는 항상 붙어 다니는 뜨거운 공기를 갖고 있는데, 그것이 발휘될 때는 상하종횡으로 〔움직인다.〕 그러나 비스듬히 내려오는 것이 더욱 많다. 일반적으로 불의 본성은 위로 타오르고자 하나, 그 강력하게 구름을 뚫고 나가고자 하는 기세에는 〔처음부터〕 정해진 상하의 방향이 없다. 마치 힘차게 창을 들고 싸울 때 서로 양보할 수 없는 것과 같다.

蓋石類之先後左右, 多有所帶之熱氣常聽, 其發揮以爲上下縱橫. 然而橫下者, 尤多矣. 蓋火性欲上炎, 而其强欲出雲之勢, 上下初無定向, 如力鉤相敵, 不能相讓.

6. 그러나 공기는 또 여기서 머물 수 없어 끝내 이리저리 움직인다. 〔공기가〕 움직일 때 불의 본성은 점차 약해지나, 그 〔구름 속에서〕 원래의 강하게 분출하고자 하는 힘은 오히려 남아 있어서 마침내 반드시 내려온다. 그러나 공기가 내려오는 것은 오히려 그렇다 하더라도 다 응결

---

17) 번개의 모양을 설명한 것이다. '뇌공의 도구'에 대한 원문은 뇌공설(雷公揳)이다. 여기서 설(揳)의 뜻은 '닦다, 썻다, 재다' 등인데 뇌공이 사용하는 도구임은 분명한데 무엇을 말하는지 알 수 없다. 김덕성(金德成, 1729~97)의 「뇌공도」(雷公圖)에는 상자와 막대기 모양인데 정확하게 그 이름을 알 수 없다.

되지 못하면 사납기 때문에 다른 물건을 해칠 수 있어 흉악하다. 통속적으로 [이것을] 귀신으로 여기니 잘못되었다.

而氣又不能停住于是, 遂橫行. 行時, 火性漸劣, 而原所强出之力, 猶存, 故終必下. 而氣之下也, 猶然, 凝結未盡, 其虐, 故能損物而匈. 俗多以爲鬼神者, 謬矣.

7. 또 우레와 번개의 실체가 같지 않음을 알겠다. 번개의 공기는 희박하여 그 타는 것에도 점진적인 차례가 있고, 고르지 않게 발생하여 한결같이 구름 안에서 나타나고 달라붙어 반드시 밖으로 나오지 않는다. 우레의 공기는 견실하고 빽빽하여 불붙으면 타고 발동하면 함께 발동하여 갑자기 구름을 가르고 내려온다.

又知雷體與電體不同. 電之氣稀且薄, 其燃有漸次, 發不齊, 一在雲內顯着, 必不外出. 若雷之氣, 夏實更密, 然卽燃, 發則齊發, 倏然劈雲而下矣.

8. 이 때문에 건조하고 더운 공기는 번개를 생기게 할 수 있으나 우레를 만들지는 못하고, 희박한 구름은 밀도 높은 번갯불을 자주 발생시키지만 끝내 하나의 우레 소리를 이루지 못한다. 만약 번개를 발생시키는 공기가 다시 다른 공기를 얻으면 쌓여서 더하는 것이 우레를 이루는 본체에 가깝다.

是故乾熱之氣, 能生電而不足結雷, 薄稀之雲, 屢發密電之光, 而終不足成一雷之鳴. 若生電之氣, 復得他氣, 積加之者, 庶乎成雷之體也.

9. 이로 말미암아 [다음과 같이] 추론할 수 있다. 여름과 겨울의 두 철에는 우레가 적고 봄과 가을의 두 철에 우레가 많은 것은 겨울철의

공기가 열이 적으므로 불붙기 어렵고, 여름철의 땅의 공기가 매우 건조하고 더우며 또한 매우 〔밀도가〕 희박하므로 구름을 이룬 것도 희박하다. 이미 희박하다면 반드시 우레도 치지 못한다. 봄과 가을 두 철의 경우, 〔공기의〕 차고 더운 〔정도가〕 고르고 공기에 이미 심한 것이 없으므로 유독 우레가 자주 치게 된다. 시험 삼아 〔기후가〕 온화한 지역을 관찰하면 두터운 구름이 모여 맺히는 것을 많이 보고, 빠른 우레가 우는 소리를 많이 듣는다.[18]

由是可推. 夏冬二時, 雷寡, 春秋二時, 雷多者, 冬月氣不多熱, 故難點燃, 夏月地氣甚乾且熱, 亦卽甚薄且稀, 故所成雲薄稀也. 旣薄必亦不足成雷矣. 若春秋二時, 因寒熱均平, 而氣無已甚, 故成雷獨多耳. 試觀和溫之地, 多見厚雲湊結, 多聞迅雷鳴響也.

10. 그 우레가 치는 몸체에는 유황의 냄새가 많이 난다. 〔그것은〕 그 공기가 원래 유황이 있는 땅에서 발생해 구름 안에 들어와 우레를 만들었기 때문일 것이다. 아니면 그 공기가 구름 안에서 응결할 때 유황의 본성을 발생할 수 있었기 때문일 것이다. 〔이것은〕 마치 땅 속에서 타는 것과 똑같이 한 공기가 구름 안에서 돌을 생성할 수 있는 것과 같아서 땅 속에서와 다름없다.

其雷降之軆, 多遺硫黃臭氣者. 或因其氣原從硫黃之地而發, 入雲內, 而作雷焉. 或因其氣于雲內凝結, 可以生硫黃之性. 如在地內燃, 正如一氣在雲內, 可以生石, 與在地內無以異也.

---

18) 여기서 우레가 발생하는 계절에 따른 지역이 명시되지 않아 실상을 정확히 파악하기 힘들다.

11. 또 우레의 종류는 그 크기가 한결같지 않고, 이름이 있으나 매우 다른 것에는 대략 세 가지가 있다. 하나는 물체를 뚫는 것인데, 그 〔우레가 생길 때〕 공기가 매우 맑고 예리하기 때문에 일격에 물체를 흩어 버린다. 비록 〔물체 속에〕 들어가더라도 마침내 반드시 다시 나온다. 〔두 번째 종류는〕 물체를 투과하지 못하는 것인데, 그 공기가 매우 밀도 높게 맺히기 때문에 한 번에 타버린다. 〔세 번째 종류는〕 물체를 태우는 것인데, 그 공기가 흐르면서 불의 본성을 함유하기 때문에 그 타는 것을 요구한다.

又知雷之種, 不一其大, 有名而甚異者, 約有三. 一穿物體, 因其氣甚淸 甚銳, 故一擊散物體, 雖或入, 終必復出. 不能透物體, 因其氣甚密而結, 故一燃. 燬物體, 因其氣淡含火性, 故要其燃.

12. 물체를 태우는 형세도 한결같지 않다. 새를 그을리는데, 그치기도 하고 또 완전히 태우기도 하며, 또는 깜부기불로 그 새를 그을리나 완전히 태우지 못하는 경우가 있는데, 그것은 공기가 대체로 습하여 화력이 약해서이다. 〔또〕 물체를 쳐서 흩어버리나 타지 않는 것은 공기가 매우 건조하고 밀도가 높기 〔때문이다.〕 그 빛과 공기가 물체를 투과하나 또 타지 않는 것은 공기가 최고로 맑고 미세한 경우이다.[19]

燬物體之勢, 亦不一. 或止鳥焦, 或又焚燃, 或又燼燬其鳥焦, 而不焚者, 氣之略濕而火力弱也. 擊散物體而不燃者, 氣之甚乾甚密也. 其光氣 透物而又不燃者, 氣之最淸微.

---

19) 원문 ‘不燃者, 氣之最淸微’는 필사본에 작은 글씨로 되어 있다. 내용상 앞 문장과 이어지는 것인데 아마도 칸이 작아서 그런 것 같아서 원래 크기로 살렸다.

13. 우레의 기이한 체험 雷之奇驗

1. 하나의 벼락이 산꼭대기 · 큰 나무 · 높은 집 · 누각을 때리는 것은 무엇 때문인가? 이것은 (벼락을 맞는) 여러 물건이 주변의 물건보다 높은 곳에 있어서 이리저리 흐르면서 아래로 내리치는 강한 힘을 먼저 맞이하기 때문이다.[20]

一雷多擊山頂大樹高厦峻樓, 何也. 是諸物高于隣物之上, 故先迎橫流下擊之强力也.

2. 하나의 물체가 벼락을 맞기 전에 반드시 떨리고 움직이는 것은 우레가 치는 형세가 급박하여 반드시 앞뒤의 공기를 떨리게 하므로 공기 또한 그로 인해 물체를 움직이기 때문이다. 시험 삼아 사람이나 말이 빠르게 달릴 때를 관찰하면 대부분 급한 바람이 좌우의 물건을 흔들리게 한다.

一物未受雷擊之先, 必顫動者, 雷降之勢急迫, 必能動先後之氣, 氣又因而動物. 試觀人馬等物, 捷馳之時, 多致風急撓動左右之物也.

3. 하나의 벼락이 사물을 때리는 것에는 매우 기이한 것이 있다. 마치 주머니 속의 금속이나 활집 속의 활 그리고 칼집 속의 검과 같아 벼락은 단지 금속이나 활 그리고 검을 변화시키지 주머니나 활집 그리고 칼집에 (대해서는) 염려가 없든지 아니면 전혀 손상을 입지 않는다. 또 인체를 때릴 경우, 다만 그 뼈만 부러지고 피부와 근육은 상하지 않는데,

---

20) 사실 이것은 지상의 뾰족한 물체에 구름 속의 음전하가 떨어지기 좋은 장소이기 때문이다. 어쨌든 전기로 설명하지 못했지만 번개가 내리치는 상황을 잘 이해하고 있다.

〔이처럼〕대개 딱딱하거나 굳은 물체가 훼손되나 부드럽고 빈 것이 보존되는 경우는 무엇 때문인가?

一雷降而擊物事, 有甚奇者. 如囊中金韜中弓鞘中劍, 雷惟化其金其弓其劍, 而囊韜鞘, 或無恙, 或微有所損矣. 又擊人體, 止碎其骨, 不傷皮肉, 大率物之剛硬者毀, 柔虛者存, 何也.

4. 벼락이 내리치는 힘은 제일 강한데, 무릇 대적하는 단단한 물체를 만나 가는 것이 막히면 그 힘을 쏟지 않을 수 없고, 오래 힘써서 마침내 반드시 이기기 때문에 도리어 〔막는 물체가〕훼손된다. 〔그러나〕부드럽고 텅 빈 물체의 경우, 힘이 없어도 벼락과 대적할 수 있는 것은 매우 맑은 공기가 순식간에 뚫고 지나가 해를 끼치거나 파괴할 수 없기 때문이다.

雷降之力最强, 凡值硬物對敵, 而阻其行者, 不得不注其力, 因久奮而終必克勝, 旋致毀敗矣. 若柔虛之物無力, 能敵雷, 乃以極淸之氣, 瞬息通透, 不可損壞也.

5. 하나의 벼락이 내리칠 때 통에 든 술을 만나면, 그 통을 태우고 그을리나 그 술을 응결시켜 새어 나오지 않게 하는 것은 무엇 때문인가?

一雷下時, 或值酒在桶, 焚爐其桶, 而凝結其酒, 不使渙泄, 何也.

6. 벼락의 공기는 건조하고 뜨거워 건조한 재질을 지닌 물체를 만나면 반드시 태우나, 그 술의 차고 습한 것은 말려서 응결시킨다. 시험 삼아 염초(焰硝)[21]나 유황 등의 물질을 관찰하면 본래 액체이지만, 이에

---

21) 과거 화약의 원료였다.

해의 따뜻한 공기가 그것을 말려서 오히려 응결시켜 흐르지 않게 할 수 있다. 벼락이 여러 액체를 만나서 그 내부에 들어갈 수 없지만, 〔그 내부에 있는 것을〕건조시켜 또한 응결시킬 수 있다. 그 외면이 두꺼운 껍질로 되어 있다면, 설사 안에 든 액체를 대충 유지하고 있더라도 새어 나오지 않는 것은 바로 물과 유사해 바깥이 〔기온이 떨어져〕얼더라도 그 얼지 않은 내부의 물을 충분히 감싸서 흘러나오지 않게 한다. 서양 땅에 백색략(白色뢝)[22]이라는 풀이 있는데, 포도주에 넣어서 그것의 표면에 두꺼운 껍질을 만들게 할 수 있다. 비록 그 포도주가 든 그릇을 깨트리더라도 포도주는 오히려 여전히 머금은 채 새지 않는다. 그러나 응결된 껍질은 오래 견딜 수 없어 쉽게 부서진다. 또 벼락이 내리칠 때 그 통은 보존되면서 술이 없어지는 경우 반드시 통이 얇아서 쉽게 벼락의 기운이 출입하는 것을 받아들여 대적하지 못하기 때문이다. 〔이때〕술은 열기에 의하여 사라지면서 말라버린다.

雷之氣燥熱, 遇乾料, 必焚且燒, 乾其酒之冷濕而凝結矣. 試觀焰硝硫黃等質, 本流者也, 乃以日之熅氣之乾, 猶可凝結不流. 雷値衆液, 不能透入其內, 而化乾之, 亦可結. 其外面致成厚皮, 使簡持內液, 不至泄散, 正似水焉, 或凍其外, 足以包函其未凍之內水, 不使流渙也. 西地有草名白色뢝, 入葡萄酒, 能使其外結一厚皮. 雖破其盛酒之器, 酒猶然含注不漏. 但結皮, 不能久而易壞耳. 又或有雷下, 其桶存而酒消化者, 必由于桶之勢爲薄, 易受雷氣之出入, 而不敵阻之也. 若酒則被熱氣消乾矣.

7. 또 무릇 독이 있는 하나의 물건이 벼락을 맞으면 대부분 그 독성을 잃고, 독이 없는 물건이 벼락을 맞으면 대부분 반대로 독성을 띠는 것

---

22) 백색략의 현대 중국식 발음은 'bai se lue'인데, 무슨 풀인지 알 수 없다.

은 무슨 까닭인가?

又凡一物之有毒者, 被雷擊, 多失其毒, 物之無毒者, 被雷擊, 多反負
毒, 何也.

8. 답한다. 독의 기운은 차고 습한 것을 위주로 하며 우레의 공기는
도리어 건조하고 뜨거운 것을 위주로 한다. 그러므로 벼락이 물건을 때
릴 때 서로 상반된 성격을 가지고 그 독을 대부분 없애서 그 스스로 가
지고 온 나쁜 기운을 남길 겨를이 없다. 우레의 공기는 또 자주 스스로
유황과 초석 등에 물들어 있으므로 물건을 때릴 때 그 내부에 독이 미
친다. 마치 술이 벼락의 영향을 받은 후에는 반드시 즐겨 마시지 못하
는 것과 같으니, 마시는 자는 선 채로 죽지 않으면 반드시 눈이 아찔하
고 정신이 몽롱할 것이다.

曰毒氣或主寒濕, 雷氣反主乾熱. 故擊物時, 以相反之情, 多滅其毒, 而
不暇遣其所自帶之邪氣也. 雷氣又屢自帶磺硝等類之染, 故擊物時卽致
毒于內. 如酒被雷染之後, 必不堪食, 食者非立死, 必目眩心迷矣.

14. 혜성 彗孛

1. 오랜 옛날에는 대부분 혜성을 하늘에 매달려 있는 별이며, 칠정(七
政)[23]과 함께 늘어서 있는 것으로 여겼다. 그래서 고유한 운행이 있고
칠정과 매우 다르다고 했는데, 이 말은 틀렸다.

上古多以彗孛爲繫天之星, 與七政幷列. 因云有本運, 與七政絶異, 此
說非也.

---

23) 일(日)·월(月)과 오성(五星)인 화성·수성·목성·토성·금성을 말한다.

2. 칠정과 무수한 별들은 각자의 정해진 운행이 있고 언제나 옛날부터 변하지 않으나, 혜성만은 유독 그렇지 않다. 〔또〕 칠정과 별은 그 형태가 둥글고 그 몸체가 영원히 존재하되 파괴되지 않고 또한 장구히 줄어듦도 없으나, 혜성은 그렇지 않다.

諸政及列星, 自有定運, 恒古不改, 而彗孛獨不然. 諸政與星, 其形圓, 其體永存不壞, 亦無長減, 而彗孛不然.

3. 또 해를 향하여 두 개의 혜성이 동시에 보이기도 하는데, 하나는 동쪽에서 하나는 서쪽에서이다. 또 간혹 동쪽에서 동시에 보이므로 〔이것들은〕 칠정 외에 여럿이거나 하나인 별도 행성도 아니다. 또 혜성의 위치를 관측해보면, 월천[24] 아래에 걸려 있는 것이 밝게 보이므로 〔그것이〕 진짜 별이 아님을 안다.[25]

又向日, 有二彗孛同見, 一東一西. 又或同見于東, 則七政之外, 非止多一星政也. 又測彗星之位, 明見係月天之下, 故知不爲眞星矣.

4. 곧 『성리정론』에 의거하여 〔첫째로〕 먼저 말하면, 혜성의 질료는 땅에서 발생한 두꺼운 공기가 결정(結晶)을 이룬 것이다. 땅의 공기가 짙은 연기처럼 두꺼워 매우 건조하고 더우므로 공중으로 상승하여 탈 수 있고, 매우 진하고 끈적끈적하므로 없어지지 않고 오랫동안 매달릴 수 있다. 혜성이 보이는 때는 대부분 폭풍과 사나운 바람 그리고 가뭄의 걱정거리가 생기는데, 〔이것으로〕 혜성은 건조하고 더운 많은 공기가 공중에 가득 차서 발생하는 것임이 족히 증험된다. 아주 오랜 옛날에 하

---

24) 달이 운행하는 궤도 아래의 지구 대기와 그것에 가까운 하늘이다.
25) 그러나 혜성은 태양계 내에 존재하는 작은 천체로, 그 궤도가 큰 질량을 가진 행성에 비하여 타원 또는 포물선 모양이다. 따라서 태양계의 구성에 속한다.

나의 큰 혜성이 70일간 떠 있었는데, 그후에 빠른 바람이 제멋대로 일어나, 산 중의 큰 돌을 강제로 끌어당겨 천리 바깥으로 날려버렸다.

則依性理正論, 先曰, 彗星之質, 乃地所發之厚氣, 而結成焉. 地氣厚如濃烟, 以甚乾而熱, 故能冲空而燃, 以甚濃而燃, 故能不滅而久懸矣. 彗星見時, 多有暴風迅颼旱潦之患, 足驗彗孛是衆燥熱之氣, 充塞空際而生. 上古有一大彗星, 懸着七旬不滅, 其後迅風肆作, 强攝山中巨石, 抛于千里之外.

5. 다음으로 말하면 혜성이 결정으로 생기는 것은 오직 공기의 상층에 있는 [일인데], [다음의] 세 가지 단서를 가지고 증명하겠다.

첫째로 말하면 혜성이 종동천(宗動天)[26]을 따라 움직이는 것은 무엇 때문인가? 공기는 오로지 상층의 운동이 종동천을 따르기 때문이다.

둘째로 말하면, 공기의 중간층은 높은 산의 정상을 넘지 못하나 혜성의 높이는 산 정상보다 더욱 멀다.

셋째로 말하면 공기의 중간층은 매우 춥고 습하나 혜성의 질료는 매우 건조하고 뜨겁다. 그러므로 그 [중간] 지역에 머물러 오래 탈 수 없다.

따라서 혜성이 본래 있는 곳은 오직 공기의 상층인데, 이에 해가 가까우므로 쉽게 타고 쉽고 보존되어 오랫동안 매달릴 수 있음을 알겠다.[27] 그 위에서 붙어 보이는 곳은 또 대부분 동지와 하지 때인데, 경계 적도남북의 23.5도 바깥에서는 그 안에 있는 것을 드물게 본다.

---

26) 종동천(宗動天, Primum Mobile)은 아홉 번째 하늘로 그 아래에 있는 모든 천구의 회전을 주재한다. 앞에 나왔다.

27) 혜성은 마치 불타는 것처럼 보이나 실은 불이 아니라 해에 접근함에 따라 혜성의 핵 표면에서는 드라이아이스, 암모니아, 얼음의 순으로 증발 현상이 일어난다. 이것과 먼지가 섞여 혜성의 대기를 형성하는데, 이것을 코마(coma)라 한다.

次曰, 彗孛結生, 惟在氣之上域, 以三端證之. 一曰, 彗孛從宗動天而運, 何也. 氣惟上域之運, 從宗動天. 二曰, 氣之中域, 不越俊山之頂, 而彗孛高去山頂, 尤遠. 三曰, 氣之中域, 甚寒且濕, 而彗星之質, 甚乾且熱, 故未能住于其域, 而久燃矣. 因知彗星本處, 惟氣之上域, 乃近火輪, 故易燃易存, 而能久懸也. 其上見着處, 又多在冬夏二至, 界卽赤道南北二十三度半之外, 罕見于其內者.

6. 〔또〕 다음으로 말하면 혜성은 주로 가을철에 많이 맺힌다. 대개 봄에는 이 같은 짙은 공기를 갖추지 못하고, 겨울에는 차고 습하여 이 공기의 발생을 막고 억제할 수 있으며, 여름에는 또 덥고 건조한 것이 흩어지고 부서지나, 유독 가을철에 〔땅의〕 왕성한 기운이 충분히 발생하여 응결하기가 매우 쉽다. 비록 그러하나 겨울철에도 응결할 수 있는데, 이전에 일찍이 본 사람이 있다.

次曰, 彗孛多結于秋月. 蓋春時未備如是濃氣, 冬月寒濕, 能遏抑其氣之發, 夏月又炎乾散敗, 獨秋月以絪縕足發, 而凝結甚易也. 雖然, 冬月亦可結成, 向曾有見之者焉.

7. 혜성이 보이는 기간의 경우 쉽게 한정할 수 없다. 어떤 사람이 말하기를, "가장 짧은 것은 7일 이하가 되지 않고, 가장 오랜 것은 80일을 넘지 못한다"고 한다. 어떤 사람이 또 말하기를, "긴 것은 6개월까지 갈 수 있다"고 한다. 그러나 1500년 전에 시리아[28]라는 나라에서 커다란

---

28) 마테오 리치의 「곤여만국전도」에 보면 나라 이름은 큰 글씨로 원문처럼 여덕아(如德亞)로, 그 옆에 작은 일본어로 시(스)리아(ㅅㅣㅏ)로 되어 있으며, 또 그 지역은 시리아(西利牙)로 되어 있다. 그러나 그 나라의 영역은 지금의 시리아와 이라크 그리고 팔레스타인과 아라비아 반도 북부지방을 아우르는 곳

혜성을 관측하였는데, 1년 후에 사라졌다고 한다. 이같이 오랫동안 불에 탔으므로 그 공기가 두껍게 견뎌 끈기 있게 오래 탄 것이다. 그 [혜성의] 불은 나약하고 천천히 움직였으나 쉽게 없어지지 않았다. 그 땅에서 항상 발산하는 공기가 번다하고 많아서, 때마침 그 불타는 것을 오랫동안 지탱할 수 있었기 때문이다.

至言彗孛所見限莽, 未可易定. 或云, 其甚短者, 不下七日, 甚久者, 不踰八旬. 或又曰, 其久者, 可延六月. 但一千五百年前, 如德亞國, 曾見一大彗星, 莽後始減. 若其久燃之, 故其氣厚耐黏久焚也. 其火懦弱遲行, 不易減也. 其地所恒發氣繁衆, 正足久養其燃也.

8. [또다시] 다음으로 말하면 혜성의 운동은 한결같지 않다. 하나는 동쪽에서 서쪽으로 종동천·불·공기를 따라 함께 움직이는데, 곧 평상적인 운동이다. [다른] 하나는 서쪽에서 동쪽으로 물러나는 것인데, [그것과] 관계하는 공기와 불이 똑같이 떠 있는 가벼운 몸체여서 위에 있는 하늘의 동력을 온전히 받지 못하기 때문에 불과 공기의 운동에 비하면 오히려 느리다. 느리게 움직이는 것은 물러나는 운동 같기 때문인데, 실은 물러나는 것이 아니고 오직 느리게 운동하는 것뿐이다.

次曰, 彗星之動, 不一. 一自東而西, 隨宗動天與火氣倂動, 卽常動也. 一自西退東, 因所係之氣與火, 同一浮輕之體, 不能全受上天之動力, 故較火氣之動, 猶遲. 遲動, 因似退動, 而實非退, 惟遲動耳.

이다. 또 안정복(安鼎福)의 『순암집』(順菴集) 권17, 「천학고」(天學考) 1쪽에 보면 "줄리오 알레니의 『직방외기』에 여덕아(如德亞)는 옛날 대진국이며, 또한 불림(拂箖)으로 불렸고, 천주가 하강한 나라이다"(艾儒畧職方外記, 如德亞國卽古大秦國, 亦云拂箖, 卽天主下降之國也)로 되어 있어, 곧 '여덕아'는 '유다'의 음역으로 생각되며, 역시 지금의 팔레스타인 지역으로 인식되고 있다.

9. 〔또〕 하나는 북쪽 또는 남쪽이나 다른 방향으로 치우쳐 향하는데, 〔그것은〕 위에 별이 있어 끌어당기거나 아래의 공기가 당겨서 투과하기 때문이다. 〔마지막〕 하나는 간혹 〔혜성이〕 올라가거나 내려가는 〔운동을〕 보인다. 그 올라가는 〔운동은〕 아랫면의 공기가 사라져서 모자라나 윗면의 공기는 오히려 보존되기 때문에 올라가는 것 같다. 그 내려가는 〔운동은〕 그 지역의 새로 발생한 공기가 〔그 혜성의〕 아랫면에 보태어지나 윗면의 공기는 이미 타서 없어졌기 때문이다. 또는 그 공기의 맑은 것이 다 타버리면 그 나머지 탁한 것이 무거운 것에 작용하여 반드시 떨어지기 때문이다.

一或偏向北, 或又南, 或他方, 因上有星, 以招攝之, 或從下有氣, 以引透之也. 一或見升降. 其升者, 因下面之氣, 消缺, 而上面者, 猶存, 因似升矣. 其降者, 因其地新發之氣, 加于下面, 而上面之氣, 已燃盡. 或因其氣之清者, 燃盡, 則其餘之濁, 略重, 必降矣.

10. 〔또〕 다음으로 말하면 보이는 혜성의 색은 실제적인 것이 아니며 모두 가짜다. 혹은 은색이거나 붉은색, 혹은 불꽃이 발사되는 색깔, 혹은 빛은 없으나 색은 피와 같거나 연기와 같다. 이것들은 모두 공기의 동일하지 않은 형세의 소치이니, 바로 불의 색깔이 다른 것은 오직 연료의 질에 같지 않음이 있는 것과 똑같다.

次曰, 彗孛所見之色, 不實, 皆偽也. 或銀色, 或紅, 或如熖射光, 或無光而色如血, 或如煙. 是皆氣之異勢所致, 正如火色之異, 惟由于薪質有不同耳.

11. 〔끝으로 그〕 다음을 말하면 혜성의 모양도 한결같지 않다. 혹 원형이나 그 주위에 수염처럼 늘어진 게 있고, 혹 긴 모양이나 그 꼭대기

에 머리가 있고 꼬리도 있으며, 혹 하나의 별에 붙어 다니며 걸려 있고, 혹 별이 없이 홀로 보이기도 한다.[29]

次曰, 彗字之形, 亦不一. 或圓而其周有鬚, 或長而其上有首有尾, 或附比一星而係之, 或無星而獨見.

12. 〔혜성이〕 별에 걸려 있는 것은 공기가 위로 치솟아 이 별을 정면으로 대하고 타면서 매달려 있기 때문이지, 공기가 실제로 별이 있는 하늘에 도달한 것은 아니다. 마치 해와 달에 빛이 둘러싸는 것을 보게 되는데, 이 둘러싸는 빛은 오직 공기 가운데 매여 있어 해와 달이 있는 하늘에 이를 수 없는 것과 똑같다. 눈으로 연결된 것처럼 보는 것은 눈의 착각이다. 무릇 서로 멀리 있는 사물들은 일직선상에서 만나면 반드시 서로 연결된 것처럼 보이게 만든다. 그리하여 지면과 하늘가를 시험삼아 관찰하면, 서로 가까이 〔붙은 것〕을 보지 않음이 없는 것은 하늘과 땅의 거리가 사람의 시야에서 멀리 떨어져 있으므로 명확히 구별할 수 없기 때문이다.

係星者, 由于氣之上冲, 正對是星, 燃而懸之, 非氣實至于星天也. 正如日月, 或見有光圍之, 而是圍光, 惟係氣中, 不能臻日月輪之天也. 目視之如連者, 目之謬也. 凡物相遠者, 會于一直線之上, 必使視之如相連. 然視觀地面與天邊, 無不視之如相切者, 因天地之相隔, 遠于人目, 故不得明辨之也.

---

29) 혜성의 꼬리에는 먼지꼬리와 이온꼬리가 있다고 한다. 먼지꼬리는 해의 복사 압으로 혜성의 대기, 곧 코마 내의 먼지들이 궤도상에 뿌려지면서 생겨나는 데, 혜성의 진행방향과 반대에 생긴다. 이온꼬리는 해의 반대 방향에 코마 내의 증발된 이온분자들이 밀려나면서 생기는 현상으로 해에 가까울수록 길어진다.

15. 은하수 天河

1. 은하수는 본래 이 논의에 속하지 않으나, 옛날에 불에 속하는 현상으로 여겼으므로 여기에 나열하였다. 여기에서 말하는 은하수는 서양에서 '우유길'[30]이라 부르는데, 그 흰 색깔이 우유와 같기 때문이다. 옛날에 어떤 사람이 말하기를, "[은하수는] 하늘 열기의 흔적이다"고 했는데, 이 설명은 틀렸다. 은하수는 실제로 하늘 안에 있으나 본체는 불의 본체와 매우 다르니, 어떻게 서로 받아들이겠는가?

天河本不屬此論, 但古或以爲火屬之象, 故列于此. 此中謂天河, 西國謂乳道, 因其色白如乳也. 古或曰, 天熱之跡也, 此說非也. 天河實在天內, 而本體甚異火體, 何以相容也.

2. 어떤 사람이 말하였다. "은하수는 햇빛이 미치지 못하는 뭇 별인데, 대개는 '지구가 뭇 별의 햇빛을 차단해서 그 [해가 비추는] 희미한 빛이 드러나 하나의 강 모양을 이루었다'고 한다."

或曰, 天河乃日所不及照之多星, 蓋云地隔日光諸星, 乃以其微光發見, 而成一河狀也.

3. 이 설명은 비록 그럴듯하나 역시 틀렸다. 대개 보통 별들은 햇빛을 받지 않는 때가 없지만, 지구의 그림자는 [그것들을] 가리지 못한다. 또 은하수는 본래 정해진 자리가 있고 그 내부의 별들 또한 정해진 모양이 있어서 항상 옛날부터 과일처럼 매달려 해가 비추지 못하는 별로 이루

---

30) 원문의 유도(乳道)는 영어의 'the Milky Way'와 정확히 일치한다. 그 이름의 기원은 로마신화에서 헤라의 젖이 뿜어 나와 이루어졌다고 한다.

어져 있다. 그러니 [만약 희미하게 별들을 비추어 이루어진 것이 은하수라면] 해가 혹시 북쪽이나 남쪽으로 가서 비추지 못하는 별 또한 반드시 같지 않을 것이다. 이미 같지 않다면 은하수가 있는 곳과 그 모양 또한 같을 수가 없을 것이다. [그런데] 지금 필경 같지 않음이 없으니, 무슨 까닭인가?

此說雖略近, 而亦非. 蓋列星, 無時不見照于日, 而地之影, 未及掩也. 又天河, 夲有定居, 其內之星, 亦有定象, 恒古不改果係, 日不及照之星而成. 則日之或北或南, 其所不照之星, 亦必不同. 旣不同, 則天河之處與其象, 亦不能同矣. 今竟無不同, 何也.

4. 어떤 사람이 또 말하였다. "은하수는 하늘 안에 매여 있는 것이 아니고 오로지 공중에 있다. 또 뭇 별이 모인 것이 아니고, 많은 공기가 쌓인 것이다. [즉] 맑고 얇은 공기가 대부분 상층에 솟아올라 불을 가진 별들의 비춤을 마주 대하여 반드시 불붙어 타고, 땅의 공기는 항상 계속해서 끊어지지 않으므로 은하수는 늘 타며 없어지지 않는다."

或又曰, 天河非係天內, 惟居空際. 又非爲多星之會, 乃多氣之積. 氣之淸薄者, 多冲至上域, 正對火星之照, 必致點燃, 地氣恒繼續不絶, 故天河恒燃不滅也.

5. 이 설명 또한 잘못되었으니 반박할 논의가 있다.
첫째로 말하면 땅의 공기는 두텁거나 얇거나 많거나 적거나 맑거나 짙게 정해져서 하나의 규칙으로 유지될 수 없다. 그러나 은하수는 끝내 예로부터 항상 한곳에 머무르고, 하나의 규칙으로 하나의 모양과 색을 이루고 있어, 혹시라도 바뀌는 것을 보지 못했다.

此說亦非, 有駁論. 一曰, 地氣或厚或薄或衆或寡或淸或濃定, 不能久守一矩. 乃天河終古, 恒居一處, 恒守一矩, 恒成一象一色, 未見或改也.

6. 둘째로 말하면 설사 은하수가 혜성처럼 반드시 공중에 있다고 하자. 그렇다면 그 위에서 마주 대하는 별을 곁에서 볼 때 또한 반드시 같지 않을 것이다. 지금 은하수 위에서 마주 대하는 별은 영구히 고정되어 이동하지 않는다. 따라서 〔은하수는〕 반드시 공중에 매여 있지 않고, 그 위치가 매우 높음을 알겠다.

二曰, 使天河必在空中如彗孛也. 則其上對之星, 從旁方視之, 亦必不同. 今天河上對之星, 永定不移. 因知必不係空際也, 而其位蓋甚高矣.

7. 셋째로 말하면 은하수의 운동은 혜성의 그것과 크게 다르다. 만약 〔은하수가〕 혜성처럼 공중에 매여 있다면, 혜성의 운동과 반드시 같고 큰 차이가 없을 것이다.

三曰, 天河之運動, 大異于彗孛. 若係空際如彗孛, 則與彗孛之運動, 必同, 無大異也.

8. 『성리정론』에서 말하였다. "은하수는 실제로 제8중천인 열숙천(列宿天)[31]에 있다."〔그러니〕 대개 그 운동은 바로 제8중천의 운동일 따름이다. 그 〔은하수의〕 본체를 논한다면 천체 내의 무수히 많은 희미한 별들이다. 별들이 미미하기 때문에 여러 큰 별처럼 인간의 시야에 빛을 쏘아대지 못한다. 또 〔별들이〕 조밀하기 때문에 서로 섞여 갖춘 희미한 빛이 하얀 길이나 하얀 강 모양을 이룬다.[32]

---

31) 지구를 중심으로 회전하는 아홉 개의 천체 가운데 여덟 번째인 항성천(恒星天)을 가리킨다. 마테오 리치는 『건곤체의』(乾坤體義)에서 여덟 번째 하늘을 열숙천(列宿天, 제8중)이라 불렀다.

性理正論曰, 天河實在第八中列宿之天. 蓋其運動, 正第八重天之運動而已. 若論其體, 乃天體內無數之微星耳. 星因微, 未能射光以擊人目如諸大星. 又因其密, 故交所具微光, 而成白道或白河之象焉.

9. 어떤 사람이 말하였다. "제8중천의 질료가 두껍거나 얇아 균일하지 않는데, 그 두꺼운 것이 아래로 물러나 햇빛이나 별빛과 접한 것이 하얀 길 또는 하얀 강 모양을 이루었다."

或曰, 第八重天之質, 或厚或薄不均, 其畧厚者, 下退所接日星之光, 致成白道白河之象.

10. 이 설명 또한 통한다. 〔은하수의〕 형세나 그 주위의 천체가 나뉘는 경계를 논함에 대해서는 또 광활하여 다른 범위와 견줄 수 있는 것은 없다. 그 은하수에 속하는 별들은 곳곳마다 균등하지 않으므로 그 색과 불빛 그리고 곳곳에 넓게 나뉜 것 역시 균등하지 않다.

此說亦通. 至論其形勢, 其周圍天體所分之兩切, 又廣闊, 無他圈之可比. 其道中之星, 處處不等, 故其色其光與其濶分處處, 亦不等矣.

---

32) 은하가 별이 모여서 된 것이라는 것을 처음 망원경으로 확인한 사람은 G. 갈릴레이이다. 그런데 저자인 알폰소 바뇨니는 1566~1640년에 살았고, 갈릴레이도 1564~1642년에 동시대를 살았으므로 그의 이론을 받아들일 가능성은 있다. 그러나 저자는 생애 후반부를 중국의 선교사로 살았기 때문에 갈릴레이의 확인과는 상관없이 이전의 가설을 믿고 말했을 가능성도 있다.

B. 공기에 속한 물상 氣屬物象

1. 불에 속한 물상은 이미 밝혔다. 다음으로 마땅히 공기에 속한 것을 말하겠다. 그 모양은 대다수 다른 색으로 드러난다. 그러므로 반드시 그 색이 그러한 까닭을 말한 이후에 그 본성과 성격을 나열하여 진술한다.

火屬之物象, 已明. 次宜言氣屬者. 其象, 多異色而顯. 故必言其色之所以然, 而後列陳其性情.

1. 대기의 특이한 색깔 空際異色

1. 〔대기 중에서〕 색〔이 생기는 방식〕에는 두 종류가 있다.

하나는 차고 덥고 건조하고 습한 4원소의 성격에 따라 서로 관계하여 생긴 것이니, 이것이 진실한 것이다. 그러나 오직 〔원소가 섞인〕 혼합체에서만 〔그 색깔을〕 볼 수 있다. 〔순수한 원소로 된〕 단순체의 경우는 반드시 〔그 색깔을〕 볼 수 없다.

色有二種. 一從寒熱乾濕四元行之情, 相交而生, 是乃眞實者. 然止于雜軆之物, 可見. 若純軆, 必不能見矣.

2. 〔또〕 하나는 빛이 물체를 비추고 또 반사하는 형세에 따라 생기는데, 이것은 허깨비처럼 허망한 것으로 쉽게 나타났다가 또 쉽게 흩어진다. 그 진실한 것은 별도로 길게 논하므로 여기서는 생략하겠지만, 그 허깨비처럼 허망한 것은 마땅히 상세히 논하여 그 까닭을 탐구해야 한다.

一從光照物軆, 又退反之勢而生, 是乃幻妄者, 易顯亦易散矣. 其眞實者, 別有長論, 于此無與. 其幻妄者, 當詳論之, 而究其所以然.

3. 먼저 그 색의 질료[33]를 논하면 공기이거나 물인데, 공기는 대체로 두껍고 조밀하고자 하고, 물은 대체로 얇고 희박하고자 하여 바야흐로 색을 이룰 수 있다. 또 그것이 드러난 곳은 대개 하늘인데, 그 형상인(形相因, the formal cause)은 빛이요, 그 운동인(運動因, the efficient cause)은 태양과 빛을 내는 물체요, 그 목적인(目的因, the final cause)은 우주의 아름다움과 만유의 완전함이다.[34]

始論其色之質, 或氣或水, 氣欲略厚而密, 水欲略薄而稀, 方可成色. 又其所顯之處, 大槩在空際, 其模者卽光也, 其作者卽太陽與射光之物也, 其爲者卽宇宙之美萬有之全也.

4. 그 〔대기〕 색깔의 종류가 다른 것은 공기 질의 두꺼움과 얇음, 빛의 직진과 반사, 대기의 형세, 인간 시력의 강약에 따른 것이다. 무릇 빛이 비추는 대기의 몸체가 매우 두꺼우면, 그것이 만든 색깔은 반드시 깊고 어둡다.[35] 그 〔대기의〕 몸체가 차츰 얇아지고 습하게 되면 색깔은 반드시 푸르게 된다. 또 좀더 얇아지면 색은 붉게 보인다. 그 몸체가 또

---

33) 여기서 말하는 질(質)은 질자(質者, the material cause)로도 표현되는 질료인(質料因)이며 아리스토텔레스의 4원인설 가운데 하나이다.

34) 모자(模者)·작자(作者)·위자(爲者)는 질자와 함께 아리스토텔레스의 형이상학의 4원인설을 마테오 리치가 중국어로 옮긴 말이다(마테오 리치, 송영배 외 옮김, 『천주실의』, 서울대학교출판부, 1999, 58쪽). 여기서 질료인은 물 또는 공기이다. 그런데 아리스토텔레스의 '원인'(cause)에 대한 원래의 의미는 그리스어 아이티아(aitia)로서 법정에서의 공격 방식, 곧 자연에 대한 탐구 방식이다. 아이티온으로 불린다. 그러니까 질료인은 '그것은 무엇으로 되어 있는가?', 형상인은 '그것은 무엇인가?', 운동인은 '그것을 무엇이 만들어냈는가?', 목적인은 '그것은 무엇에 유용한가?'에 대한 각각의 탐구방식으로, 여기에 본문의 내용을 각각 차례로 대입해보면 질료인은 물 또는 공기, 형상인은 빛, 운동인은 발광체, 목적인은 자연의 아름다움(또는 완전함)이라는 짐에 딱 들어맞는다.

35) 가령 밤이 되어 빛이 없을 때를 생각해보라.

얇아지면 색은 청록이다. 몸체가 또 순수하고 깨끗하게 되었다가 차츰 근처가 두터우면 황색이 된다.[36]

其色之異品, 或由氣質厚薄, 或由輝光進退, 或由空際之異勢, 或由目視之强弱. 凡光照空際之體, 甚厚, 其所生色, 必深而黑. 其體稍薄而濕, 色必靑. 若又略薄, 則色見紅. 其體又薄, 則色靑綠. 體又精而稍帶厚, 則色爲黃.

5. 해·달·별들의 [평소와] 다른 색은 거의 다 대기가 물들어 이룬 것인데, 바로 불꽃의 색깔이 다른 경우가 대부분 그것이 연기와 관계하는 데서 오는 다른 형세 때문과 같다.

如日月星辰之異色, 多爲空際之染所致, 正如火焰之異色, 多由其交煙之異勢也.

2. 무지개 虹霓

1. 무지개 본래의 오묘함과 기이한 까닭은 많은 현상의 으뜸이다. 이에 다음과 같이 그것이 맺혀 이루어지는 순서를 기술하겠다.

虹霓本然之竗, 及其所以然之奇, 爲衆象首. 玆述其結成之次如左.

2. 무릇 무지개를 형성하는 구름은 반드시 얇아지고자 한다. 그전에

---

36) 하늘이 푸르게 보이는 것은 햇빛이 공기 분자에 의하여 산란되기 때문이다. 그 산란광이 우리 눈에 들어오는 것이 푸른색이다. 즉 대기 중에는 파장이 짧은 푸른색 산란광이 우세하여 파랗게 보이는데, 만약 대기 중에 작은 먼지가 많으면 햇빛이 한꺼번에 산란되어 희게 보인다. 그래서 소나기가 내린 후 하늘이 더욱 푸르게 보이는 것은 대기 중에 먼지가 적기 때문이다.

는 햇빛을 받아들여 두껍고, 그후에는 물러나 받은 햇빛은 유리거울[37]과 같다. 그러나 조금이라도 그렇지 않은 경우에는 비록 햇빛을 접하더라도 반드시 무지개를 이루지 못한다.

凡成虹之雲, 必欲薄. 其前以容日照而厚, 其後以退, 所受日光如玻瓈鏡. 然若稍有不然, 雖接日光, 定未能結而成虹.

3. 그러므로 무지개를 형용한 자들이 말하였다. "무지개는 젖은 구름이 햇빛을 반사하여 이루어진 다색의 호(弧)이다." "구름은 무지개의 질료이다." "젖은 것은 무지개[를 이루는] 물질의 형세를 가리킨다."[38]

故形容虹者, 日虹乃潤雲被日, 對照所成, 多色之弧也. 日雲乃虹之質體也. 日潤, 以指虹質之勢也.

4. 대개 구름이 이제 막 비로 변하는 것이 아니라면 무지개를 만들 수 없다. 그러므로 햇빛을 받아 반사한다고 말함은 그 무지개를 만드는 것과 만들어지는 장소를 아울러 가리킨 것이다.

蓋雲非方化雨者, 不能生虹. 故曰被日對照, 以指其虹之造作者, 并其受造之處也.

---

37) 원문의 파려(玻瓈), 곧 유리거울은 불교에서 말하는 7가지 보석 가운데 수정을 말하지만, 프리즘이 아닐까 생각된다. 프리즘은 햇빛을 분산시켜 무지개를 만들기 때문이다.

38) 무지개를 만드는 것은 공중의 작은 물방울이다. 물방울에서 광선의 굴절에 의해 무지개를 처음 설명한 사람은 13세기의 폴란드 비텔로(Witelo)라는 사람인데, 그 이론을 베이컨이 계승하여 구름 속의 물방울이 구슬 모양의 거울로 작용하여 상이 휘어져 여러 가지 색이 생긴다고 생각하였다. 이후 물방울에서 굴절과 반사를 거쳐 생긴다고 주장한 사람은 M.A. 도미니스와 데카르트이며, 뉴턴은 프리즘의 실험으로 굴절률을 밝혔다. 그런데 17세기 전반까지 살았던 이 책의 저자는 적어도 무지개에 관해서는 13세기 이론조차 접근하고 있지 않지만 어느 정도 실제의 상황과 근접하고 있다.

5. 대개 무지개는 구름이 햇빛을 만나지 못하면 생길 수 없고, 또 해를 마주 대하지 않아도 생기지 않는다. 그러므로 무지개는 아침에는 서쪽에, 저녁에는 동쪽이나 동북쪽에 생긴다. 호(弧)라고 말함은 형태가 구부러진 것을 가리킨다. 다색이라고 말함은 여러 단색의 호가 다른 호나 모양과 구별되기 때문이다.

蓋虹非雲接日光, 不足以生, 而日非正對, 又不足成. 故虹朝西, 而暮東, 或東北也. 曰弧, 以指其形之曲也. 曰多色, 以別于諸一色之他弧他象也.

6. 다음으로 말하면 인간이 구름과 해 사이에 있을 때 비로소 무지개를 볼 수 있는 것은 무엇 때문인가?

구름은 거울과 똑같아 만나는 햇빛을 반사시키는데, 그래서 무지개를 만든다. 그러므로 인간이 해와 구름 사이에 있지 않으면, 구름이 반사시키는 햇빛과 그것이 만드는 무지개 모양을 절대로 볼 수 없다. 만약 구름이 해와 눈 사이에 있다면, 비록 눈이 대면하는 쪽에서는 무지개가 생기더라도 인간의 눈이 대면하는 쪽에서는 반드시 무지개가 없다.[39]

次曰, 人必居雲與日之間, 始可見虹, 何也. 雲正如鏡, 回退所接日光, 因而成虹. 則人非居日雲之間, 萬不能見雲所退之日光, 幷其所製之虹象也. 設雲在日與目之間, 雖面目之分, 成虹, 而面人目之分, 必無虹.

---

39) 여기서 '눈'이 대면하는 쪽과 '인간의 눈'이 대면하는 쪽으로 나눈 이유가 납득되지 않을 것이다. 도표로 그린다면 눈-구름-태양이거나 태양-구름-눈이 될 터인데, 그 어떤 경우이든 지상의 인간의 시야에서는 무지개가 보이지 않는다. 인간의 시야에선 태양-인간의 눈-구름(물방울) 또는 구름-인간의 눈-태양일 경우에 가능하다. 그래서 '눈'이 대면하는 쪽이란 객관적 상황을 말한다. 바로 뒤의 설명으로 추론 가능하다.

7. 설령 해가 구름과 눈 사이에 있어[40] 비록 해를 맞이해 구름이 무지개를 만들었을지라도 너무나 멀어 인간의 시야에 미치지 못한다. 왜 그런가? 무지개의 색깔과 모양이 인간의 눈에 미칠 수 있는 것은 15리〔이내의〕거리여야 한다. 저 해 밖의 무지개 경우, 그 멀기가 18도 4천 500리에 그치지 않는다. 따라서 사람의 눈이 반드시 해와 구름 사이에 있어야 하늘의 무지개를 볼 수 있음을 알겠다.

設日在雲與目之間, 雖迎日而雲成虹, 太遠, 又不及見于人, 何也. 虹之色象, 能擊及人目者, 十五里之遠而已. 若彼日外之虹, 其遠不止十八度四千五百里. 因知人目, 必宜在日與雲之間, 天虹乃可得見也.

8. 다음으로 말하면 동시에 많은 무지개가 생길 수 있다. 가령 해가 정오에 이르고, 동쪽과 서쪽에 각기 무지개를 생성하는 구름이 충분하여 해가 비추면 무지개가 생성되지 않음이 없다. 사람이 다만 하나만 보는 것은 두 개의 다른 장소에 동시에 있을 수 없기 때문이다. 또 설령 한 곳에 무지개를 생성할 수 있는 구름이 둘이라도 햇빛이 마주 비출 경우, 그 하나의 정면으로 대하는 것이 무지개를 만든다.

次曰, 同時多虹可成. 假如日及午, 東西方各有足成虹之雲, 日照之, 無不成虹第. 人止見其一, 因人不能幷居二異方故也. 又使一方幷有二可成虹之雲, 日光對照, 其一正對者成虹矣.

9. 또 받은 햇빛을 다시 되돌려 가까이 있는 다른 구름에 비추어 제2의 무지개를 만든다. 또 제2의 구름의 햇빛에서 다른 구름으로 반사하

---

40) 이것은 원리적으로 인간의 관측으로는 불가능한 가정이다. 해가 지구 밖에 존재하기 때문에 구름과 관측자의 눈 사이에 해가 절대로 놓일 수 없다.

여 거듭 제3의 무지개를 만든다. 단지 그 색의 기묘함을 논한다면 제3의 무지개는 제2의 무지개보다 못하고, 제2의 무지개는 제1의 무지개보다 못한데, 그 까닭은 제1의 무지개는 유독 바로 비추는 햇빛을 받으나, 제2의 무지개나 제3의 무지개가 받는 것은 다만 희미하게 반사하는 햇빛의 비춤이기 때문이다.

且復回所受之日光, 照相近之他雲, 而成第二虹矣. 又從第二雲之日光, 退傳至于他雲, 仍成第三虹矣. 但論其色之奇, 第三不如第二, 第二又不如第一. 因第一乃獨受正照之日光, 而第二第三所受者, 特日光邪退之照故也.

10. 다음으로 말하면 달〔빛〕 또한 무지개를 만든다. 그러나 해처럼 여러 색의 무지개를 만들 수 없고, 다만 하나의 백색으로만 보이거나 차츰 황색의 띠를 이룰 따름이다. 〔그것은〕 대개 달을 마주하는 구름이 비록 무지개를 이루는 데 충분하더라도 달빛이 미약하여 구름 안에 깊이 침투해서 여러 다른 색깔을 이룰 수 없〔기 때문이〕다.

次曰, 月亦成虹. 但不能如日之虹有多色, 止見一白色, 或又稍帶黃色而已. 蓋對月之雲, 雖足成虹, 而月之光懦弱, 不能深透雲體, 以成許多異色也.

11. 다음으로 말하면 무지개의 여러 색깔은 모두 헛보이는 것이지 진실이 아니다. 마치 등불이 탈 때 둘레에 여러 색이 보이는 것이나 해를 마주하고 물을 뿜을 때 공중에 여러 색이 보이는 것, 또 흰 비둘기가 해를 향해 〔날고 있을〕 때 그 드러나는 것 또한 여러 색이므로, 이 여러 색은 거짓으로 헛보이며 실제가 아닌 것은 무슨 까닭인가?

次曰, 虹之異色, 皆幻而非眞. 如燈燃或見多色圍繞, 又對日噴水時, 亦見多色于空中, 又白鴿向日, 其顯亦發多色, 則是諸色僞幻不實, 何也.

12. 여러 색깔이 때에 따라 드러나고 때에 따라 흩어지는 것은 해가 구름을 비추는 형세 때문이지, 원소가 가진 원래의 성질이 관계하는 본색이 아니기 때문이다. 무지개 색깔이 비록 많으나 그 중요한 것을 대략〔그 색깔의〕중간 범위로 나누면 세 가지가 된다. 그 꼭대기는 향기로운 레몬[41] 색과 같고, 중간은 푸른 풀색과 같으며, 맨 아래는 붉은 꽃색깔과 같다.[42]

諸色時顯時渙, 由于日照雲之勢, 而不由原情之交正色故也. 虹色雖繁, 而其要者, 約分半圈爲三. 其上如香圓色, 中如靑艸色, 下如紅花色.

13. 그 색깔이 다른 까닭은 구름의 얇거나 두꺼운 상이한 형세 때문이다. 대개 구름의 꼭대기는 일반적으로 얇아서 햇빛을 받으면 황색을 드러내고, 중간은 두꺼워서 녹색을 드러내며, 아랫면에는 다시 얇아서 홍색을 드러낸다.[43]

若其所以不同, 由于雲之薄厚異勢. 蓋雲之上面略薄, 故接日照, 卽顯黃色, 中體略厚, 故顯綠色, 下面叓薄, 故顯紅色矣.

---

41) 원문의 향원(香圓)은 향연(香櫞)으로 노란색이다.
42) 이 설명은 일반적으로 알려져 있는 빨강 · 주황 · 노랑 · 초록 · 파랑 · 남색 · 보라색의 순서와 차이가 있다.
43) 이 설명은 사실과 다르다. 무지개 색은 해의 백색광이 공중의 작은 물방울에 의하여 굴절되고 반사하여 이루어지는데, 이때 여러 색의 빛이 제각기 파장이 다르기 때문에 가시광선의 여러 색깔로 분산되어서 무지개가 생긴다. 구름의 두께와 상관없다. 이것은 아마도 무지개와 상관없이 구름이 햇빛을 만나 이루는 색깔까지 무지개의 범위에 넣은 결과로 보인다. 곧 엷은 연두색은 얼음이 햇빛을 산란시킬 때 붉은색 · 오렌지색 · 분홍색 구름이 해가 뜰 때나 질 때 햇빛이 대기에 의해 산란되면서 보이는 현상이다.

14. 또 그 구름이 두텁고 얇은 차이는 반드시 공기 형세의 차이 때문이다. 얇고 맑은 공기일수록 그 상승하는 것은 더욱 높고 그 접하는 햇빛도 더욱 깊으나, 그 반사하는 빛은 더욱 약하고 생기는 색도 더욱 가볍고 얇다. 〔그러나〕 탁하고 두꺼운 공기일수록 그 상승하는 것은 더욱 낮고 접하는 햇빛도 더욱 얇아서 그 반사하는 빛은 더욱 강하므로 생기는 색도 더욱 짙고 깊다.

又其雲薄厚之異, 必由于氣之勢異也. 氣之愈淸且薄者, 其騰愈高, 而接日光愈深, 其回光愈弱, 其所生之色, 愈輕淡矣. 氣之愈濁且厚, 其騰愈下, 而接日光卽愈淺, 其回光卽愈强, 故所生之色, 亦愈濃深矣.

15. 〔무지개가 동시에 생길 때〕 제2의 무지개를 제1의 무지개와 비교하여 말한다면, 그 색깔은 비록 같으나 순서는 서로 반대이다. 〔즉〕 대개 꼭대기는 반대로 홍색이고, 중간은 녹색으로 저절로 같고, 아래는 반대로 황색이다. 그 까닭은 거울이 상을 맺는 정세를 가지고 추리할 수 있다. 두 개의 거울을 서로 마주 대할 때 거기에 비치는 물건의 상은 반드시 서로 정반대이다. 〔곧〕 대개 하나〔의 물체〕를 위로 여기면 하나는 반드시 아래가 되고, 하나를 왼쪽으로 여기면 하나는 반드시 오른쪽이 되는 것이 그것이다.[44]

至言第二虹, 較之第一, 其色雖等, 而其序相反. 蓋上反爲紅, 中綠自若, 而下者反黃矣. 其故以鏡發象之情勢, 可推矣. 二鏡相對時, 其所照物之象, 必正相反. 蓋一以爲上, 一必以爲下, 一以爲左, 一必以爲右, 是也.

---

44) 이것을 제2의 무지개라고 한다. 빗방울 안에서 빛이 두 번 굴절과 반사를 거쳐서 만들어진다. 보통 쌍무지개라고 부르는데 색의 배열순서가 서로 반대이다.

16. 다음으로 말하면 무지개의 모양은 작은 반원의 범위일 뿐이다. 그 까닭은 하나의 질료로 된 구름을 비추는 데 대해 인간이 바라보는 형세가 그렇지 않을 수 없기 때문이다. 또 무지개가 높은 것은 반드시 해의 〔고도가〕 낮기 때문이고, 무지개가 낮은 것은 반드시 해가 높기 때문이다.

次曰, 虹之形, 小半圈而已. 其故由于雲之質一之照, 人視之之勢, 不能不然矣. 又虹高, 必由日低, 虹低, 必由日高.

17 또 해가 동쪽이나 서쪽에 있을 때의 무지개는 반드시 짧고 넓으며, 해가 중천에 있을 때의 무지개는 반드시 좁고 길다. 또 낮이 짧을 때는 무지개가 매우 촘촘하고, 여름 오후에는 매우 듬성듬성하며, 추분 이후에는 때때로 〔무지개를〕 볼 수 있다.

〔이상은〕 구름과 공기와 해가 비추는 형세가 그렇게 만든다.

又曰或在東西之時, 其虹必短而濶, 在中天時, 虹必窄而長. 又晝短時, 虹甚密, 夏日午後, 則甚稀, 至秋分後, 時時可見. 乃雲氣及日照之勢, 使然也.

18. 다음으로 말하면 무지개는 비가 올 조짐이 된다. 대개 구름이 반드시 수분을 머금으면 장차 비로 변해서 무지개를 이룰 수 있다. 즉 오후에 무지개가 생기면 반드시 많은 비가 올 것을 가리키고, 저물어서 늦게 나타나면 가늘고 약한 비가 올 것을 안다. 만약 드러난 색이 여럿 겹치면 비가 더욱 많은데, 비를 품은 구름이 많기 때문이다.

次曰, 蝃蝀爲雨兆. 蓋雲必潤, 而將化雨方可成虹. 則虹于午後顯發, 必指來雨之多, 至晚時顯, 知雨之微薄矣. 若顯色甚重, 其雨尤多, 因降雨之雲, 爲多故也.

19. 둘째 무지개는 또 〔날씨가〕 갤 것이라는 조짐이 된다. 대개 구름이 두껍고 또 응결된 것이 무지개를 만들지 못하면 반드시 큰비를 내린다. 만약 무지개를 이루는 구름이 먼저 얇았다가 나중에 두껍다가 이미 변해서 흩어져버린다면 보슬비가 된다. 이미 다 변했다면 하늘은 반드시 갤 것이다. 따라서 무지개가 비록 비〔가 올 것을〕 가리키나 반드시 크게 오랫동안 내릴 수 없음을 알겠다.

二, 蝃蝀又爲晴兆. 蓋雲之厚而且結者, 未能成虹, 則必降大雨. 若成霓之雲, 薄于前, 而厚于後, 已化散, 爲微雨矣. 化旣盡, 天必將晴. 因知霓雖指雨, 必不能大且久也.

3. 구름 동굴 雲窟

1. 깊은 밤 하늘에는 많은 형상(形象)이 드러나는데, 그 까닭을 모르는 것에 대해서는 반드시 꺼리고 피하므로 이에 핵심을 거론하여 그 이유를 풀어보겠다.

深夜空中, 多顯形象, 未徹其所以然者, 必生忌諱, 玆擧其要, 而釋其由.

2. 무릇 맑은 공기가 공중으로 높이 상승하여 밀도 높게 맺혀 넓게 끌때, 그 내부는 대체로 밀도가 높고 주위는 희박하다. 이에 별빛과 인간의 눈 사이에는 깊은 동굴 모양을 이룬다. 곧 공기의 바깥은 〔밀도가〕 희박하여 별빛을 받아들일 수 있으므로 얇아 보이나, 그 안쪽은 밀도가 높고 두꺼워서 〔별빛을〕 깊이 받아들일 수 없으므로 깊어 보이니 동굴과 다름없다. 화법상으로 깊고 먼 것을 그리려면, 반드시 먹으로 많이 채우고 하얀색으로 주위를 칠한다. 만약 높은 것을 그리려 한다면 이와

반대로 한다.

凡淸氣繁騰空際, 疊結廣延, 其內略密, 其圍稀薄. 乃在星光與人目之際, 卽成深穴象. 蓋其外稀薄, 能受星光, 故見淺, 而內密厚, 未能深受, 故見深, 與窟穴無異也. 繪法凡欲畫深者遠者, 必多實墨, 而以粉地圍之. 若欲畫高者, 反是.

4. 위광 圍光

1. 땅의 공기가 공중에 많이 쌓이면 구름으로 응결할까? 그러나 그 공기 주위의 두께가 균등하면 서로 벗어나지 않는다. 홀연히 위에서 비추는 해나 달 혹은 커다란 별의 빛을 받으면 그 빛은 공기를 투과하지 못한다. 이에 〔빛이〕 반사하면서 번쩍이며 주위에 흩어져 권광(圈光)[45]의 형상(形象)을 이룬다.

地氣多積于空中, 或結雲與否. 但其氣周圍, 均齊厚薄, 不至相勝. 于此忽被日月或大星, 從上來照, 其光不能通透氣. 乃退而閃散于周圍, 致成圈光之象也.

2. 이런 모양이 달빛 아래에서 많고 햇빛 아래에서 적은 것은 햇빛의 힘이 두껍고 커서 그 공기를 변화시키고 흩으므로 응결하여 〔일정한〕 범위를 형성하지 못하게 하기 때문이다. 달빛의 경우는 그렇지 않으니 혹 빛이 비추는 범위가 점점 조밀해지면 반드시 비가 올 조짐이 된다.

---

45) 위광(圍光)과 같은 의미로 쓰이며 공중의 일정한 곳에 머무는 한정된 빛을 말한다. 그런데 원문의 목차에는 원광(圓光)으로 되어 있어 뜻은 통한다. 그러나 본문의 목차에는 위광(圍光)으로 되어 있고, 또 내용에 등장하는 글자도 원(圓)이 아니라 위(圍)가 등장한다. 그래서 목차도 위광으로 바꾸었다.

대개 습한 공기가 상승한 징후를 증험해보면 기상은 반드시 많은 구름을 만들어 비를 이룬다.

此象月下多, 而日下小者, 因日光之力, 厚大, 化散其氣, 不使結成圈矣. 若月光不然, 倘光圈漸密, 必爲雨來之兆. 蓋驗濕氣上升之象, 氣象必多結雲而致雨也.

3. 이 [빛이 비추는] 범위가 또 세 방향을 따라 변하여 흩어지면 반드시 많은 바람이 불 조짐이 된다. 만약 또 스스로 변하면서 열려 흩어지면 반드시 하늘이 갤 것이라는 생각을 증험한다. 대개 따뜻한 공기가 습한 공기를 없애면 비는 생길 수 없고 하늘은 저절로 맑아진다.

倘是圈又從三方化散, 必爲多風之兆. 若又自化而開散, 必驗天晴之意. 蓋氣之熱者, 消化其濕者, 雨無由可生, 而天自晴矣.

5. 떨어지는 나뭇가지 墜條

1. 공기는 구름이 결정될 때 그 두께가 고르지 않으면 곁에서 비추는 햇빛을 받아도 그 빛의 깊고 얕음이 같지 않다. 그래서 이루어지는 가짜 색깔도 매우 기이하다.

氣至結雲時, 其厚薄不齊, 則承日之旁照, 而其光深淺不等. 因所致之僞色, 亦甚異.

2. 그러나 그 색깔은 구름의 형세에 따라 반사하고 아래로 드리워지는데, 바로 해가 쏘는 햇무리와 같으므로 떨어지는 나뭇가지 모양을 이룬다. 그 색깔과 몸체는 모두 정해진 수량이 없으나 대부분 무지개빛이다.

然其色承雲勢, 退而下垂, 正似日射之暈, 故成墜條之象. 其色與其體, 俱無定數, 而色多類虹也.

6. 여러 개의 해 多日之象

1. 해가 운행할 때 남북 방향과 관계없이 홀연히 젖은 구름을 곁에서 만나면 해를 향한 구름의 면은 얇아지므로 햇빛과 그 상(像)을 깊숙이 받아들인다. 〔그러나〕 그 해를 등진 구름의 면은 두꺼워지므로 받아들인 빛과 상(像)은 통과할 수 없다. 이에 반사되어 아래로 인간의 시야에 이르게 되어, 무지개를 이루는 구름과 대략 비슷하나 해가 두 개로 보이게 된다.[46)

太陽行時, 不拘南北, 忽遇潤雲在旁, 其雲向日之面, 爲薄, 故深受日光及像. 其背日之面, 爲厚, 故所受光與像, 不能通透. 乃退而下及人目, 與成虹之雲, 略相似, 致見日有二.

2. 그 하나는 해와 관계되니 진짜요, 다른 하나는 곁에 있는 구름과 관계되니 가짜인데, 바로 거울을 대면할 때 반드시 거울 안에 상(像)이 생기는 것과 같다. 무릇 곁에 있는 자는 〔실물인〕 하나의 진짜 사람과 거울 속에 반사된 것의 완연한 두 개의 상을 보게 된다. 또 맑은 물도 〔이것을〕 체험할 수 있다. 샘물이나 사발의 물도 한 가지로 해의 비춤을 받아들여 해의 상이 생기지 않음이 없는데, 하늘에서나 물에서 두 상은 차이가 없다.

---

46) 이것을 환일(幻日)현상이라 부르는데, 사실은 공기 중에 떠 있는 얼음결정에 햇빛이 반사와 굴절을 했을 때 생기는 현상이다.

其一係本輪, 乃眞者, 一係芴雲, 乃僞者, 正如對鏡者, 必生像于鏡內. 凡在芴者, 見一眞人與鏡中所退, 宛有二像矣. 又淸水亦可取驗. 其在泉或在盂, 一受日照, 無不生日像, 在天與在水, 二像無異也.

3. 만약 구름의 정면이 맑고 얇지 않으면 반드시 햇빛을 깊이 받아들일 수 없다. 〔또 구름의〕 배면이 두껍고 밀도가 높지 않으면 반드시 햇빛을 반사시킬 수 없다. 〔그리고 구름의〕 내부의 맑음과 밀도와 두께가 균등하지 않으면 반드시 해의 온전한 상을 받아들이거나 반사시킬 수 없다. 〔이런 현상을〕 거울과 물을 〔가지고〕 시험해보아도 그렇지 않음이 없다. 혹 이런 구름 둘이나 셋이 곁에 서로 늘어져 있어 서로 전달하고 이어지지 않음이 없다면 인간의 시야에 많은 해가 보이게 된다.

若雲之正面, 不淸薄, 必不能深容日光. 背面不厚密, 必不能回退日光. 內軆之淸密厚薄, 或不均齊, 必不能于日之全像, 或受或退也. 試之鏡與水, 無不然矣. 倘此雲或二或三, 在芴相列, 無不相傳相承, 致人見有多日矣.

4. 또 설명한다. "오직 해가 뜨고 질 때 여러 개의 해를 이루는 것이지, 만약 〔해가 하늘〕 정상에 있다면 이루기 어렵다. 대개 해가 정상에 있을 때는 땅에 직사광선을 내리쬐므로 젖은 구름을 만나도 반드시 그것을 말려버려서 오래 머물러 이런 상을 형성하기가 어렵다. 또 해에서 너무 멀리 있는 구름은 햇빛을 받아들일 수 없고, 너무 가까이 있는 구름은 〔그 빛에 의해〕 말라 흩어져버리니, 오직 멀고 가까움이 적당해야 바야흐로 그러한 상을 형성할 수 있다."

又說曰, 惟日升降時, 則致多日之像, 若在頂, 則難得成. 蓋日在頂, 直射其暈于地, 卽遇潤雲, 必晞化之, 難以久存而成是像也. 又雲太遠日者, 不能受光, 又太近日者, 未免化散, 惟遠近得中, 方能成之.

5. 어떤 사람이 물었다. "해는 둘이나 셋으로 보인다.[47] 달의 경우는 어떠한가?"

　或問曰, 日則見二或三矣. 若月如何.

6. 답한다. "달 또한 그러하다. 보름이 되었을 때 달은 이미 가득차고 힘은 다시 커졌다. 그러므로 젖은 구름을 맞이하여 여러 조건이 갖춰지면 그 상을 전하지 않음이 없고, 둘 또는 세 개의 달이 보인다. 세 개의 달 중 오직 가운데 것이 진짜이고 곁에 있는 것은 가짜이니, 해 또한 그러하다."

　答曰, 月亦然. 其望時, 輪旣滿而力更大. 故値潤雲, 而備數端者, 無不傳其像, 而見二或三矣. 三者, 惟中爲眞月, 在旁者僞也, 日亦然.

7. 어떤 사람이 또 물었다. "자연법칙에 따르면 무릇 상은 스스로 드러낼 수 없고, 오직 이끌린 사람이 상을 따라 이르러 그 사물을 볼 뿐이라고 한다. 해의 진짜 몸체는 오로지 하나인데, 어떻게 세 개처럼 보는가?"

　或又問曰, 依性理, 凡像自不可見, 惟引人由像, 至見其物而已. 日之眞

---

47) 『세계일보』 2011년 1월 11일자에 의하면 중국 『신화통신』 1월 8일자 기사를 인용하여 태양이 여러 개 보이는 현상이 중국에서 목격되었다고 사진과 함께 보도한 적이 있다. 또 2011년 1월 28일 MBC 보도에 따르면 우리나라 청송에서도 목격된 바 있다. 태양이 둘로 관측된 것은 2011년 3월 6일 타이완 TTV 뉴스에서 보도된 적이 있다.

體, 惟一, 乃何見之如三乎.

8. 답한다. "해의 실제 몸체는 오직 하나이나 상이 셋인 것은 모두 이끌린 사람이 이것을 따라 세 개의 해를 보기 때문이다.[48] 다만 해가 스스로 드러내는 본체의 상은 곧바로 인간의 눈에 부딪혀 당겨지니, 인간이 마침내 해의 몸체를 곧바로 보는 것은 본래의 해가 있는 것과 같다. 〔그러나〕 짙은 구름 속을 수직으로 내려오는 해는 상이 왜곡되어 전해지므로 이끌리는 사람은 마치 구름 안에 있는 해를 볼 뿐이다. 그러므로 세 개의 상은 다만 하나의 해의 몸체를 전하는 것이지만, 그것이 말미암는 방법에 다른 점이 있다."

答曰, 日之實體惟一, 而像之三者, 皆引人由是, 以見一日也. 但日所自發本體之像, 直擊人目而引之, 人遂直見日體, 如在本輪. 若其花雲垂下之日, 像曲傳而下, 則引人見日, 如在雲內而已. 故三像, 止傳一日之體, 而其所由之道, 有所不同矣.

9. 또 설명한다. "무릇 해가 많이 보이는 것은 반드시 비가 올 조짐이라고 한다. 대개 습한 공기가 많을 때 가짜 해가 진짜 해의 남쪽에 있다면 더욱 많은 비가 내리는데, 그것은 남쪽의 구름이 더욱 습하고 쉽게 비로 변하기 때문이다."

又說, 凡見日多者, 必爲雨來之兆. 蓋濕氣衆也, 若僞日在眞日之南, 其雨更多, 因南方之雲, 尤濕而易化爲雨故.

---

48) 논리적으로 앞의 질문과 답이 맞지 않다. 그래서 '하나'가 '세 개'가 되어야 뜻이 통한다.

7. 바람 風

1. 옛날에는 대부분 바람을 공중을 채우고 있는 공기로 여겼다. 가만히 있으면 공기가 되고 움직이면 바람이 된다고 했는데, 이 설명은 잘못되었다.

古者, 多以風爲充塞空際之氣也. 靜則爲氣, 動則爲風, 此說非也.

2. 대개 바람이 없을 때도 공중의 공기가 움직일 수 있는 많은 단서가 있다. 가령 사람이 손으로 부채질을 하거나 채찍 등을 휘두르면 공기는 요동한다. 총을 발사할 때나 북이나 금속을 때려 울릴 때와 누각이 쓰러지며 집이 무너질 때 그 주위의 공기가 크게 움직이니, 〔그것을〕 누가 바람으로 여긴단 말인가?

蓋無風時, 空際之氣有多端可動. 假如人搖手使扇揮鞭等, 氣卽搖動. 如銃發鼓響金鳴, 樓偃屋毀, 其周圍之氣大動, 乃誰以爲風耶.

3. 곧 『성리정론』에 의거하여 먼저 말한다. 바람의 원질은 땅이 발생시킨 건조하고 따뜻한 공기로서 여러 단서가 있어 증명할 수 있다.

卽依性理正論, 先曰, 風本質, 乃地所發乾熱之氣, 有多端, 可証.

4. 첫째, 봄과 가을에 바람이 많은 것은 무슨 까닭인가? 이때에는 공중에 건조하고 따뜻한 공기가 많이 모인다. 둘째, 새벽에 해가 뜰 때 바람이 많은 것은 무슨 까닭인가? 해가 떠오르면 반드시 많은 공기를 끌어당긴다. 셋째, 눈으로 변할 때 바람이 많은 것은 무슨 까닭인가? 눈속에는 건조한 공기가 많은데, 이 공기는 장차 차고 습한 것으로 나누어 갈라지려 하므로 바람이 생긴다. 넷째, 공중에 홀연히 불빛이 보이

면 나중에 반드시 바람이 불 것을 아는 것은 무슨 까닭인가? 불이란 건조하고 뜨거운 공기가 만들어낸다. 다섯째, 바람이 클수록 물건이 더욱 건조해지는 것은 무슨 까닭인가? 바람의 원질이 건조하고 따뜻하기 때문이다.

一, 試春秋時多風, 何也. 是時空際多聚乾熱之氣. 二, 曉晨時多風, 何也. 日出而升, 必攝多氣. 三, 雪化時多風, 何也. 雪內多有乾氣, 是氣將分別于冷濕, 故生風. 四, 空際忽見火色, 知後必有風, 何也. 火者, 乾熱之氣所致也. 五, 風愈大而物愈燥, 何也. 風之元質, 乾熱故也.

5. 이로써 알 수 있으니, 공중의 공기는 비록 움직일 때 바람을 만들기도 하고, 바람처럼 사람을 시원하게 할 수 있다. 그러나 그 실상은 바람과 다르니, 바람의 원질은 대부분 건조한 공기에 속하며, 건조한 공기 중에도 습한 공기가 간여한다. 그러므로 봄철의 바람과 바다 위의 바람이 대부분 물건을 썩게 만드는 것이 증험될 수 있다.[49]

由是可知, 空際之氣, 雖動時或生風, 亦能如風之淸涼人物. 然其實, 與風不同, 則風之元質, 多屬乾氣, 乾氣中或亦有濕氣參之. 故春時之風與海上之風, 多致物朽, 可以爲驗.

6. 〔『성리정론』에 의거하여〕 다음으로 말한다. 건조하고 더운 공기가 상승하여 〔공기의〕 중간층에 이르면 찬 공기로 둘러싸인다. 그러는 동안 상승하지도 못하고 성질은 가벼워지며 하강하지도 못하므로 반드시 가로로 날아다니게 된다. 또 그 날아다니는 속도와 강약은 공기의 많고

---

49) 바람에 대한 설명은 4원소의 성질을 가지고 설명하려 하니 견강부회한 점이 있다. 원래 바람은 공기의 기압차에 따라 생긴다. 즉 고기압에서 저기압으로 부는데 이때 공기의 이동이 바람이다.

적음과 청탁 그리고 그것이 위로 솟아오르는 힘과 기세에 달려 있다. 일반적으로 솟아오르는 공기는 매우 빠른데, 만일 〔어떤 방해물에 의해〕 막히게 되면 그 되돌아 나는 것도 반드시 매우 빠르다.[50]

次曰, 乾熱氣騰上, 至于中域, 爲冷寒氣所抱. 旣不得上而性輕, 又不得下, 則必致橫飛也. 又其飛之遲速强弱, 由于氣之衆寡淸濁, 及其上冲之力與勢也. 蓋氣之冲上者, 疾急, 一値阻阨, 其退飛, 亦必迅速.

7. 이것으로 알 수 있으니, 바람이 불 때 그 전후좌우의 공기는 움직이면서 따르지 않음이 없다. 이 경우라면 공기가 움직여 바람이 되는 것에도 반드시 근거가 있다.

由是可知, 風飛時, 其前後左右之氣, 無不動而隨之者. 是以, 氣動爲風者, 亦必有故也.

8. 〔『성리정론』에 의거하여〕 다음으로 말한다. 정풍에는 오직 네 가지가 있는데, 곧 네 방향에서 발생하는 동풍·서풍·남풍·북풍이 그것이다. 정동과 정서는 적도 아래에서 〔방향을〕 둘로 나눌 때 해가 뜨고 지는 방향이므로 정동풍과 정서풍은 반드시 이 방향을 따라 발생한다. 남풍과 북풍의 두 바람의 이치 또한 그러하다.

次曰, 正風, 惟有四, 卽四方所發, 東西南北是也. 正東正西, 乃赤道下二分時, 日所出入之方, 則正東西二風, 必由是方而發. 南北二風之理, 亦然.

---

50) 일반적으로 더운 공기는 상승하니 그 주변은 지기압이 된다. 그곳의 공간을 채우기 위해 고기압에서 공기가 이동하는데 그것이 바람이다. 이 설명과 비교가 된다.

9. 다른 여러 바람의 경우 방풍이라 부르는데, 그 중요한 것에는 4개가 있고, 작은 것에는 24개가 있다. 대개 땅의 평평한 면을 고르게 나누면 8방향이 되고, 그것을 다시 나누면 16방향이 되며, 또 그것을 다시 나누면 32방향이 된다. 그 수의 실상은 항해자나 명석한 선비가 자주 증험하여 그렇지 않음이 없다.

若諸他風, 謂之旁風, 其要有四, 其小者, 至有二十四. 蓋平分地平圈爲八分, 又再分爲十六, 又再分爲三十二. 其數之實, 航海者明士, 屢驗而無不然.

10. 〔『성리정론』에 의거하여〕 다음으로 말한다. 바람의 성격과 형세는 반드시 그 공기의 원질을 따른다. 공기의 원질은 건조하거나 습하거나 덥거나 차가우므로 그〔에 따라〕 생기는 바람 또한 그러하다.

次曰, 風之情勢, 必隨其氣之元質. 氣之元質, 或乾或濕或熱或冷, 則其所生之風, 亦然.

11. 또 거쳐간 지역을 따라 바람은 반드시 그 형세를 가지고 있다. 〔곧〕 북풍과 서풍은 주로 눈 덮인 산과 건조한 지대를 통과하므로 차고 건조하나, 남풍과 동풍은 주로 바다를 따라 발생하거나 또는 적도 아래의 더운 지방을 거치므로 덥고 습하다. 또 〔바람은〕 각 지역에서의 아름답고 더럽고 맑고 탁한 것으로 물들어 있기 때문에 인물들에게 〔그것을〕 전염시킬 수 있다.

又因所經之地, 而風必帶其勢. 北風西風, 經多雪山乾地, 故寒且乾, 南風東風, 多從海出, 又經赤道下之熱地, 故熱且濕也. 又因各地以沾, 其美惡淸濁之染, 能轉染人物也.

12. 또 바람이 사라지고 길어지는 규모도 일정하지 않다. 해가 뜰 때는 대개 바람이 부는데, 햇빛이 공기를 데워 움직이게 하기 때문이다. 만약 바람이 먼저 불고 있었다면, 해는 점차 그 공기를 변화시켜 또 바람을 그치게 할 수 있다. 또 해가 질 때면 길게 불던 바람은 공기가 햇빛을 받지 않게 되므로 약해진다. 또 해가 그 공기를 말려 왕성하게 하는 것이 없기 때문에 바람이 발생하기도 한다.

又風消長之規不一. 日出時槩發風, 因日照煖氣, 而使之動. 若先有風, 日漸化其氣, 又能致風息. 又日落時, 風有長息者, 氣已失日照, 故弱. 又因無日晞化其氣乘旺, 故風或發.

13. 그〔바람 부는〕때를 종합하면 땅이 덥거나 찬〔서로〕다른 형세가 바람이 크고 작고 일어나고 그치는〔서로〕다른 차이를 만든다.[51]

摠之時, 地熱冷之異勢, 致風有大小發息之不同也.

14. 또 여러 바람의 실정을 말해보면 각 지방에 따라 같지 않다. 우리 유럽 여러 나라는 북풍을 좋게 보고 남풍을 사납게 여긴다. 아프리카 여러 나라는 이와 반대이며, 다른 지방 또한 그러하다. 그것이 그러한 까닭은 모두 앞에서 진술한 여러 단서에 나오지 않았다.

又說諸風之情, 在各方不同. 吾歐羅巴諸國, 以北風爲尙, 以南風爲虐. 利未亞諸國, 反是, 他方亦然. 其所以然者, 皆不出上所陳數端矣.

15. 폭풍에는 대략 세 가지가 있다.

---

51) 이 설명은 어느 정도 타당성이 있다. 인접한 두 지역에서 한쪽의 땅이 더우면 공기가 상승하여 일반적으로 저기압을 형성하므로 다른 한쪽의 추운 고기압 지역에서 저기압 지역으로 바람이 분다.

첫째로 말하면 빠른 바람이다. 건조하고 더운 공기가 공중에 쌓일 때 차가운 구름을 만나 감싸이게 되는데, 마치 경계선 안에서 오래된 압박을 금하지 않는 것과 같다. 이에 스스로 힘을 떨치며 구름과 부딪쳐 폭발하듯이 나오면서 내려와 일정한 방향도 없이 제멋대로 불어대니 대략 천둥과 비슷하다. 그 때문에 무릇 〔그 폭풍을〕 만나는 나무나 집이나 항해하는 배는 반드시 피해를 입게 된다. 〔해서〕 서양에서 오는 항해자들은 무릇 적도 아래 지역에 이르면 하나같이 검은 구름을 보게 되는데, 반드시 돛을 거두어 들여서 피해가 없도록 대비한다. 대개 이 지역에는 빠른 바람의 피해가 많다. 또 이 바람이 제멋대로 불 때 가장 더운 열과 큰비를 동반하는데, 하나같이 사람의 의복을 적셔 반드시 부패시키고 벌레를 많이 발생시킨다.

暴風約有三. 一曰迅風. 乾熱氣積于空, 或遇冷雲達圍, 如在坺中, 不禁久逼. 乃自奮力撞雲, 爆出而下, 無法橫肆, 與雷略相似. 因而凡所遭樹木房樓舟航, 必致毁敗矣. 西來航海者, 凡至赤道下, 一見黑雲, 必收其帆, 以備不虞. 蓋是地多有迅風之害也. 且此風吹肆之時, 倂帶㝡熱大雨, 一濕人衣服, 必朽腐之, 且多生虫矣.

16. 둘째로 말하면 회오리바람이다. 앞에서 논한 것처럼 건조하고 더운 공기가 여러 구름 속으로 들어가 다시 합해서 폭발하듯이 나오는데, 가면서 서로 부딪쳐 끝내는 것이 제각기 향하는 곳을 따라 서로 밀고 쫓기 때문에 도는 회오리를 만든다. 냇물에 비유하면 냇물이 급하게 흐를 때 갑자기 바위를 넣어 물이 나갈 수 없게 막으면, 돌면서 돌아가는 구덩이 모양이 된다. 또 여러 바람에 비유하면 무릇 넓은 땅에서 마을의 좁은 거리로 들어가 나갈 수 있는 길이 없을 때 반드시 돈다. 이 바람이 평지에서는 놓인 물건을 〔하늘 위로〕 많이 일으키고, 바다에서는

떠 있는 배를 많이 침몰시킨다.

二曰旋風. 若上所論, 乾熱之氣, 入數雲內, 復合爆出, 適相撞結, 因各
隨所向之地, 互相推逐, 以成旋輪. 譬之川水, 其急流時, 忽値山石阻遏,
無由可出, 卽回而爲旋窩也. 又譬之諸風, 凡從廣闊之地, 歸入隘巷, 而
無路可出, 必回旋矣. 是風在平地, 値物多起, 在海中, 値舟多沉.

17. 셋째로 말하면 불타는 바람이니, 그 〔덥고 건조한〕 공기가 구름
속에 있거나 구름에서 나올 때 갑자기 불이 붙어 타면서 가로질러 날아
내려온다. 이에 무릇 〔그 바람을〕 만나는 인물들은 반드시 불에 타 피해
를 입게 된다. 또 바다에 이르면 반드시 그 물을 갑자기 넘치게 하는데,
마치 솥에서 물이 끓는 모양과 같다.

三曰炎風, 其氣或在雲內, 或出雲時, 忽着點燃, 橫飛而下. 乃凡所遭人
物, 必致焚燃而毁敗矣. 或至海上, 必使其水忽泛濫, 正如鼎沸象.

18. 〔『성리정론』에 의하여 또〕 다음으로 말하면 세계 내의 각 지역에
는 대개 바람이 부는 정해진 때와 한계가 있다. 매일 어떤 시각에 바람
이 불고, 며칠의 간격을 두고 불기도 하며, 며칠 또는 몇 개월 연속해서
불기도 하고, 여름에는 많되 겨울에 적으며, 겨울에는 많되 여름에 적
다. 그 까닭은 비록 일정하지 않으나, 종합하면 해양과 육지가 복사열
과 관계되는 거리와 서로 다른 형세 때문이다.[52]

次曰, 宇內各方, 槩有定時定限之風. 每日以幾何時爲候, 或隔幾何日
爲候, 或連數日數月而爲候, 或夏多而冬寡, 或冬多而夏寡. 其所以然雖

---

52) 해양이나 육지가 받는 복사열의 많고 적음은 해와의 거리가 아니라 해와의 각
   도, 곧 해의 고도 때문이다. 전통적으로 흔히 고도를 해가 멀고 가깝다고 표현
   하는데, 그런 의미에서 말했다면 타당하다.

不一, 摠由海地與日照之近遠異勢也.

19. 오랫동안 부는 바람에는 반드시 근원이 있으니, 해양과 육지에서 드러내 쌓인 공기이다. 근원인 지형의 넓고 좁음이 균등하지 않으면 쌓이는 공기도 균등하지 않다. 그러나 쌓인 공기가 이미 갖추어지면 바람은 어쩔 수 없이 〔그 근원인 곳에서〕 나와 불게 된다. 쌓인 공기가 비어 버리면 바람은 또 어쩔 수 없이 그친다. 말라리아[53]를 가지고 이 이치를 증험할 수 있다. 시험 삼아 인간이 〔말라리아에 걸려〕 내부 〔체온의〕 조화를 잃었을 때를 관찰하면 정해진 때에 오한과 발열이 생기는데, 며칠 또는 몇 개월이 경과해도 여전히 달라지지 않는 것은 왜 그런가? 나쁜 기운이 쌓이는 데도 반드시 정해진 수량이 있는데, 수량이 가득 차면 질병이 발생하고, 쌓인 나쁜 기운이 다 흩어지면 질병은 반드시 물러난다. 그후에 나쁜 기운이 다시 생겨 쌓여서 가득 차면 이에 이전처럼 다시 〔질병이〕 발생한다.

久吹之風, 必有根源, 海地發氣之所積也. 根源處, 廣窄不等, 則氣之積, 亦不等. 但積氣已成, 卽風不得不出而行. 氣積已罄, 則風又不得不息也. 以瘧疾, 可驗此理. 試觀人失內和, 則有定時而發寒熱, 經數日數月, 曾無改異者, 何也. 邪氣之積, 必有定數, 數滿疾發, 積散已盡, 而疾必退矣. 其後邪氣復生, 而積復滿, 乃復發如前矣.

---

53) 열대성 전염병 이름이다. 원문은 학질(瘧疾)로 이전에 쓰이던 말이다.

C. 물에 속한 물상 水屬物象

물에 속한 물상에는 대략 열 가지가 있다. 구름·비·안개·눈·우박·얼음·이슬·서리·벌꿀이 그것인데, 〔물의〕 다른 종류도 이 열 가지 분류에 속하지 않음이 없다.

水屬物象, 約有十. 曰雲曰雨曰霧曰雪曰雹曰氷曰露曰霜曰蜜, 若他類者, 無不歸此十門矣.

1. 비와 구름 雨雲

1. 구름은 밀도 높고 또 응결된 습기[54]이다. 땅과 수면의 습기는 태양의 내리쬐는 열을 받으면 공중의 중간층에 솟아올라 하나같이 본성적 장소〔에 있는〕 찬 공기[55]를 만나면, 가지고 있던 열을 빼앗기고 〔습기〕원래의 차가운 성질로 되돌아가는데, 점차로 빽빽하게 모이기 때문에 마침내 응결되어 구름이 된다.[56]

雲乃濕氣之密且結者也. 地水之氣, 被日爆煖, 冲至空際中域, 一遇本域之寒, 卽棄所帶之熱, 而反元冷之情, 因漸湊密, 終結成雲.

---

54) 습기(濕氣)를 직역하면 습한 공기이다. 그것은 일반 공기와 밀도 높은 수증기가 섞인 경우인데, 저자가 수증기의 개념을 정확히 이해했는지 알 수 없어서 수증기라 옮기지 않았다. 이하 모두 습기로 옮긴다.

55) 앞의 4원소설에 의하면 공중은 차가운 공기가 존재하는 본래의 장소이다.

56) 원래 구름이란 물방울이나 얼음 입자가 모여서 하늘에 떠 있는 것을 말한다. 즉 수증기가 상승하여 기압과 기온이 낮아지고 부피가 늘어나는 단열팽창이 되는데, 이때 기온이 이슬점 아래까지 내려가면 수증기가 응결되어 물방울이 된다. 이것이 구름이다.

2. 그러므로 얇거나 희박하고 두껍거나 빽빽한 구름은 또 건조하거나 습하거나 맑거나 탁한 공기 속에서 상승작용 하는 상이한 형세를 따른다. 얇고 희박한 구름은 가볍게 떠서 쉽게 바람에 의해 흩어지므로 비가 되기 어려워 바짝 마른 무익한 구름이 된다. 〔그러나〕 두껍고 밀도 높은 구름은 물기를 많이 함유해서 쉽게 비로 변하여 이롭게 하므로 비란 다름 아니라 곧 비를 만드는 구름일 뿐이다.

則或薄而稀, 或厚而密者, 又由于氣之乾濕淸濁, 相乘之異勢也. 薄稀者, 輕浮易爲風所發散, 難以成雨, 是爲枯瘠無益之雲. 若厚密者, 多含潤澤, 故易化雨, 而益物, 則雨無他, 乃施雨之雲耳.

3. 비에는 두 종류가 있다. 하나는 가늘면서 가랑비가 자욱하게 내리므로 구름의 질이 얇다고 증험된다. 〔다른〕 하나는 크면서 쉽게 지나가므로 차가운 공기가 급하게 구름을 압박했다고 증험된다.

雨有二種. 一細而濛濛, 則驗雲質之薄. 一大而易過, 則驗寒氣逼雲之急.

4. 또 빗물의 색과 맛이 다른 것은 대부분 공기가 원래 물든 〔곳의〕 지세 때문이다. 대개 토양이 붉거나 희므로 그 땅에서 발생한 공기와 공기가 만든 비가 피처럼 붉고 우유처럼 희지만, 실제로는 진짜 피와 우유가 아니다. 진짜 피와 우유는 살아 있는 물건에서 얻는 것이 아니면 반드시 생겨날 수 없다.

又雨水之異味異色, 多由氣所原染之地勢. 蓋地或紅或白, 故其所發之氣, 氣所施雨, 或紅與血或白與乳, 而實非眞血與眞乳也. 眞血與乳, 非得活物, 必無由生.

5. 그러나 비 가운데에 일시적으로 섞여 있는 벌레와 물고기 등은 생물이 〔존재하는〕 여러 조건을 갖추었다. 그러므로 〔비 때문에〕 공중에서 사는 것은 땅이나 물속에서 사는 것과 다름없다. 〔이것은〕 아마도 땅이나 물을 따라 불었던 회오리바람에 의하여 끌려 올라가 다른 지방으로 가서 비와 함께 내려오게 되었는지 또한 알 수 없다.

乃雨中一時, 或所帶蟲魚等物, 或得生物之諸所以然. 故生于空際, 與在地水中生者, 無異. 或被旋風從地水中, 取攜而實之他方, 使倂雨而降, 亦未可知矣.

2. 바람과 비의 징조 風雨預兆

1. 미리 증험되는 바람과 비의 단서는 매우 많지만, 여기서는 대강 그 중요한 것만 거론하겠다.

預驗風雨之端, 甚繁, 此槩擧其要.

2. 하나. 해가 저녁에 질 때와 새벽에 뜰 때 모두 깨끗하면 하늘은 반드시 맑을 것이다. 해가 새벽에 뜰 때 평소보다 크게 보이고 또 차츰 푸른색을 띠면 그럴 때마다 비가 옴을 징험한다. 〔해가〕 아직 떠오르지 않았는데 그 주변이 붉거나, 이미 떴는데 그 색이 또 붉으면 바람이 부는 것을 징험한다. 붉은 구름 사이에 흰색이나 검은색이 섞이면 비가 올 것을 가리킨다.

一. 太陽晩落及早出時, 俱清潔, 天必將晴. 早出時, 見大於常, 又稍帶靑色, 皆驗有雨. 未出而其旁雲紅, 已出而其色又紅, 卽驗有風. 紅雲之間, 有或白或黑之雜, 是爲指雨.

3. 구름이 서쪽에서 동쪽으로 움직이면 곧 하늘이 개이게 된다. 구름이 쌓이고 움직이지 않으면 바람이 분다. 바람이 분 후 비가 내렸다가 해가 나올 때는 [날씨가] 흐리게 된다. 둘러싸인 구름이 빽빽할수록 장차 불어 올 바람도 크고, 둘러싸인 구름이 비로소 열리면 그 방향에 반드시 바람이 생기며, 둘러싸인 구름이 일시에 얼음처럼 변하면 반드시 맑을 것이다.

雲從西而東, 卽致天晴. 雲積而不行, 指風. 風後致雨, 太陽出時, 爲雲. 所圍雲愈密, 將至之風愈大, 圍雲始開, 其方必有風, 圍雲一時氷化, 必將晴矣.

4. 하나. 달이 뜰 때 밝고 깨끗하면 [날씨는] 맑고, 만약 붉으면 바람이 불 것이며, 검으면 비가 올 것이다. 초네닷새에 달의 끝이 순해 [약간 흐릿하면] 비가 올 것이고, 곧아 [선명하면] 바람이 불 것이다. 또 북쪽을 향한 달의 끝이 뾰족하면 반드시 북풍이 불 것이고, 그 반대쪽 각이 뾰족하면 또한 남풍이 불 것이다. 만약 초나흘에 붉은 달무리가 있으면 반드시 장차 비바람이 불 것이다.

一. 太陰出時, 明亮淸潔, 則晴, 若紅指風, 黑指雨. 初四五日, 月角純, 驗雨, 角直, 驗風. 又其向北之角, 尖銳, 必驗北風, 其對角銳, 亦驗南風. 若月于初四日, 有紅圍, 必將風雨.

5. 보름달일 때 [달무리가] 절반 이상 청결하면 계속해서 맑을 것이고, [달무리가] 붉다면 바람이 불 것이며, 검다면 비가 올 것이다. 달무리가 비로소 열리면 반드시 그 [열린] 방향에서 바람이 생긴다. 또중첩된 달무리는 장차 폭풍이 불 것을 가리키는데, 달무리가 많고 검을수록 장차 불어닥칠 폭풍도 더욱 크다.

月望時, 太半淸潔, 指後連晴, 若紅指風, 黑指雨. 圍圈始開, 必指其方有風. 圍圈或重者, 又指暴風將至, 而圈愈多愈黑, 將至之風, 愈大.

6. 월 초에 달이 뜰 때 윗부분이 검다면 그것이 사그라져 물러나는 〔그믐〕 때 반드시 많은 비가 오며, 아랫부분이 검다면 보름이 되기 전에 반드시 비가 오고, 중간 부분이 검다면 보름 때 반드시 비가 온다. 보름달이 반은 맑고 반은 탁하다면, 그 맑은 방향을 따라 바람이 분다. 달이 초나흘에 보이지 않고 다만 서풍만 분다면 한 달간 비가 올 것이고, 십육일에 불꽃처럼 붉게 보이면 반드시 폭풍이 분다.

月初出之上角, 若黑, 其消退之時, 必有多雨, 下角黑, 卽于望月前, 必致有雨, 中體黑, 卽于其望日, 必有雨. 月望, 有圈半淸半濁者, 卽從淸之方, 指風. 月于初四日不見, 但有西風, 一月有雨, 于十六日, 見紅如炎, 必致暴風.

7. 하나. 별과 공중에 보이는 유성도 바람과 비를 예측할 수 있게 한다. 무릇 별빛이 어두운 뒤에는 반드시 바람과 비가 있고, 별에 달무리 같은 것이 있어서 남쪽 면에서 비로소 열린다면 또한 장차 비가 올 것이나 다른 면에서 비로소 열린다면 그 방향을 따라 바람이 불 것이다. 그것이 열리지 않고 일제히 사라져 흩어진다면 하늘은 반드시 맑게 된다. 유성이 사방으로 날아 흐른다면 반드시 사방에서 바람이 어지럽게 불 것이고, 단지 한 방향으로 흐른다면 그 방향을 따라 장차 바람이 불 것이다.

一. 星辰與空中所見之流星, 亦可以預驗風雨. 凡星光昏後, 必有風雨, 星有圍圈, 從南面始開, 亦將有雨, 若從他面始開, 卽從其方有風. 倘圈不開, 而一齊消渙, 天必將晴. 若流星四方飛流, 必有四面之風亂發, 若止一方流星, 卽從其方, 將發風矣.

8. 하나. 구름이 산 정상에 내려앉으면 비가 올 것이고, 구름이 젖어서 흰색이면 우박이 내릴 것이며, 구름이 골짜기 아래에 내려앉으면 맑을 것이다.

一. 雲坐山頂, 指雨, 雲潤而白, 指雹, 雲坐谷下, 驗晴.

9. 하나. 불이 타오를 때 간혹 청색 또는 백색이 보이거나 울려퍼지는 소리가 〔불에서〕 들리면 반드시 큰바람이 불고 비가 온다. 등불이나 촛불이 통째로 타면 비가 오고, 그 불꽃이 비스듬히 날면 바람이 분다. 불이 잿속에 숨어서 〔반짝이는 별처럼〕 희끗희끗한 것을 드러내거나 재가 스스로 응결하거나 숯이 밝게 타면 모두 비가 올 징조이다. 산림에 바람이 고요할 때 혹 울려퍼지는 소리가 있으면 반드시 큰바람이 불 것을 가리킨다. 공중에 터럭이 날리고, 바다 가운데에 거품이 뜨는 것도 큰바람이 불 징조이다.

一. 火炎時, 或見靑白, 或聞響鳴, 必大風雨. 燈燭發炮, 指雨, 其焰斜飛, 指風. 火匿于灰, 或發星, 或灰自凝結, 或炭燃大亮, 皆爲雨. 山林風靜時, 或有鳴響, 必指來風之大. 空際毛飛, 海中沫浮, 亦爲大風之兆.

10. 하나. 생물 또한 아직 일어나지 않는 일에 대해서 알려주는 것이 있다. 바다가 조용할 때 많은 물고기가 뛰는 것이 보이면 바람이 불고, 바다가 요동치나 물을 뿜는 것이 보이면 오히려 맑을 것이며, 물닭57)이 평상시와 다르게 울면 비가 오고, 바닷새가 수풀 속으로 들어가면 모두

---

57) 뜸부깃과의 새로서 몸은 쇠물닭과 비슷하다.

바람과 비가 올 조짐이다. 학과 기러기가 소리 없이 높이 날며 박쥐가 빗속에서 많이 우는 것은 맑을 징조이며, 새와 갈까마귀가 많이 울고 오랫동안 날개를 들고 있은즉 바람이 오래가지 않아 비가 오고, 새와 갈가마귀 그리고 지상의 날짐승들이 물을 향해 울거나 물로 그 깃털을 적시면 모두 비가 올 징조이다.

一. 生物, 亦有指于未來者. 海靜時, 群魚見躍, 指風, 海亂而見噴水者, 反指晴, 水鷄異常鳴者, 驗雨, 海鳥入林, 皆指風雨. 鶴雁嘿而高飛, 蝙蝠雨中多鳴者, 指晴, 鳥鴉多鳴, 而揭翼久者, 卽風不久, 卽雨, 鳥鴉與地上之禽, 或向水鳴, 或以水潑濕其羽者, 皆指雨.

11. 제비가 물 가까이 날고, 오리가 연달아 울면서 날아올라 구름에 이르고, 소가 하늘의 냄새를 맡듯이 〔머리를〕 쳐들고 그 털의 결을 거꾸로 핥으며, 개미가 황급히 그 집안으로 숨고, 자벌레가 흙에서 나오며, 파리가 사람에게 성가시게 달라붙어 쫓아도 도망가지 않는 것은 모두 바람이 불고 비가 올 조짐이다.

燕切水而飛, 鴨連嘲飛而戾雲, 牛向如天臭而逆舐其毛, 蟻急急而匿其垤, 蠖出于土, 蠅喝人加狼, 而驅之不去者, 皆風雨之兆.

12. 어떤 사람이 물었다. "동물은 지극히 어리석고 이성적 능력[58]이 없는데도 오히려 바람과 비의 변화를 미리 지각할 수 있으나, 인간의 이성적 능력은 도리어 〔이런 것을 감각적으로〕 알 수 없으니 무슨 까닭인가?"

---

58) 당시 선교사들은 인간의 이성적인 것을 중국어로 영(靈)으로 표현하였다(마테오 리치, 앞의 책, 577쪽). 동물과 인간의 구별은 아리스토텔레스의 이론에 따라 지각도 하고 운동을 하나 이성이 있느냐 없느냐에 따라 구분하였다.

或問曰, 禽獸至蠢無靈, 猶能預覺風雨之變, 乃人之靈, 反不能知之,
何也.

13. 답한다. "동물은 이성적이지 않기 때문에 단지 다섯 기관[59]의 일
에 전적으로 의지하여 일기의 변화를 지각하는 것이 더욱 절실하므로
미리 방지하여 스스로 보호한다. 사람의 경우 다른 생각과 일에 많이
간여하여 비록 그런 것을 감각한 것이 있어도 자각하지 못한다. 비록
그러하나 동물의 그런 행동을 관찰하면 이성적으로 공부하여 스스로
[자연재해를 벗어나기 위해] 노력할 수 있다."

答曰, 禽獸因不靈, 故止專五司之事, 其覺天氣之變, 爲更切, 故預防之
以自保. 若人, 多參以他慮他務, 雖或有所感, 亦不自覺. 雖然, 觀察禽獸
之事, 可以悟學, 而自勉也.

---

59) 원문은 오사(五司). 『천주실의』에 보면, 아리스토텔레스의 이론을 따라 "유형
한 육신은 귀 · 눈 · 입 · 코 · 사지의 다섯 기관을 가지고서 사물들과 접촉하여
지각을 하고, 유형한 정신은 세 가지 기능이 있어서 이것들을 받아들이고 소
통시킵니다. 기억능력, 이성능력, 의지력입니다"(有形之身, 得耳目口鼻四肢五
司, 以交覺于物. 無形之神, 有三司以接通之, 曰司記含, 司明悟, 司愛欲焉)라고
되어 있다(같은 책, 354쪽). 이 내용은 테렌츠(중국명 鄧玉函)의 『기기도설』
(寄器圖說)에도 나오며, 재미있는 것은 후대에 최한기(崔漢綺, 1803~77)가
이 세 가지 인간의 능력을 나름대로 받아들여 "인간의 마음은 밝게 깨우치는
것[明悟]을 말미암아 기억하고 풀어내는 것(수동적인 기함[記含]이 적극적인
기억[記繹]으로 바뀜)이 있고, 기억하고 풀어내는 것을 따라 사랑하고 욕구하
는 것[愛欲]이 있다. (……) 무릇 명오 · 기억 · 애욕 세 가지는 밖에 있는 사
물에서 거두어 취하고, 심기에 간직하였다가 밖에다 씀에 이른다"(人之神氣,
因明悟而有記繹, 因記繹而有愛欲. (…) 夫明悟記繹愛欲三者, 收取於在外之事
物, 藏在心氣, 及其須用於外. 『기학』[氣學] 권2, 118번째 문단)고 하여 최한기
는 이 마음의 기억 · 이성 · 의지능력의 서구적 관점으로 이해하지 않고[또는
못하고], 단지 인식론의 단계 차원에서 순서를 바꾸어 받아들이고 이해하고
있다. 어쨌든 이 세 가지 마음의 기능을 여기서 취하였다.

3. 안개 霧

1. 습기는 물 가운데에서 발생하여 공중으로 솟아올라 구름이 되고, 구름이 비로 변하여 원래의 물로 되돌아오는데, 이것은 보편적 이론이다. 만약 구름 속의 습기에 맑고 탁함이 균등하지 않으면 맑은 것은 거듭 물로 변하여 비가 되고, 그 탁한 것은 물로 변할 수 없어 이에 떨어지면서 안개가 된다.[60] 음식에 비유하면 맑은 것은 변하여 인체를 기르지만, 탁한 것은 피로 변하여 〔인체를〕 기르기에 부족하므로 반드시 버리니 찌꺼기가 된다.

濕氣自水中發生, 冲上空際結雲, 雲化施雨, 而歸于元水, 此公論也. 第雲內之濕氣, 或淸濁不等, 則淸者仍化水成雨, 其濁者不能化水, 乃落而成霧. 譬之飮食之淸者, 化而養人軆, 濁者旣不足化血致養, 必棄之, 爲渣滓也.

2. 안개에는 두 종류가 있다. 하나는 희박한 것으로, 해가 비치면 쉽게 흩어져 날씨가 맑아진다. 〔또〕 하나는 밀도가 높은 것으로, 햇빛을 받아들이기 어렵고, 또 사라지기도 어렵다.[61]

霧有二種. 一, 稀者, 日照易散而晴. 一, 密者, 難容日光, 亦難于消化矣.

---

60) 수증기가 상승하여 구름이 되지만, 맑은 수증기로 이루어진 구름이 비가 되고 탁한 것이 하강하여 안개가 된다는 것은 실제 사실과 다르다. 안개는 대기 중의 수증기가 포화상태가 될 때 온도 차이에 의하여 물방울로 응결하여 지표면 가까이에 떠 있는 현상이다. 또 먼지와 같은 응결핵이 많으면 쉽게 발생한다.
61) 안개는 실제로 그 발생 원리에 따라 두 가지로 구분되는데, 증발에 의한 안개와 냉각에 의한 안개가 있다.

3. 이 밀도가 높은 안개에는 또 두 종류가 있다. 하나는 지면에 붙어 높이 올라가지 못하는데, 이것은 끝내 햇빛을 받아들여 점차 변하여 흩어질 것이므로 장차 날씨가 맑을 것이라는 조짐이 된다. 〔또〕 하나는 비록 밀도가 높으나 마침내 공기의 중간층으로 솟아올라 거기에 있는 습기와 합쳐 응결하여 마침내 비를 이룬다.

此密者, 又有二種. 一, 附地面, 不能騰高, 此將竟容日照, 漸化而散, 因爲將晴之驗. 一, 雖密而竟冲入中域, 與所値濕氣合結, 而終致施雨也.

4. 눈 雪

1. 젖은 구름은 바로 〔공기, 곧 대기의〕 중간층에 있다가 간혹 그 층의 찬 〔공기의〕 압박을 받아 물로 변하지 못하고 이에 맺혀서 눈을 이룬다. 이 눈은 다른 것이 아니라 바로 구름이 동결된 것이다. 이 구름은 비구름보다 되레 건조한데, 중간층의 찬 공기가 압박해 그 습기를 잃게 된다. 이 눈은 비보다 더욱 건조하므로 연달아 흩어지는 비와는 달리 목화송이가 흩어져 떨어지는 것 같다.[62]

潤雲正在中域, 或爲本域之冷寒所逼, 不能化水, 乃結成雪. 是雪非他, 乃雲之結凍耳. 此雲較施雨之雲, 更乾, 爲中域冷氣逼, 去其濕. 是雪較雨, 亦爲更乾, 故不如雨之連渙, 而如絮花之散落矣.

2. 그 〔눈의〕 색깔이 흰 것은 하나는 맑은 공기 때문인데, 바로 물거품과 같아서 그 색깔이 흰 것은 물을 쳐서 움직일 때 그 공기의 맑은 것

---

62) 눈은 구름에서 내리는 얼음결정이다. 눈 결정의 형태 또는 성질은 기상조건에 따라 여러 종류가 있으며 그 크기는 보통 2mm 정도이다.

이 탁한 것에서 분리되어 밖으로 드러나기 때문이다. 〔또〕 하나는 공기가 차갑기 때문이다. 시험 삼아 추운 지방의 사람을 관찰하면 대부분 따뜻한 지방의 사람보다 〔피부색이〕 희다.[63]

若其色之白, 一則 由于氣之淸, 正如水之沫, 其色白, 因水被動擊時, 其氣之淸者, 遂分別于濁者, 而外顯矣. 一則, 由于氣冷. 試觀寒地之人, 多白于煖地之人.

3. 눈의 경우는 밀도가 낮을수록 더욱 흰데, 가까이 있는 원래의 공기[64]가 바깥의 빛을 쉽게 받아들이기 때문이며, 밀도가 높을수록 이와 반대다. 이 때문에 눈구름은 대개 희며, 거의 빛을 투과시킬 수 있다. 검은 구름의 경우는 대부분 눈이 없다.[65] 비록 그러하나 간혹 다른 색이 보이는 것은 그것이 오랫동안 머문 땅에서 그 맑은 공기가 반드시 섞여 물들었기 때문인데, 그래서 그 깨끗함을 잃었다.

若雪, 愈稀者, 愈白, 因近元氣易受外光, 愈密者, 反是. 以故施雪之雲, 多白, 而略可透光. 若雲之黑者, 多無雪也. 雖然, 或見別色, 因其久于地, 其氣之淸者, 必雜而染, 因失其潔白也.

4. 눈이 올 때는 반드시 겨울이거나 이른봄인데, 그래서 눈이 올 때는 해가 멀고[66] 날씨가 춥다. 눈이 많은 곳은 산 정상이다. 〔그〕 하나〔의

---

63) 눈은 원래 색깔이 없다. 색깔이 흰 것은 눈의 작은 입자들 사이에서 빛이 불규칙적으로 난반사하기 때문이다. 물이 색깔이 없지만 거품이 희게 보이는 것과 같은 원리이다. 예리한 점이 보인다.
64) 원래의 공기란 원기(元氣)로서, 공기가 존재하는 본성적 장소에 원래 있는 공기를 말한다.
65) 구름의 색깔이 희거나 검은 것은 구름이 얼마나 빛을 반사하느냐에 달려 있다. 반사율이 높을수록 희다.

이유)는 위로 차가운 〔공기〕층에 가깝기 때문이고, 〔또〕 하나〔의 이유〕는 아래의 따뜻한 지역과 멀기 때문이며, 또 〔동·서·남·북풍의〕 네 바람이 항상 불기 때문이다.

雪落時, 必冬與初春, 因被時日遠而天寒耳. 雪之多處, 爲山頂. 一因近于上冷域, 一因遠于下之煖域, 又爲四風所恒故也.

5. 눈이 지상에 오래 쌓여 있으면 대개 모든 곡식에 이로운데, 〔그것은〕 대개 품고 있는 비옥한 땅의 기운으로서 모든 곡식의 뿌리와 종자를 〔추위로부터〕 막아주고, 또 가지고 있는 윤택한 물기로서 점점 〔생육을〕 번성하게 하므로 눈이 많이 오는 해에는 풍년이 들 것을 점친다. 또 여기에 그치지 않고, 큰 산의 지맥 속에 침투하여 수정 등의 보물을 결정시켜 생기게 하는데, 이것은 별도로 본론에서 자세히 분석하겠다.

雪久于地上, 多益百穀, 蓋以所懷肥濃之土氣, 壅籽百穀之根, 又以所帶潤澤之水氣, 漸滋之故, 多雪之年, 占其爲豊. 又不止此, 此能透大山之脈內, 結生水晶等寶物, 此別有本論, 以析其詳.

5. 우박 雹

1. 날씨가 매우 가물고 폭염이 내리쬘 때 땅으로부터 불러 끌어당긴 건조한 공기가 공중에서 중간층의 차가운 〔공기의 영향을〕 받아 구름이 되고, 〔그〕 구름이 비로 변하여 떨어질 때, 또 밖의 더운 공기가 멀리서 둘러싸고 압박해 빗속의 차가운 공기로 하여금 다시 첨가하게 하니 얼

---

66) 해가 멀다는 것은 천정에서 멀어 고도가 낮다는 뜻이다. 옛사람들은 그렇게 표현하는 경우가 많았다.

어붙게 되어서 우박을 만든다. 그러나 날씨가 추울 때 공중의 차고 건조한 공기 또한 충분히 비가 되었다가 얼어붙어 우박을 만든다.[67]

天甚亢炎時, 自地招攝乾氣, 于空際被中域之冷, 結雲, 雲化施雨, 雨落時, 又被外炎氣遠圍逼迫, 使雨內之冷氣更加甚, 至凝凍而成氷雹也. 然天寒時, 空中之冷乾氣, 亦足致雨, 凝凍而成雹.

2. 물었다. "비가 응결되는 것이 어려운가 쉬운가?"

問雨凝結之難易.

3. 답한다. "무릇 열기를 가진 물은 그것이 없는 것보다 더 쉽게 응결된다. 시험 삼아 따뜻한 물을 노천에 두면 따뜻하지 않은 물보다 동결되는 속도가 빠른데, 그 까닭은 물이 갖고 있는 열기 안은 반드시 맑고 〔부피가〕 얇아서 냉기가 쉽게 들어가 열기를 쫓으므로 〔상태를〕 변화시키기 때문이다. 〔그러나〕 두껍고 밀도가 높은 물은 오랫동안 외부의 냉기와 맞설 수 있어 변화하거나 동결하기가 어렵다."[68]

曰, 凡水具熱氣者, 其凝結更易于無熱氣者. 試實熱水于露天中, 其致冷凍更速于不熱者, 其所以然, 因水受熱氣內, 必淸薄, 則冷之氣易入, 而攻服之, 若水之厚密者, 能久敵外冷, 而難服難結凍矣.

4. 또 우박이 응결되는 곳은 비단 〔공기, 곧 대기의〕 중간층뿐만 아

---

67) 우박은 적란운(積亂雲, 수직으로 크게 발달한 구름)이 발달되어 얼음 알갱이가 형성되어 떨어지면서 과냉각된 구름 알갱이와 충돌하면서 얼어붙고, 또 상승기류를 만나 상승과 하강을 반복해 큰 얼음 알갱이로 변해 떨어지는 현상이다. 일반적으로 5mm~10cm 크기의 얼음 또는 얼음 덩어리이다.

68) 이 설명은 적절하지 않다. 열기를 가져서 쉽게 동결되는 것이 아니라 양이 적기 때문이다.

니라 하층에서도 일어남을 안다. 또 단지 겨울철에 생기는 것뿐만 아니라 여름철에 도리어 많은데, 대개 여름철 대기의 하층이 더울수록 더욱 냉기의 긴박한 압박을 받아 결빙하게 된다. 시험 삼아 우박의 내부를 관찰하면 풀과 티끌이 많이 보이는데, 〔이것은〕 빗물이 이미 지면과 가까워 아래에 놓인 물건을 취하여 같이 응결되었음을 충분히 증명한다.[69]

又知氷雹凝結之處, 非獨中域, 卽下域亦有之. 又非止于冬月, 卽夏月更多, 蓋夏之下域愈熱, 亦愈緊逼乎冷氣, 使結氷矣. 試觀氷雹之內, 多見草芥, 足驗雨水已近于地, 取所値之下物, 而同凝結也.

5. 우박이 응결되는 것에는 정해진 때가 없으나, 다만 차갑고 따뜻한 공기가 서로 저울질하여 마땅하면 결빙될 수 있다. 시험 삼아 봄에 공기의 하층을 관찰하면 아주 온화하나, 이때 우박을 자주 보게 된다. 비록 그러하나, 여름과 가을의 두 계절에는 우박이 잦고 큰데, 비 또한 그러하니 하층의 공기가 다시 따뜻하고 건조하기 때문이다. 또 밤보다 낮이나 저녁에 〔우박이 많이 떨어지고〕 눈보다 빨리 변하는 것도 이 때문이다.

若氷雹之凝結, 則無定時, 但氣之其冷與熱, 相稱之, 宜卽可結矣. 試觀春月下氣之域, 甚爲煖和, 而是時屢見氷雹. 雖然, 夏秋二季, 氷雹更密更大, 卽雨亦然, 因下域之氣, 更熱乾耳. 又晝夕于夜, 又化速于雪者, 亦是故耳.

---

69) 우박은 기온이 5~25°C로 높아 대기 중에 습도가 많아야 잘 생긴다. 우리나라처럼 중위도 지역에서는 봄과 가을에, 고위도 지역에서는 여름에 많이 생기며, 오전보다 오후에 많이 생긴다.

6. 우박의 몸체를 논할 것 같으면 〔이〕 또한 정해진 형체는 없으나, 다만 바깥 공기의 영향과 〔구름 속의〕 물방울 및 물이 차가운 형세에 따라 응결된다. 그러나 그 〔우박의〕 형체가 둥글고 작은 경우 응결되는 곳은 반드시 높다. 대개 우박이 처음 응결되었을 때는 반드시 크고 각이 져 있으나, 높은 곳에서 아래로 떨어지기 때문에 점차 그 각이 닳아 없어져 드디어 둥근 몸체를 이루고 작아지게 된다. 〔우박의〕 각이 많고 두꺼운 경우는 그 응결된 곳이 반드시 낮은데, 보존된 것이 원래의 형태이기 때문이다. 물기〔즉 수증기〕에 정해진 수량이 없기 때문에 우박의 크기에도 정해진 한도가 없다.[70]

若論氷雹之體, 亦無定形, 止隨外氣攻逼, 與水體水冷之勢而結. 但其形圓且微者, 其結之處, 必高. 蓋雹初結, 必大而有角, 由高落下, 漸消磨其角, 遂成圓軆而微小矣. 若多角且厚者, 其結之處, 必低, 因所存爲元形也. 緣水氣無定數, 其氷雹之巨細, 亦無定度也.

6. 얼음 氷

1. 얼음이란 물이 동결된 것이다. 〔얼기 직전의〕 그 물은 반드시 흙의 〔차가운〕 기운[71]을 많이 가지고 있고, 또 혹독한 찬 공기를 만난다. 대개 차갑지 않으면 동결할 수 있는 기세가 없고, 흙의 건조한 기운을 가지고 있지 않으면 차가움이 비록 혹독하더라도 동결할 수 있는 바탕이 없다.

---

70) 우박의 크기는 얼음 알갱이가 공중에 머물 수 있도록 지탱하는 상승기류의 크기 때문이다. 즉 우박은 구름층에서 통과하는 거리가 길수록 커진다. 우박의 모양과 색깔은 기상조건에 따라 다르다.
71) 흙은 본성적으로 건조하고 차가운 성질을 가지고 있다. 앞에 나왔다.

氷乃水之結凍者也. 其水必多帶土氣, 又遇寒氣之嚴. 蓋不寒, 則無能結之勢, 而無帶土之乾氣, 寒雖嚴, 亦無可結之質也.

2. 그렇지 않다면 물은 이미 4원소 가운데 매우 차가운 것과 관계하므로[72] 마땅히 늘 동결되어 흐르지 않을 것이다. 하물며 본래 습한 물은 스스로 응결할 수 없으므로 반드시 흙의 건조한 기운을 기다려서 응결하는 바탕으로 삼는 것임에야. 물이 〔얼음으로〕 변하는 때를 시험 삼아 관찰하면 반드시 티끌이 많이 남고, 우박과 눈이 동결되는 것 또한 그러하니, 다시 논할 필요가 없다.

否則, 水旣繫四元行中之甚冷, 宜恒結凍而不流矣. 矧水之本濕者, 自不能凝結, 故必須土之乾氣, 以爲凝結之資. 試觀水化之時, 必多貽塵埃, 氷雹與雪之結凍者, 亦然, 不必復論.

3. 어떤 사람이 물었다. "바닷물도 동결하는가?"

或問, 海水凍否.

4. 옛날에는 대부분 바닷물이 얼지 않는다고 했는데, 그것은 열기를 많이 머금었기 때문이다. 그러나 항해하는 사람들이 남북극에 접근할 때마다 해빙을 보고 멈춰 통과하지 못한다. 그러니 바닷물이 많은 열기를 머금어도 오히려 바깥 공기의 심한 추위와 싸워 동결을 피할 수 없다.

古者多以海水不凍, 因其多含熱氣也. 然人航海者, 近南北極下, 每見

---

72) 물은 본성적으로 습하고 차갑다. 게다가 차가운 흙과 늘 가까이 있다. 앞에 나왔다.

海氷, 止而不能通. 則海水含熱氣之多, 猶不能爭敵外氣之甚寒, 以免結凍.

7. 이슬과 서리 露霜

1. 이슬과 서리의 질료는 미세하고 얇은 습기이다. 해가 흙과 물을 비추면 항상 그 습기를 증발시키는데, 증발하는 것을 잇는 힘이 크면 높이 올라가 구름 종류로 맺혀 〔공기〕 중간층의 〔보이는〕 모양이 되고, 잇는 힘이 작으면 〔공기의〕 하층에 솟아 들어가 해가 진 후에 반드시 그 세력을 잃고, 또 차가운 밤공기에 〔냉각되어〕 그 본성으로 되돌아가 〔지상으로〕 떨어진다.[73]

露霜之質體, 乃濕氣之微薄者也. 日照土水, 恒攝其濕氣, 或承所攝之力, 大卽升高, 結雲之類, 而爲中域之象, 或所承之力, 少卽沖注下域, 及日落後, 必失其勢力, 又以被夜氣之冷, 卽反本性, 而墜落也.

2. 주위가 많이 차갑지 않으면 봄과 여름처럼 이슬이 되고, 많이 차가우면 서리가 맺히는데, 가을과 겨울에 그렇다. 또 오직 공기가 고요할 때 이슬과 서리가 비로소 맺히나, 만약 바람이 불거나 날씨가 흐리고 어두우면 공기가 흩어져 맺힐 수 없다. 물에 비유하면 흐름이 멈춰 있는 것은 쉽게 얼고, 흐르면서 움직이는 것은 어렵게 응결되는 것과 같다.

---

73) 이슬은 복사냉각, 곧 지표가 받는 태양 복사 에너지의 양만큼 지표의 온도가 내려가는 현상에 의하여 지표의 주변 온도가 내려가 공기 중의 수증기가 이슬점 이하로 내려갔을 때, 공기 중의 수증기가 물체 주변에 달라붙어서 생긴다. 그러니까 이슬은 땅 표면에서 열의 영향을 덜 받고 맑은 날 바람이 없고 습도가 높을 때 많이 생긴다. 만약 이슬점 온도가 어는 점 이하로 내려가면 서리가 된다.

外冷不大, 則成露, 如春夏之時, 冷大卽結霜, 如秋冬之時, 則是也. 又惟氣靜時, 露霜始結, 如遇風與陰晦, 則氣散而不能矣. 譬水之注停者易凍, 流動者難凝也.

3. 이슬과 서리가 낮은 골짜기에는 많고 높은 봉우리에는 적은 것의 〔이유〕 하나는 골짜기 아래의 습기가 많은 것 때문이고, 〔또〕 하나는 높은 곳의 습기가 바람에 의하여 흩어져버리기 때문이다.

露霜多于谷低, 而寡于高嶺者, 一因濕氣多, 由于谷低之濕處, 一因高地爲風所擊, 而散濕氣也.

4. 이슬과 서리가 때맞춰 내리면 초목과 모든 곡식에 이롭지 않음이 없는 것은 대개 이슬이 가져온 습기로 작물이 윤택하게 자라는데, 마치 가뭄 때의 단비와 같다.

露霜得其時, 無不益于草卉百穀者, 蓋露以所帶濕氣, 潤澤而滋育之, 如旱時之甘雨.

5. 서리는 차가운 냉기로 지맥 안에서 열기를 억눌러 막아 모든 곡식의 뿌리를 기르며 〔열기가〕 밖으로 나와 흩어지지 않게 한다. 만약 〔서리가〕 그 〔내리는〕 때를 어기면 그 피해가 적지 않다.

霜, 以所寒之冷氣, 抑遏熱氣, 于地脈之內, 使養育百穀之根, 而不至出散矣. 倘違其時, 其害不淺也.

6. 무릇 이슬이 햇빛을 보고 빨리 사라지지 않으면 반드시 꽃과 열매가 썩거나 벌레가 생기며, 또 이슬의 끈적거리거나 탁한 것이 한번이라도 풀 위에 앉을 경우, 그 풀에게 피해를 주지 않는다면 반드시 그 풀을

먹는 가축에게 피해를 준다.

凡露見日照, 而不速化者, 必致花菓朽蠹, 又露之黏濁者, 一坐草上, 非
害其草, 必害食草之畜.

7. 서리로 인해 피해와 손실을 보는 경우가 오히려 큰데, 이른 봄에
꽃과 나무의 싹에 한 번이라도 서리가 내리면 반드시 타서 시들어버리
는 것은 왜 그런가?

若霜之害損, 猶大焉, 春初花木之萌芽, 一値霜降, 必焦萎, 何也.

8. 서리는 건조하고 찬 공기를 가지고 먼저 식물 안의 열기를 감소시
키고, 다음으로 식물 안의 습기를 취하며 마침내 식물이 마르고 타서
시들게 만든다. 그러나 식물이 그 바깥 잎만 시드는 데 그치거나 그 가
지만 시들거나 그 깊은 뿌리가 시드는 데 이르는 것은 모두 서리의 두
께와 습도 그리고 응결의 차이에 따른 형세 때문이다.

霜, 以乾冷氣, 先減感物內之熱, 次擠取物內之濕氣, 終致物乾而焦萎
也. 然物或止萎其外葉, 或萎其枝, 或至萎其深根, 是皆由于霜之薄厚乾
濕與凝結之異勢也.

8. 벌꿀 蜜飴

1. 세상에서는 벌꿀을 빚은 것은 벌이고 다른 것이 없다고 하니, 잘못
되었다. 대개 벌은 화초에서 꿀을 취하여 2~3일 만에 벌집을 가득 채
우니, 만약 벌이 점차 스스로 〔꿀을〕 빚어낸다면 어떻게 이처럼 빠를 수
있는가?

世以蜜爲蜂所釀成而無他, 故謬矣. 蓋蜂取蜜于花艸, 而二三日遂充實

其窠, 若蜂漸自釀成之, 胡能若是速耶.

2. 또 가을에 사람이 그 꿀을 취하더라도 벌이 다시 빚지 않는 것은 무슨 까닭인가? 대개 이 계절에는 비록 화초가 있어도 기후 상 꿀과 먹이가 없다. 그러므로 벌이 비록 굶주려도 다시 나와서 〔화초를〕 찾아 고르지는 않는다. 그렇지 않다면 〔벌이〕 매우 굶주려 죽을 수도 있는데, 어찌해서 다시 〔꿀을〕 빚어 스스로 기르지 않는가?

又秋月人取其蜜, 而蜂不復釀, 何也. 蓋是月, 雖有花草, 而氣無蜜餌也. 故蜂雖饑, 不復出尋而擇之也. 否則, 甚有饑而死者矣, 何不復釀以自育也.

3. 옛날 식견이 뛰어난 선비의 말에 의하면 〔그것은〕 땅과 물의 기운이 갖춘 것이다. 대개 맑은 습기가 미세하고 맑은 땅의 기운을 공중에 함께 가지고 와서 그것과 천연의 조화로운 〔꿀의〕 원료를 나누고 받아 맺혀 달콤한 이슬이 된다. 이 이슬이 새벽 전에 내리면 반드시 나뭇잎과 화초 위를 적시니 벌이 여기에 모여들어 빚어낸 것이 꿀이다.[74]

依古明士之論, 乃地水之氣所備具者. 蓋濕氣之清者, 在空際兼帶地氣之微清, 與之交受天和之資, 結爲甘露. 此露于晨前降之, 必霑于樹葉花草之上, 蜂擇聚之, 以釀爲蜜也.

4. 이것은 비단 나뭇잎뿐만 아니라 인간이 이때 노천을 다니거나 잠

---

74) 꿀이 하늘에서 내린 이슬이라는 것은 본래 로마인들의 생각이었다. 그러나 꿀은 주로 꽃의 밀선(蜜腺)이라 부르는 꿀샘에서 분비되는 액체를 꿀벌이 삼켰다가 모은 것이다. 따라서 꿀의 빛깔과 맛과 향기와 성분은 벌이나 꽃의 종류에 따라 다르다.

을 잘 때 수염과 머리털을 시험해 보아도 단이슬에 젖어 윤이 나니 그러므로 옛날에 말하기를, "꿀이란 하늘에서 내리는 이슬이 윤택하게 응결되고 벌이 애써 바삐 일하여 이룬 것이다"고 하였다. 벌꿀이 담긴 벌집과 밀랍은 모두 화초의 진액이 꿀 가운데의 거친 부분과 관계한 것이다.

此非特樹葉, 人于此時, 向露天中, 或行或寐, 試其鬚髮, 亦沾餌澤, 故古者曰, 蜜以天露澤結, 而以蜂之拮据成. 若至盛蜜之窠與蠟, 皆艸卉津液, 係蜜中之粗分也.

5. 대개 꿀맛은 거의 엿처럼 달고 이로우나, 간혹 쓰고 독도 있는 것은 이슬이 쓰거나 독초 위에 내려 물든 것을 벌이 취한 꿀 때문인데, 이로써 달콤한 꿀은 벌이 스스로 만든 것이 아님을 징험한다.

大槩蜜味多飴且益物, 或亦有苦且毒者, 因露落于苦毒草上而染, 蜂所取之蜜也, 由是驗甘蜜, 非蜂所自造成矣.

6. 달콤한 이슬에는 두 종류가 있으니, 벌이 선택하여 빚으면 곧 황색인 것이 이것이요, 〔꿀이〕 흰색의 경우는 저절로 이루나 화초나 산 암석의 〔기를〕 첨가한 것과 관계된다. 약간 진하고 단 것은 그 이슬이 가져온 땅의 기운이 많고 물의 기운이 적은데, 물의 기운은 다시 바깥 열기의 삶고 찌는 영향을 받아 드디어 스스로 응결되어 당도 높은 꿀이 된다. 이 꿀은 치료할 수 있는 많은 약품으로 커다란 효과가 있고, 저희 서양 땅에서 많이 생산된다.

甘露有二種, 蜂所擇而釀, 卽黃色者是, 若色之白者, 係自成而沾于花草山石者. 略厚而飴, 因其露所帶土氣多而水氣少, 而水氣更受外熱烹蒸, 遂自凝結爲厚蜜也. 此蜜可治多藥之品, 有大功, 小西土多出之.

9. 바다의 근원과 갈래 海之源派

1. 옛사람들은 간혹 바닷물을 대지의 땀으로 생각했다. [말하자면] 대개 습기를 많이 머금은 땅이 햇빛을 받아 [습기가] 증발되면 진액이 생기는데, 마치 사람 몸의 땀과 다름없다. 그 땀이 스스로 한곳으로 흘러 돌아가 이른바 해양이니, 그런 까닭으로 바닷물이 짜고 써서 달게 마시는 다른 물과 같지 않다.

昔人或擬, 海水爲大地之汗. 蓋以地多含濕氣, 被日蒸之, 而生津液, 正如人身之汗無異, 自汗歸注一處, 所謂海洋, 以故海水鹵苦, 不如他水甘飴也.

2. 이 설명은 이치에 어긋나 세세하게 깊은 변론을 안 하겠다. 그런즉 앞에서 논한 것에 의하면, 태초에 천지가 창조될 때 물이 지면을 [덮어] 담고 있었으나, 조물주가 [그 물을] 이동시켜 산이 되고 골짜기가 되었으며, [또] 물에게 명하여 사방의 깊은 곳 가운데로 돌아가 모이게 하여 노출된 마른 땅 바깥에 드디어 바다를 이루니, 이것이 곧 바다가 조성된 근원이다.[75] 여러 성인과 현자들은 경전을 살피고 근거로 삼아 예로부터 종지로 여겨 의심지 않았다.

此說背理, 不屑深辨. 則依上論, 天地造成之初, 水淹地面, 造物主移動之, 爲山爲壑, 命水聚歸四方深淵中, 露乾土外, 遂成海, 是則海成之原也. 諸聖賢按據經典, 恒古宗之無疑.

---

75) 이 내용은 앞에 나왔다. 「창세기」 1장의 내용 참조. 과학적인 이성과 신앙의 조화를 꾀하던 스콜라 철학 정신이 잘 반영된 내용이다.

3. 해양은 많은 갈래로 구분된다.

첫째로 말하면 대양(大洋)[76]이니, 사방으로 통하고 그 넓이와 깊이가 〔서로〕 같지 않으나, 또 흐르는 방향에 따라 이름을 취하였으니, 이를테면 대서양·대동양·소동양 등이 그것이다.[77]

海洋區分多派. 一謂滄海, 以通四方, 其闊狹深淺不等, 且又從所流方而取名, 如大西洋大東洋小東洋等類.

4. 둘째로 말하면 지중해이니, 큰바다[78]의 다음 〔크기〕, 곧 큰바다에서 나뉘어 육지 내에 들어간 것으로 유럽과 아프리카에 있는 여러 나라를 갈라놓고 있다.

二謂地中海, 次于大海, 卽從大海分入地內, 而剖歐羅巴與利未亞諸國者也.

5. 셋째로 말하면 홍해로 여기에는 또 두 가지가 있으니, 하나는 서쪽에 있고 하나는 동쪽에 있다.[79] 그 〔바닷물이〕 붉은 까닭에 대한 설명은

---

76) 원문은 창해(滄海)로 넓고 큰 바다를 말하나 오늘날 바다의 분류 개념에 쓰이지 않아서 사용하지 않았다.

77) 대서양은 지금의 대서양의 유럽 가까운 곳, 대동양(大東洋)은 지금의 대서양의 아메리카에 가까운 곳, 소동양(小東洋)은 지금의 태평양, 여기에는 없지만 소서양(小西洋)은 인도양을 말한다(艾儒略, 謝方 校釋, 『職方外紀校釋』, 中華書局, 1996, 20~26쪽). 마테오 리치의 「곤여만국전도」에도 그렇게 되어 있다. 그런데 최한기가 편찬한 『지구전요』에 보면 태평양이 동양대해로 표기되어 있어 후대에 바로잡았음을 알 수 있고, 또 인도양에 대해서는 '인도양이 곧 소서양이다'(印度洋卽小西洋)로 병기되어 있다.

78) 여기서 말하는 큰바다의 원문은 대해(大海)인데, 문맥상으로 보면 앞의 대양(大洋)으로 보인다.

79) 앞의 『직방외기교석』에 수록된 지도에 보면 지금의 홍해가 서홍해로 표기되어 있다. 그런데 마테오 리치의 1602년 「곤여만국전도」에는 홍해가 그냥 서

옛날과 지금이 다른데, 혹은 햇무리를 받았기 때문이라고 하고, 혹은 해저의 붉은 모래가 물빛에 반사되었기 때문이라고 하고, 혹은 바닷물이 붉은 것이 아닌데, 다만 그 땅의 옛 왕이 '붉다'는 것을 빌려 이름으로 삼았다고 하고, 혹은 이 바닷가에 샘이 있는데, 많은 양들이 그 물을 마시면 반드시 그 털이 붉은색으로 변하기 때문에 그 바다의 이름을 그렇게 불렀다고 한다. 그러나 여러 설명은 모두 실제적 근거가 없고, 오직 근세에 이 바다를 항해한 서양 사람들이 나아가 붉은 물을 길어서 보니 맑게 보여서 그 까닭을 검토한즉, 해저에 산호가 많이 살기 때문에 홍색을 띠게 되었고〔바닷물이〕실제로 홍색이 아님을 마침내 알게 되었다.

三謂紅海, 此又有二, 一在西, 一在東. 其紅所以然之說, 古今不同, 或云受日暈故, 或云海底紅砂, 映射水色故, 或云海非紅, 特其地之古王借紅爲號, 或云是海之濱有泉, 凡羊飮之, 必變其絨爲紅色, 因以名海. 然諸說, 皆無實據, 惟近世西人航是海者, 就視, 則見紅汲出, 則見淸, 討究其故, 竟知海底多産珊瑚, 因致有紅色, 實非紅也.

6. 넷째로 말하면 페르시아 해[80]가 그것이다.

四謂墨生丁海, 旦伯耳西亞海, 是也.

7. 다섯째로 말하면 카스피 해이니, 그 물은 매우 넓고 끝없으며 사면

홍해로 표기되어 있고, 동홍해는 현재의 캘리포니아 만에 표기되어 있다.

80) '旦伯耳西亞海'는 마테오 리치의 「곤여만국전도」에서 찾을 수 없다. 다만 원문의 '(旦)伯耳西亞'는 페르시아와 음이 같으나 이미 '墨生丁海'와 중복되니, '旦'이 '卽'의 뜻이라면 문제는 해결될 것 같으나 아쉽게도 그런 의미는 없다. 옮겨 적는 사람의 오기가 아닌가 싶다. 여기서 '伯尔昨客海'(지금의 카라 해)와 음이 비슷하지만 택하지 않았다.

에 제각기 산언덕이 있고, 바다로 연결된 통로를 보지 못하므로 그것이 호수인지 바다인지 밝혀지지 않았으나, 사람들이 오직 그 짠맛 때문에 큰바다로 통하는 보이지 않는 통로가 있을 것이라고 의심하였으며, 그 둘레는 〔도는 데〕 12일이 걸린다.[81] 이것은 천하의 다섯 가지 이름의 바다에 대한 간략한 〔내용이다.〕

五謂北高海, 其水甚浩蕩, 四面各有山岸, 不見聯通入海, 故未明其爲淵爲海, 人惟因其鹹, 疑有所通大海之陰路也, 其週則有十二日之程. 此天下五名海之略也.

10. 해수의 운동 海水之動

1. 해수의 자연스러운 운동에는 다만 한 가지가 있으니, 곧 아래로 움직이는 것이다. 〔바닷물을〕 바람이 밖에서 움직이면 강제 〔운동이〕 되니 자연스럽지 않음을 알 수 있다. 강제로 운동하는 해수는 매우 많다.

海水自然之動, 止有其一, 卽下動也. 風外動爲强, 則非自然可知矣. 其强動, 甚多.

2. 첫째로 말하면 외풍이 발생한 것이니, 바람이 이미 한 가지가 아니므로 운동 또한 한 가지가 아니다.

一曰, 外風所發, 風旣不一, 動亦不一.

3. 둘째로 말하면 동쪽에서 서쪽으로 이동한다. 무릇 유럽에서 항해할 때 서쪽으로 향해가면 순조롭고 빠르나, 동쪽으로 향해가면 〔흐름

---

81) 이러한 카스피 해에 대한 대강의 설명은 앞의 「곤여만국전도」에 나온다.

을〕거슬러 느리다. 이러한 바닷물의 이동은 다만 큰바다뿐만 아니라 지중해에서도 볼 수 있다. 그 까닭은 종동천〔의 운동〕을 따라 생긴다. 대개 종동천은 오로지 그 아래의 여러 하늘을 데리고 운동할 뿐만 아니라 또 그 커다란 덕으로 해수를 보이지 않게 운동시킨다.[82]

二曰, 自東而西. 凡從歐羅巴航海, 西向而行, 則順而速, 東向而行, 則逆而遲. 此動非特大海, 又于地中海可見. 其所以然, 從宗動天生焉. 蓋宗動天, 非惟帶運下重諸天, 又以其大德, 暗運動又海水也.

4. 셋째로 말하면 북쪽에서 남쪽으로 〔이동한다.〕 무릇 항해하는 자가 북쪽에서 남쪽으로 향하면 반드시 순조롭고 빠르나, 남쪽에서 북쪽으로 향해가면 반드시 〔흐름을〕 거슬러 느리다. 그 까닭은 북쪽의 땅을 보아 남쪽과 반대로 높으므로 물이 낮은 곳으로 흐른 것이다. 또 북쪽의 땅에는 큰 강이 많으니, 이것이 바다로 들어가 반드시 그 가득찬 물을 남쪽의 낮은 곳으로 흐르게 한다고 한다. 그러나 이 운동은 대양에서는 오히려 미미하나 지중해에서는 크며, 지중해 가운데에서 다시 아조프 해[83]와 흑해[84]에서 〔그 운동이〕 더 크다.[85]

三曰, 自北而南. 凡航海者, 從北向南, 必順而速, 從南而北, 必逆而遲. 其所以然者, 北地視南更峻崇, 故水流于低者也. 又云北地多含大江,

---

82) 실제로 종동천의 영향이 아니라 해류의 흐름을 보면 주로 남적도 해류가 무역풍을 타고 태평양과 대서양에서 동에서 서로 흐른다. 반대로 편서풍 지대에서는 동쪽으로 흐른다.

83) 흑해의 북쪽에 붙은 바다. 이 책에서는 호수로 표기했으나 「곤여만국전도」에는 분명 흑해에 딸려 있는 바다이다.

84) 흑해는 「곤여만국전도」에서 태해(太海)로 표기 되어 있고, 다른 곳에는 대해(大海)가 없다. 그래서 흑해로 본다.

85) 큰바다에서 이런 해류는 모잠비크 해류, 카나리아 해류, 브라질 해류, 캘리포니아 해류 등이다.

此乃入海, 必使其隘而流于南之低也. 然此動在滄海尙微, 而地中海更大, 而地中海之中, 更大于墨阿的湖, 及于大海矣.

5. 넷째로 말하면 남쪽에서 동쪽으로, 동쪽에서 서쪽으로 돌아 이동한다.[86] 이 이동은 오직 지중해에서만 보이는데, 곧 이른바 아드리아해가 이것이다. 이 운동의 원인은 오직 종동천이 동쪽에서 서쪽으로 움직이는 것을 따르나, 그 바다가 사면의 땅에 의하여 협소해졌기 때문에 〔해수가〕 돌아 이동하는 것이 종동천이 동쪽에서 서쪽으로 운동하는 것을 다 따를 수가 없었다.

四曰, 自南而東, 東而西之旋動. 此動惟見于地中海, 卽所謂上海是也. 是動之所以然, 惟由于宗動天自東而西, 緣其海爲四面之地所狹, 故旋動未能悉從宗動天自東而西之運動矣.

6. 다섯째로 말하면 호수의 〔물이〕 크게 차서 움직여 서쪽·동쪽·남쪽·북쪽으로 조수를 발생시키지 않음이 없다. 그러나 밀물과 썰물의 밀려옴과 물러남, 속도의 느림과 빠름은 각 방향에 따라 다른데, 그 까닭은 탐구하고자 한다면 따로 뒤에서 논해야 한다.

五曰, 湖之動大滄, 西東南北, 無不發潮. 但長退遲速, 各方有異, 卽欲究其所以然, 須別後論.

---

86) 해류는 큰바다의 차원에서 보면 기본적으로 돌아서 움직인다. 바람뿐만 아니라 온도와 염분의 영향도 있는데, 염분과 열을 순환시키기 위해 돈다.

11. 바다의 밀물과 썰물 海之潮汐 [87)

1. 밀물과 썰물 〔현상〕은 각 지역마다 같지 않다. 지중해에서는 북쪽과 서쪽에 쭉 걸쳐서는 〔밀물과 썰물이〕 모두 없거나 작아서 분별하기 어렵고, 남쪽과 동쪽에 쭉 걸쳐서는 있으면서 크다. 대양에서는 대부분 곳에 따라 〔밀물과 썰물을〕 볼 수 있다. 단지 크고 작고 빠르고 몰려오고 길고 짧은 것은 곳에 따라 제각기 같지 않으나, 가까운 해안은 크게 보이고, 해안에서 떨어져 멀어질수록 조수가 더욱 미미하다.

潮汐各方不同. 地中海, 迤北迤西, 或悉無之, 或微而難辨, 迤南迤東, 則有而大. 大滄海中, 大都隨處可見. 第大小遲速長短, 各處又不同, 近岸見大, 離岸愈遠潮愈微矣.

2. 그 밀물과 썰물이 밀려오고 물러나는 정도는 매번 3후(候)[88)]이거나 밀물 때는 4후이다가 썰물 때는 2후이기도 하고, 반대로 밀물 때는 2후이다가 썰물 때는 4후가 되기도 하며, 그 밀물이 매우 빠를 경우 말처럼 빨라 갑자기 벗어나기 힘든 것과 같으니, 1후에 돌연히 통과하는 거리가 4백여 리이나 또 1후에 갑자기 본래 있던 장소로 되돌아간다.

其長退之度, 或每以三候, 或長以四候, 退以二候, 或反之, 以長以二候, 退以四候, 或其長極速, 卽騎馳猶難猝脫, 則一候倐淹覆四百餘里, 而又一候倐歸本所.

---

87) 전체 목차에는 그냥 '조석'(潮汐)으로만 되어 있다.
88) 옛날에 대략 5일을 '1후'(一候)라고 하였다. 이것은 1년을 24등분하여 24절기(節氣)로 나누고 각 절기를 3개의 후(候)로 나누어 도합 72후로 나눈 것에 근거한다. 그러나 여기서는 50분을 말한다. 그 근거는 바로 아래 12-3에서 조수는 하루 1후씩 늘어진다고 했는데, 실제로 썰물과 밀물의 간격은 평균 12시간 25분으로 매일 약 50분 정도씩 늘어진다. 따라서 1후는 50분이다.

3. 또 처음 〔조수가〕 일어나 길어지는 시각 또한 같지 않은데, 대개 매일 1후씩 늦으며, 보름이 된 후에 다시 크고 초하루 이후에 다시 작으니, 이것이 바다의 조수가 같지 않은 대강의 〔내용〕이다.

又始起長之時, 亦不同, 大槩每日遲一候, 月望後更大, 月朔後更小, 此則海潮不同之畧也.

4. 조수의 원인에 대해서 탐구한 옛날이나 지금의 논의가 한결같지 않으니 어떤 사람이 말하기를, "강이 바다로 들어온 것이 대부분 밀물이 몰려오게 한다"고 하나, 이 설명은 틀렸다. 강은 항상 서로 연결되어 바다로 들어가 머무르는 때가 없으므로, 밀물 또한 당연히 연결되어 몰려오나 물러나는 경계가 없다.

至究潮之所以然, 古今之論不一, 或曰, 江河入海者, 衆致使潮長, 此說非也. 江河常相連入海, 無有止期, 則潮亦宜連長, 而無退限矣.

5. 어떤 사람이 말하기를, "태양이 돌 때 많은 공기를 불러모아 조수를 생기게 한다"[89]고 하나, 역시 틀렸다. 무릇 조수가 몰려오고 물러나

---

[89] 이와 달리 조선 후기 최한기는 달과 지구 주변의 기가 서로 맞닿아 돌아가면서 들어가는 쪽과 나가는 쪽에서 조수와 석수가 생긴다고 보았다. 곧 "대저 여러 별이 움직여 도는 데 있어서 그 주변의 기 또한 따라 돌면서 겉바퀴를 형성한다. 그리고 달은 지구와 가장 가까우므로 지구의 겉바퀴와 달의 겉바퀴가 가까이 맞붙어서 도는데, 서로 맞물려 들어가는 곳에 기가 수렴되어 빨려 들어가되 물이 그 빨려 들어가는 데 반응하여 움직이니 이것이 조수이다. 두 겉바퀴가 맞물려 나오는 곳에는 기가 방출되어 나오되 물 또한 그 나오는 것에 반응하여 움직이니 이것을 석수라 부른다"(夫諸曜之運轉, 其傍之氣, 亦隨而轉, 以成被輪. 而月最近於地, 故地之被輪, 與月之被輪, 相切, 而旋入切處, 氣斂而吸, 水應其吸而動, 是謂潮也. 兩被輪出切處, 氣放而噓, 水亦應其噓而動, 是謂汐也. 『추측록』권2, 「潮汐生於地月相切」). 여기서 달과의 관계를 주목한 것은 탁견이라 할 수 있다.

는 서로 다른 형세와 태양이 〔지구를〕 도는 형세와는 무관하니, 대개 태양이 다니는 길은 오로지 하나인데, 어찌해서 조수가 매일 1후씩 늦게 일어나 때때로 변하여 바뀌게 할 수 있는가?

或曰, 日輪旋時, 招聚多氣而生潮, 亦非也. 夫潮長退之異勢, 與日旋轉之勢, 無關, 蓋日行之道, 惟一, 何能使潮每日遲起一候, 而時時變易乎.

6. 어떤 사람이 말하기를, "조수는 바닷가 높은 언덕이 고르지 않기 때문이다"고 하는데, 역시 틀렸다. 바닷가 땅은 항상 예전대로 움직이지 않으나 조수는 날마다 다르다.

或曰, 潮由海濱之高阜不齊, 亦非也. 海濱恒古不移, 而潮日日有異.

7. 어떤 사람이 말하였다. "바다 가운데에서 항상 많은 공기를 발생시켜 〔바다가 공기를〕 머금으나 받아들이지 않고, 반드시 발산하여 조수가 되며, 공기가 그치면 조수는 물러난다. 병에 걸렸을 때를 비유하면 일정 시기 동안 한기가 물러나는데, 혹 날마다 이와 같거나 이틀거리로 그러하거나 여러 날 간격을 두고 다시 이와 같으니, 오직 〔이것은 몸속의〕 사악한 기운이 모여 맺힘이 빠르거나 느리기 때문에 그렇다. 또 바람에 비유하면 공기가 모이는 것이 많거나 적거나 빠르거나 느리면 일어나거나 그치는 바람의 크고 작음에 반드시 정해진 규모와 시간이 있다." 이 설명은 옳은 것 같은데, 오직 그 공기가 발생하는 양과 속도의 원인에 대해서는 말하지 않고 있다.

或曰, 海內恒生多氣, 含而不容, 必發爲潮, 氣息而潮退矣. 譬人感疾, 以一定之時, 寒退, 或日日如是, 或隔日, 或隔數日, 亦復如是, 惟爲邪氣之結聚速遲使然耳. 又譬之風焉, 氣之聚或多或寡或速或遲, 而風因之發息大小, 必有定規定時也. 此說近是, 惟不言其氣發多寡速遲之所以然.

8. 그러므로 오히려 설에서 말하기를, "조수는 달이 종동천을 따라 운동하는 것을 말미암는다"고 하였는데, 예로부터 지금까지[그 이론을] 으뜸으로 삼았고, 그 정리된 체험에는 많은 단서가 있다.

故尚有說云, 海潮由月輪隨宗動天之運也, 古今多宗之, 其定驗有多端.

9. 첫째로 말하면 밀물과 썰물이 밀려오고 나가는 서로 다른 형세는 대부분 달이 보이거나 보이지 않거나, 차거나 이지러지는 것을 따른다. 대개 달이 하루 밤낮에 하늘을 한 바퀴 둘러 도는데, 그 도는 둘레를 4부분으로 나눌 수 있으니 동쪽에서 오방(午方)[90]까지, 오방에서 서쪽까지, 서쪽에서 자방(子方)[91]까지, 다시 자방에서 동쪽까지 밀물과 썰물이 하루 밤낮에 두 차례 발생한다. [달이] 묘방(卯方)[92]에 [있을 때] 밀물이 시작하면 오방에서 물이 빠지고, 서쪽에 [있을 때] 밀물이 시작하면 자방에서 빠진다. 때와 장소에 따라 [밀물과 썰물의 정도가] 다른 경우는 논의가 부족하므로 별도로 그 까닭을 [설명해]둔다.

一日, 潮長與退之異勢, 多隨月顯隱盈虧. 蓋月之帶運一晝夜一周天, 其周可分四分, 自東方至午, 自午至西, 自至子, 復自子至東, 而潮一晝夜槩發二次. 卯長午消, 西長子消. 若隨處隨時略有不同, 是不足爲論, 別有其所以然也.

10. 둘째로 말하면 달과 태양이 서로 [한 방향에] 모이거나 마주 보

---

90) 오방은 정남을 중심한 15도 각도 안의 방위이다.
91) 자방은 정북을 중심한 좌우 15도 각도 안의 방위이다. 여기서 원문은 자서지자(自西至子)가 되어야 뜻이 통한다. 서(西) 자가 빠졌으나 문맥상으로 볼 때 넣어서 보아야 한다.
92) 묘방은 정동을 중심한 15도 각도 안. 동쪽 방위이다.

면 〔서로 간의 거리가〕 가깝고 멀어지는 형세가 있어서 또한 조수의 형세로 하여금 달라지게 한다. 가령 보름 때 달이 차면 간조와 만조의 차가 크고, 달이 점차 이지러지면 간조와 만조의 차가 점차 작다.[93]

二曰, 月與日相會相對, 有近遠之異勢, 亦使潮之勢, 或殊. 假如望時月盈, 卽潮大, 月漸虧, 而潮漸小.

11. 셋째로 말하면 조수가 일어나 밀려오는 것이 매일 4각(刻)[94]씩 늦어지는 것은 반드시 달이 매일 4각씩 크게 작용함으로써 일주운동을 이루어 원래의 장소로 되돌아가기 때문이다. 대개 달 고유의 운동은 서쪽에서 동쪽으로 하루에 약 13도 이동하지만, 종동천의 원운동을 따라 동쪽에서 서쪽으로 〔움직여〕 반드시 하루에 4각을 상쇄하려 하므로 바야흐로 그 거꾸로 이동하는 길을 보충해 그 〔고유의〕 일주운동을 온전히 할 수 있다.[95]

三曰, 潮之發長, 每日遲四刻, 必由于月每日多用四刻, 以成一周而反原所. 蓋月之本動, 從西而東, 一日約行十三度, 從宗動天之帶動, 自東而西, 必欲一日零四刻, 方可以補其所逆行之路, 而全一週也.

---

93) 조석현상을 일으키는 힘은 지구와 해와 달의 인력 때문인데, 그 힘의 방향이 지구와 일직선이 되는 합삭이나 망월 때 가장 커서 사리가 되고, 해와 달과 지구가 이루는 각이 직각이 되는 상현과 하현 때 그 힘이 상쇄되어 조금이 된다.
94) 시헌력(時憲曆)에서는 1각이 15분을 말하나 시헌력 이전에는 하루의 1/100이 되는 시간이었다. 곧 14분 24초 동안을 이른다. 그러니까 4각은 약 1시간을 말한다. 실제로 조수의 간격은 평균 12시간 25분으로 매일 약 50분 정도씩 늦어진다. 다시 말해 만조는 매 12시간 24분마다 일어난다. 12시간은 지구의 자전, 25분은 달의 공전 때문이다.
95) 그러니까 여기서 말하는 종동촌의 운동은 지구의 자전으로, 본성적 운동은 달의 공전으로 바꾸어 이해할 수 있다.

12. 넷째로 말하면 겨울철의 달[빛]이 여름철보다 대부분 강하므로 겨울철의 조수가 여름철의 그것보다 대개 강렬하다.[96]

四曰, 冬時之月多强于夏時之月, 故冬潮槩熱于夏潮.

13. 다섯째로 말하면 무릇 음에 속한 물건은 대개 달을 위주로 하므로 바다의 조수는 이미 습기가 많기 때문에 달이 주관하는 것을 듣지 않을 수 없으니, 곧 달이 바다의 조수를 주관하는 까닭이 오로지 빛만은 아니다. 대개 초하루 때 달의 아랫면은 빛이 없는데, 내가 딛고 서 있는 땅에도 빛이 없으며 이때 바다에도 그러하다. [그러나] 조수는 끊임없이 발생하니 달에는 오히려 다른 능력이 있음을 알겠다. 이른바 은덕(隱德)[97]이 마침내 먼 곳을 통하여 효과를 볼 수 있었다. 이 달을 빌린 빛이나 [그것이] 갖춘 덕으로써 밀물이 밀려오게 만들었을 것이다. 마치 자석이 철을 당기고 호박이 티끌을 잡아끌 듯이. 또는 바다 가운데에 많은 공기가 발생하여 조수를 생기게 했을 텐데, 마치 불이 솥 안의 물을 끓어 넘치게 하듯이 말이다.

五曰, 凡物屬陰者, 槩以月爲主, 則海潮旣由于濕氣之甚, 無不聽月所主持矣, 卽月所以主持海潮者, 非惟光也. 蓋朔會時月之下面無光, 至與吾對足之地, 亦無光, 海當是時猶然. 發潮不息, 則知月尚有他能力. 所謂隱德者, 乃可通遠而成功矣. 是月以所借之光, 或所具之德, 致使潮長也. 如磁石招鐵, 琥珀招芥然. 或生多氣于海內, 使其發潮也, 如火使鼎

---

96) 여기서는 그 원인을 빛과 연관시켰다. 그러나 실제로 간만의 차가 가장 큰 때는 백중사리(음력 7월 15일 전후 3~4일)이다. 이때 해와 지구와 달이 일직선이 되면서 동시에 달이 지구에 가장 근접한다. 이때는 북반구에서는 여름이지만 남반구의 경우는 겨울이다.

97) 이 은덕을 숨은 능력으로 해석할 수 있는데, 아직 인력이라는 것을 밝혀내지는 못했지만 달과 연관시켜 유추해가는 모습이 날카롭다.

水沸溢然.

14. 어떤 사람이 물었다. "달이 이렇게 조수를 주관한다면 강이나 하천에서는 왜 조수가 생기지 않는가?"

或問曰, 月既主乎潮, 則江河胡不發潮乎.

15. 답한다. "운동인(運動因, the efficient cause)은 〔사물의〕 덕으로써 효과를 이루기 위해 반드시 서로 응하고 서로 알맞은 질료(matter)를 원하는데, 그 질료를 얻지 못하면 효과를 이룰 수 없으니, 자석이 철을 붙이나 금을 붙이지 않고, 호박이 티끌을 불러들이나 철을 불러들이지 않는 것은 이 때문이다. 달의 덕은 바다의 조수를 발생시킬 수 있지만, 강물이나 하천의 물은 〔알맞지 않은〕 질료라서 달에 응할 수 없다. 하물며 동일한 바닷물에도 조수가 있기도 하고 없기도 하는데, 다시 다른 까닭이 있겠는가?"[98]

曰作者, 以德成功, 必欲相應相稱之質, 非得其質未能成功, 磁石懸鐵不懸金, 琥珀招芥不招鐵, 以是故也. 月之德, 足發海潮, 若江河水之質, 不足以應月, 況同一海水有潮有不潮, 更自有別故乎.

16. 어떤 사람이 또 물었다. "강이나 하천의 〔물이〕 바다로 흘러 들어갈 때 밀물을 만나면 〔육지 쪽으로〕 물러나거나 물러나지 않는 것은 무엇 때문인가?"

或又曰, 江河入海者, 遇潮長, 或退或不退, 何也.

---

98) 원리적으로 강이나 호수의 물도 달의 인력의 영향을 받지만, 이 경우의 조수는 지형적 조건이나 물의 양에 따라 일반적 조수와 다르게 나타난다. 강물의 질 때문에 조수가 생기지 않는 것은 아니다.

17. 답한다. "그 강물〔의 흐름〕이 급하거나 완만한 것이 그 밀물의 빠름과 느림에 관계하여 〔그 기세가〕 서로 이기거나 지게 되므로 물러나기도 하고 물러나지 않기도 한다."

曰其江水之或急或慢, 與其潮長之遲速, 相爲勝負, 是以有退有不退也.

18. 어떤 사람이 말하였다. "지역에 따라 조수가 다른 것은 무슨 까닭인가?"

或曰, 各方之潮不同, 何故.

19. 답한다. "바닷가의 지형에 높고 낮고 곧고 구부러진 것 등의 형세가 있고, 해저나 바다 속의 공간에 모자라거나 크거나 작은 것이 있기 때문이다. 하물며 달이 바다를 비추는 것이 지역에 따라 다르니, 그 이룬 효과 또한 같은 수 없다. 가령 해가 갖고 있는 덕은 곳에 따라 공기를 불러모아 구름과 비를 이룰 수 있지만, 어떤 지역은 〔공기가〕 매우 건조하여 해의 덕에 응하여 습기를 발생시키지 못하는데, 그 때문에 다른 지역에는 비가 오나 이 지역에만 유독 〔비가〕 오지 않는 것과 같다. 이것으로써 알 수 있는 것은 달의 덕이 비록 조수를 발생시킬 수 있으나, 다만 각 지역과 바다의 형세가 같지 않으므로 조수의 형세 또한 같지 않다는 점이다."

曰海濱地, 有崇卑直曲等勢, 海底海內之洞, 有寡大小故也. 況月之照海, 各方不同, 則其所成功, 亦不能同. 假如日有德, 隨處可招氣, 以致雲雨, 乃一方之地甚乾, 不足應日之德, 以發濕氣, 因而他方有雨, 此方獨無也. 由是可知, 月之德雖足發潮, 惟各方各海之勢不同, 故潮之勢亦不同.

20. 어떤 사람이 물었다. "샘과 우물 또한 조수가 발생하는데, 다만

바다의 조수와 때가 다른 것은 무슨 까닭인가?"

或問, 泉與井亦有發潮者, 但與海潮不同時, 何故.

21. 답한다. "저 샘과 우물의 조수는 가까운 바다의 조수 때문이라는 점에는 한치의 의혹도 없다. 다만 〔바다로〕 통하는 샘이나 우물의 숨은 통로가 넓고 곧으므로 쉽게 통해 이르러서 빠르고, 좁고 굽으므로 어렵게 통해 이르러서 느리니, 이곳과 저곳의 조수가 어찌 고를 수 있겠는가?"

曰夫泉井之潮, 由近海之潮, 決無疑矣. 惟海所以通泉井之隱渠, 或寬而直, 故易通及而速, 或窄而曲, 故難通及而遲, 彼此之潮, 安能齊乎.

22. 어떤 사람이 물었다. "밀물과 썰물의 목적인(目的因, the final cause)은 무엇인가?"

或問, 潮汐之爲者.

23. 답한다. "하나는 썩는 걱정을 더는 것인데, 대개 물은 오래 고이면 반드시 썩는다. 〔또〕 하나는 외부에서 모인 쓰레기를 청소하는데, 대개 지상의 크고 더러운 〔쓰레기〕 더미가 강과 하천을 통해 바다로 들므로, 이에 밀물이 다시 밀려와 밀어낸다. 〔다른〕 하나는 항해나 표류나 물을 건너는 일에 도움이 되는데, 대개 밀물 때는 바다에서 쉽게 해안으로 나아가고, 썰물 때는 해안에서 쉽게 바다로 나아간다. 이것을 살펴보면 바다 조수의 이로움이 적지 않음을 알겠다. 조물주에게 어찌 〔아무런〕 의도가 없었겠는가?"

曰, 一則以免腐朽之患, 蓋水久注, 必朽. 一則以清外聚之垢, 蓋地上丕惡之積, 由江河而歸于海, 乃潮長復發, 吐之也. 一則以輔航漂渡之事,蓋潮長則從海易就岸, 潮退則從岸易入海. 觀此, 知海潮之益, 不淺矣, 造物主, 豈無意乎.

12. 강과 하천 江河

1. 옛날에는 간혹 빗물이 땅속의 빈 공간에 모여 있다가 흘러서 강과 시내가 된다고 의심하였다. 징험해보면 비가 많은 지역은 반드시 강과 하천이 많이 발원하나, 비가 오지 않는 지역은 그렇지 않다. 또 겨울에는 강과 하천이 차서 넘치다가 여름에는 모두 말라버리는 것은 무슨 까닭인가? 〔그것은〕 겨울에 비가 집중적으로 내리고 여름에 드물게 내리기 때문이다.

古或疑雨水聚于地內之空洞處, 流而爲江河泉川矣. 驗之雨多之地, 必多發江河, 而旱地不然. 又冬時江河滿溢, 夏時皆枯, 何也. 冬時雨密, 夏時雨稀故也.

2. 이 설명들은 틀렸다. 빗물이 비록 많고 오래 흘러도 반드시 한 길 깊이의 땅속도 뚫지 못한다. 대개 지면이 매우 건조하여 〔빗물이〕 땅속으로 충분히 스며 들어가면 더는 〔물을〕 받아들이지 못해 강과 하천으로 이끌려 내려간다. 이와 같다면 어떻게 땅 속의 빈 공간에 흘러 들어가 강과 하천의 원류가 될 수 있단 말인가?

此說非也. 雨水雖大且久, 而通透地內, 必不至一丈之深. 蓋地面甚乾, 泌入旣足, 必辭其餘, 而引歸江河也. 如是, 則何能通透于地內之空洞, 以作江河之源乎.

3. 또 보면 높은 산이 비록 첩첩이 돌뿐이어서 애초에 빗물을 받아들

일 흙이 없어도 항상 풍부한 냇물과 마르지 않는 시내가 발원하는데, 왜 그런가? 또 보면 가뭄이 든 땅속 수십 길의 깊이에 있는 샘에서는 항상 그치지 않고 물이 솟아나는데, 무슨 까닭인가? 이로써 빗물은 겨우 크고 작은 시내를 채우고 나면 바다로 돌아가지만, 여러 시내와 강 그리고 하천을 발원하게 하는 데는 턱없이 부족함을 알 수 있다.[99]

又觀高山雖疊石耳, 初無土以受雨水, 乃恒發爲豊川永溪, 何哉. 又觀旱地之內, 深數十丈而有泉, 恒湧不息者, 何哉. 由是可知, 雨水僅充足溪澗行源, 萬不足供發諸川及諸江河也.

4. 앞에서 말한바, 겨울에 강과 하천의 물이 많고 가뭄이 든 곳에 강과 하천이 없는 경우는 뒤에 바른 풀이가 있으니, 뒤의 과학자의 [말에] 의하면 두 가지 설이 있다.

若上所言, 冬時江河之盛, 及旱地之無江河者, 後有正解, 則依後性理之師, 又有兩說.

5. [하나는] 어떤 사람이 말하였다. "해와 달 그리고 별이 비추어 내리쬐는 것이 땅속에 습기를 많이 발생시키는데, 그 탁하고 무겁고 차가운 것은 힘이 약해 산꼭대기 밖으로 나오지 못하므로 땅속에서 물로 변하여 흐르는 냇물이 되고, 냇물이 또 강과 하천을 이룬다."

或曰, 日月星辰照射, 多生濕氣于地內, 其濁重且冷者, 力弱不能出山

---

99) 실제로는 저자가 틀렸다는 설이 맞다. 즉 모든 강물과 샘물의 근원은 빗물이다. 빗물이 바로 흐르거나 또는 지하에 스며들어 지하수가 되었다가 지상으로 분출하여 샘이 되고 흐르다가 모여 강이 된다. 고산지대에서는 눈이 내려 그것이 녹아 강물이 된다. 건조한 지역의 샘은 다른 지역의 지하수가 지하로 흘러들어 생길 수 있다.

頂之外, 卽內變水而爲流川, 川又生江河, 是也.

6. 〔또 하나는〕 어떤 사람이 말하였다. "강과 하천은 바다를 좇아 흘러들지 않음이 없고, 대개 바다는 땅 바깥을 드러나게 감싸거나 보이지 않는 통로를 통해 〔땅〕속으로 길을 내는데, 그 맥락이 서로 통하지 않음이 없는 까닭에 시내와 여러 강 그리고 하천을 발원케 한다."

　或曰, 江河無不從海而出, 蓋海或顯包地外, 或從隱渠入內, 其脈絡無不相通, 因以發川及諸江河也.

7. 이 두 설명은 제각기 취한 〔근거가〕 있으니, 내가 여러 단서를 들어 참된 근원을 상세히 밝히겠다. 〔우선〕 말하면 땅속에는 지하수가 많이 저장되어 있는데, 〔광산에서〕 광물 캐는 것을 보면 늘 수맥을 많이 만나며 〔물이〕 급류를 이루어 시내로 흘러간다. 또 곳곳에 우물을 팔 때 얕거나 깊게 〔파기도 하는데〕, 수원을 얻지 않음이 없다. 또 건조한 지역을 관찰해보면 물이 나오는 것을 자주 파보는데, 호수나 웅덩이를 이루기도 하고 방·집·사람·물건을 적시기도 한다. 따라서 땅속에 큰 지하수가 자주 머무른 것이 아니라면 이런 일은 없음을 알겠다.

　此二說各有所取, 吾擧數端, 以詳眞源焉. 曰地內多藏積水, 常見鑿鑛者, 多遇地瀆, 及速沰之澗. 又隨處掘井者, 或淺或深, 無不得水之源. 又觀乾地, 屢開窺發水, 而或成湖澱, 或淹房屋人物也. 因知, 地中非亟大積之水定, 無是事也.

8. 또 말한다. 조물주가 애초 깊은 연못에 물을 거두어들일 때 땅속 〔의 공간〕을 많이 갈라놓았고, 또 곳에 따라 숨은 공간과 통로를 열어두어 〔물이〕 한쪽으로 흐르게 하였으니, 〔조물주의〕 넉넉한 은혜가 바로

마치 인체 내에 맥락과 근골을 갖추어 혈기가 넉넉하게 흐르게 하는 것과 같다. 대개 땅의 원래 본성은 지극히 건조한 것이어서 물의 습윤을 얻지 못하면 스스로 응결되기가 어렵고, 또 풀이나 나무, 금속, 암석 종류를 길러내거나 사람들의 쓰임을 도와 해결할 수 없다.

又曰, 造物者, 初收水于深淵時, 遣多分于地內, 又隨處開闢匿空隱渠, 以偏運, 潤澤之恩, 正如人體內, 多備脈絡筋骨, 以運血氣之潤澤也. 蓋地原本至乾, 非得水之潤, 自難凝結, 又不能養育卉木金石之類, 濟採人物之用.

9. 따라서 태초에 천지가 창조될 때 지면에는 샘·시내·강·호수를 많이 만들어 나중에 사용할 수 있도록 했다. 『성서』에 기록하되 태초에 하느님이 만물을 창조하실 때 지으신 에덴동산에 살아가는 인간을 두시고, 곧 말하기를 이 에덴에 처음 큰 강이 있어 이 강을 따라 발원하여 천하의 4대강[100]으로 나뉘어 사방으로 흘렀다고 하였으니,[101] 4대강과 여러 다른 지역의 강의 경우에 땅속의 지하수가 근원이 되어 나누어 흐르지 않는 것이 없음을 알겠다.[102]

因知天地造成之初, 地面卽多發泉川江湖, 以備後用. 聖經誌天主于造物之始, 所制異景之圃, 以實生人者, 卽云是景初有大川, 從斯川引爲天下之四大江, 分流又四方矣, 若四大江及諸他方之河, 無不源于地內之積水, 而分流也.

---

100) 「창세기」에 나오는 4대강은 비손·기혼·힛데겔·유브라데이다.

101) 「창세기」 2 : 8~14에 그 내용이 보인다.

102) 바로 13-8과 13-9에서도 근대 과학적 견해보다는 아리스토텔레스의 4원소의 성질과 신학이 결합된 견해임을 확인할 수 있다.

10. 또 말한다. 강과 하천과 시내는 대부분 바닷물을 말미암는데, 네 가지 단서로 증명하겠다. 첫째로 말하면 천하의 강과 시내〔의 물이〕 날마다 바다로 들어가나 바다가 넘치지 않는 데는 반드시 다른 출구가 있기 〔때문이다.〕 만약 나가는 것이 없는데 넘치지 않는 것은 지극히 이해하기 어렵다. 그래서 『성서』에서 일찍이 말하기를, "강과 하천이 모두 바다로 들어가나 바다는 〔가득〕 차지 않는다"[103]라고 한 것은 강과 하천이 그 근원으로 돌아가 반드시 다시 흐르고자 하기 때문이라는 것이 이것이다.

又曰, 江河溪川, 多由于海水, 証以四端. 一曰, 天下江川日日入海, 而不溢者, 必有他出. 若無出而不溢, 極難解矣. 是以聖經嘗云, 江河皆入于海, 而海不泛, 由江河返歸其原, 必欲復流是也.

11. 둘째로 말하면 커다란 강과 하천이 바다에서 근원하지 않으면 다시 이러한 큰 근원은 없다. 대개 땅속에서 공기를 따라 변한 물은 절대로 커다란 강이 항상 흐르도록 할 수 없다.

二曰, 江河之洪大者, 非源于海, 更無此大源矣. 蓋地內從氣所變之水, 萬不足供大江之常流也.

12. 셋째로 말하면 예로부터 항상 있어 온 강·호수·시내·샘이 새로운 맛을 낼 경우, 바닷물의 짠 것과 같고 그 물고기 또한 바다에 사는 것과 같은 형태이니, 강과 하천이 바다를 말미암지 않는다면 무엇을 말미암는가?

---

103) 원래의 내용은 "모든 강물은 다 바다로 흐르되 바다를 채우지 못하며 강물은 어느 곳으로 흐르든지 그리로 연하여 흐르느니라"(「전도서」 1: 7)이다.

三曰, 從古常有江湖川泉, 新出其味如海之鹹, 其魚亦如海內之形, 則江河非由于海, 而何.

13. 넷째로 말하면 무릇 바다에 가까운 땅에는 반드시 샘과 시내가 많지만, 바다로부터 먼 곳일수록 그 시내는 더욱 적다.

四曰, 凡近海之地, 必多泉川, 愈遠于海者, 其川亦愈寡矣.

14. 또 말한다. 강과 하천이 비록 다수가 바다를 따라 생기는 것이지만, 다만 샘과 시내는 또한 공기를 따라 변해 생기는 것도 있다. 대개 땅속에 많이 저장된 공기가 밖으로 나오지 못하면, 또 산을 둘러싼 냉기의 공격을 받아 점차 변하여 흩어지면서 물방울이 되어 흐르다가 샘이나 시내의 마르지 않는 수원을 이룬다.[104] 시험 삼아 아주 높은 산을 관찰해보면 대부분 마르지 않는 샘이 있어 〔물이〕 매우 달고[105] 차다. 그러나 바닷물은 그 지역과 거리가 멀기도 하며, 그 물보다 아주 낮은 데 있고 또 탁하고 짜니, 어떻게 〔높은 산의 샘물이 바닷물의 영향을 받아〕 달고 찰 수 있겠는가?

又曰, 江河雖多從海而出, 但泉川亦有從氣變生者. 蓋地中所藏多氣, 既不能出外, 又被圍山之冷攻之, 因漸變渙而滴流, 致成泉溪之永源. 試觀最高之山, 大都有永泉甚甘洌. 然海水或相去遠其地, 或甚低其水, 又濁且鹹, 又何能致甘洌乎.

15. 또 산기슭에 가까운 인가(人家)를 살펴보면 그 집의 방문을 닫아

---

104) 공기 중에 포함된 수증기가 응결되어 물이 되었다는 설이다.
105) 달다는 것은 달콤하다(sweet)는 뜻이 아니라 짠 바닷물에 상대되는 민물의 마시기 좋은 맛을 말한다. 이하 등장하는 단맛은 다 같은 뜻이다.

두었는데도 반드시 〔벽 주변에〕 습기가 많고 물이 생기는 것은 무슨 까닭인가? 그 〔집〕 안에 저장된 공기가 쉽게 물로 변하기 〔때문이니〕, 하물며 산의 땅속 공간이겠는가? 또 산속 여러 골짜기 등에 들어가면 물방울이 많은데, 〔이 또한〕 물가와 시내와 계곡의 마르지 않는 수원을 갖춰 이룬다.

又觀人屋, 近乎山麓, 閉其戶牖, 必多濕而發水, 何也. 其內藏之氣, 易變水也, 矧山穴之內乎. 又入山中諸洞等, 旁多滴水, 成水渚及溪澗之永源備矣.

16. 어떤 사람이 물었다. "여름에는 강과 하천에 〔물이〕 풍성하고 겨울에는 바싹 마른 지역이 있는가 하면 이와 반대인 지역도 있는데, 왜 그런가?"

或問, 有方夏時江河豊盛, 冬是枯乾, 有方反是, 何也.

17. 답한다. "여름에는 태양이 많은 공기를 불러모으므로 산 내부의 물이 많고 산 바깥의 구름도 많아서 많은 비를 이루니, 이에 샘과 시내에 〔물이〕 넘치지 않겠는가? 겨울의 경우 매우 춥고 땅이 매우 건조하며 태양의 힘 또한 약하여 〔땅의〕 안과 밖에 있는 공기가 위로는 구름을 맺기가 부족하고 아래로는 물로 변하기 어려우므로 샘과 시내가 마르지 않겠는가? 만약 다른 지역의 형세가 이와 반대더라도 봄과 여름에 물이 많고 가을과 겨울에 적은 것이 매우 괴이하지 않다. 하물며 산 내부에서 변한 물이 비록 풍부해서 장차 땅 표면으로 나올 때도 가장 건조한 지면을 통과해 만나면 반드시 소멸되어 작고 얕은 강이나 시내를 이루는 것이겠는가? 이로 말미암아 또 알게 되는 것은 여름에는 샘과 시냇물은 날씨가 폭염으로 몹시 뜨겁거나 땅이 매우 건조하면 이에 해

가 불러들인 공기가 매우 적고 맑아서 아주 쉽게 사라져버리니, 구름이 맺혀 물로 변하는 데는 충분히 않다는 점이다."

曰夏時日招多氣, 故山內水亦多, 山外雲亦多, 以致多雨, 乃泉川得不洶洶耶. 若冬時甚寒, 或地甚乾, 日力又弱而氣在內外, 上不足結雲, 下不足變水, 泉川得不涸耶. 若他方之勢反是, 則春夏之水盛而冬秋微, 甚不足怪. 況山內所變之水, 雖豊將出地外時, 通値地面最乾者, 必爲所消, 以致江河微淺. 由是又知, 夏時泉川之水者, 因天甚亢炎, 地甚乾燥, 乃日所招之氣, 又甚寡且淸, 最易消化, 而不足結雲變水也.

18. 어떤 사람이 또 물었다. "바다는 낮고 땅은 높은데, 물이 어떻게 본성을 거슬러 지면 위로 흐를 수 있겠는가?"

或又曰, 海卑地崇, 水何能逆本性, 上流于地面乎.

19. 답한다. "바닷물이 〔지면으로〕 들어오는 숨은 공간이나 통로는 반드시 구부러져 있고 곧지 않으니, 이에 물은 밀물이 밀려올 때 그 안으로 강제로 들어와 다시 물러갈 수 없고, 오직 서서히 나아가는 기세만 있으니 부득불 〔땅〕 위로 〔물이〕 솟는다. 하물며 별들의 숨은 능력[106]이 반드시 바닷물을 불러들이고 간섭하여 만물을 적시며, 흙은 〔본성 상〕 가장 건조하니 물을 불러들여 그 목마름을 스스로 위로함이겠는가? 따라서 바깥 사물에 도움이 되는 물은 〔바닷물이〕 위로 흐르는 물이다. 그 특수성을 보면 거스르는 것이지만, 여러 사물의 보편성을 보면 거스르는 것이 아니다. 바로 빈 공간을 만났을 때 물과 흙은 반드시 위로 올라

---

106) 앞에서도 잠시 보였지만 아직 인력(引力) 개념을 이해하지는 못해도 그 연관성을 인지하고 있다.

가고 불과 공기는 반드시 아래로 내려가는 것처럼 이 상하운동은 각각
〔원소의〕 본성적 〔입장에서〕 논하면 거스르는 것이지만, 여러 사물〔과
관계하는〕 성질에서 논하면 거스르는 것은 아님이 이것이다."

日海水所由之匿空隱渠, 必曲非直, 乃水因潮長時强入其內, 不能復
退, 惟有漸進勢, 不得不上湧矣. 況星辰之隱德, 必招攝海水, 以滋萬物,
而土爲極乾, 又招水, 以自慰其渴. 因濟外物之水, 則水之上流也. 觀其
私性, 爲逆, 觀衆物之公性, 不爲逆也. 正如凡遇空時, 水土必上, 火氣必
下, 而是上下之動者, 論各元性之性爲逆, 論衆物之性不逆是也.

20. 어떤 사람이 또 물었다. "바닷물은 모두 짠맛이지만 샘물과 시냇
물은 모두 단맛이니 샘물은 반드시 바닷물을 따라 생긴 것이 아니다."

或又曰, 海水皆鹹, 泉川水皆甘, 則泉水必非由海而生.

21. 답한다. "바닷물이 본성적 장소에 있을 때는 짜다. 〔바닷물이〕 땅
속으로 흘러들어오게 되면 점차 그 짠맛을 잃고 달게 된다. 시험 삼아
해안에 우물을 파는 것을 관찰해보면, 바다로부터 멀어질수록 그 물이
더욱 달게 되는 것은 그 바닷물이 〔여과되어〕 지나가는 곳에 모래와 자
갈이 많기 때문이다."

日海水在本所爲鹹, 至運流地內, 漸失其鹹, 而爲甘矣. 試觀岸上掘井,
其愈遠于海者, 其水愈甘, 因其經歷多沙石故.

22. 어떤 사람이 또 물었다. "산속에 근원을 둔 하천과 비가 와서 고
인 못의 물은 모두 바다로 돌아가나, 바다가 여직껏 넘치지 않는 것은
무엇 때문인가?"

或又曰, 山內有源之河川, 及雨澤之水, 皆歸于海, 而海未嘗溢泛, 何也.

23. 답한다. "바닷물은 땅의 지맥을 통해 흐를 뿐만 아니라, 또 항상 해에 의하여 증발되어 그 맑은 것[107]은 구름이 되고 비가 된다. 하물며 천하의 강과 하천은 너른 바다 가운데에서는 물방울 같을 뿐만이 아니라면 어떻게 충분히 헤아리겠는가? 장자는 '바닷물이 새어 나가는 곳에서 물이 새어 나간다'[108]고 했는데, 아마도 신빙성이 부족하다."

曰海水非特流通于地之脈絡, 且恒被太陽招吸, 其清者, 以結雲蒸雨. 況夫天下之江河, 在滄海中, 不啻如滴而已, 何足算也. 莊子云, 尾閭泄之, 恐不足憑.

13. 물의 냄새와 맛 水之臭味

1. 물은 원소로서 그 성질이 차갑고 습하며 본래 순수하고 다른 [원소의] 섞임이 없다. 그것이 순수하므로 마땅히 다른 냄새나 맛이 없다. 대개 맛과 냄새는 덥고 차갑고 건조하고 습한 네 가지의 원정(元情)[109]이 섞여서 생기는데, 이에 물이 쓰고 싱겁고 짜고 달거나 또는 냄새가 고약하고 찌듯이 더운 것은 어떻게 해서 생기는가? [이에 대한] 예나 지금의 논의는 매우 많다. 내가 처음으로 그 요점을 들어 확실한 것 몇 가지 단서를 가지고 상세히 밝히겠다.

水爲元行, 其情冷濕, 本純而無雜. 其純則宜無他臭味矣. 蓋味與臭, 從熱冷乾濕四元情之雜而生, 乃水之苦淡鹹甘, 或臭惡或蒸熱, 由何生乎.

---

107) 수증기를 말한다.
108) 미려설지(尾閭泄之)는 『장자』(莊子), 「외편」(外篇) '추수'(秋水)에 나오는 말이다. 미려(尾閭)에 대해 여러 학설이 있으나 본문의 맥락을 따라 바닷물이 새어 나가는 곳으로 풀이한다(안동림 역주, 『다시 읽은 원전장자』, 현암사, 1993, 419쪽).
109) 4원소와 관계되는 기본적 성질로서 앞에 나왔다.

古今之論甚多. 吾始擧其要, 而實者數端, 以詳之.

2. 첫째로 말하면 바닷물이 짠 것은 받아들인 것으로부터 점차로 이루어진 것이 아니고, 근원이 시작할 때 이미 짠맛이었다.[110] 그 증거로서 말하기를, "조물주가 바닷물을 한곳으로 모아[111] 한편으로는 사방이 서로 통하게 하고, 한편으로는 인간과 생물이 필요로 하는 것을 도와주었다"[112]고 하였으므로 태초에 바닷물을 짜게 하였다. 시험 삼아 바다 속에 사는 물고기들을 관찰하면 한 번이라도 그 물에서 벗어나면 살아갈 수 없다.

一曰, 海水之鹹, 非以漸致從收, 淵之始, 卽已得之矣. 其証曰, 造物者, 聚合海水, 一以通四方之交, 一以濟人物之須, 故始初卽使之鹹也. 試觀海族, 一失其水, 不能存活.

3. 또 바닷물을 관찰하면 짜기 때문에 진하고 탁하여 이에 커다란 배의 무게를 쉽게 받아들여 띄우고, 또 추위를 만나 얼기 힘드므로 항상 항해하여 바다를 건널 수 있고, 〔그러기를〕 그치지 않는다. 또 설령 바닷물이 짜지 않다면 내리쬐는 해의 폭염으로 반드시 썩어 문드러질 것

---

110) 실제로는 그렇지 않다. 바닷물 속의 염분의 기원은 지구 내부에 포함된 여러 가지 화합물로부터 유래되었고, 화산 분출물과 함께 수증기로 있다가 강수로 해양을 형성하게 된다. 이때 암석 속의 양이온이 용해되어 바닷물의 음이온과 결합하여 소금과 같은 물질을 생성하였고, 해수 속의 음이온은 해저 속 화산활동 시 염소·기체 등이 녹아서 생성되었다고 한다. 이후 계속해서 육지의 염분이 바다로 녹아 들어가고 물은 증발을 반복하여 더욱 짜게 되었다.

111) 이 내용은 "하나님이 가라사대 천하의 물이 한곳으로 모이고 뭍이 드러나라 하시매 그대로 되니라"(「창세기」 1: 9)에 보인다.

112) 이 내용은 「창세기」 1: 20∼30의 내용의 요약이다.

이며, 또 바다 속의 진주조개와 바다 바깥의 소금은 어떻게 쓰임새를 갖출 수 있겠는가?

又觀海水, 因鹹故厚且濁, 乃易受任巨舟之重, 又遇寒難凍, 卽恒可航渡而不息矣. 又使海水非鹹, 則太陽射以亢炎, 必至朽爛, 又海內玉貝海外鹽鹵, 何由能備, 以致用乎.

4. 둘째로 말하면 바닷물이 짠 것은 대부분 건조하고 습한 두 기운이 스며들었기 때문이다. 증거로서 말하기를, "모든 좋은 맛은 반드시 두 기운이 섞인 것에서 나온다"고 하니, 이에 건조한데 〔또〕 매우 마르면 반드시 소금기를 만든다. 가령 재나 소변이나 땀 등이 이것이다. 그래서 바다는 많은 기운을 함유하나 바람이 밖에서 불어오고 해가 안에서 생기므로[113] 그 물은 짜지 않을 수 없다. 시험 삼아 바닷물을 사용하여 물건을 씻을 때 반드시 따뜻하게 해서 건조시켜야 하고, 다른 물과 비교하면 탁한데, 그 적시는 것이 기름과 같은 것은 무슨 까닭인가? 그것은 흙의 건조한 기운을 머금었기 때문이다.

二曰, 海水之鹹, 多由于乾濕二氣之滲. 証曰, 凡滋味, 必從二氣之雜, 乃乾而甚燥, 必生鹹. 如灰溺汗等是也. 則海旣含多氣, 或風從外至, 或日從內生, 故其水不能不鹹也. 試用海水灌物, 必溫和乾燥, 較諸他水爲濁, 其沾濡如油, 何也. 其含土之乾氣故也.

---

113) 일종내생(日從內生)을 직역한 것이다. 그 근거로 바로 앞의 풍종외지(風從外至)와 대구를 이루어야 하기 때문이다. 이것은 지구가 둥글고 그 바깥에 월천(月天)을 비롯하여 일천(日天)이 있다는 우주관과 맞지 않는다. 아마도 수평선에서 해가 떠오르는 것을 보고 생각해낸 이론이 아닐까 한다. 고대의 이론인 듯 보인다.

5. 또 시험 삼아 바닷물을 관찰하되 모래 사이로 〔여과시켜〕 흘러 보내거나 불로 끓이면 반드시 단물[114]이 되는 것은 무슨 까닭인가? 흙 기운의 대부분을 잃었기 때문이다. 또 시험 삼아 물에 뜨고 〔재질이〕 얇은 빈 그릇의 입구를 막고 바닷물에 집어넣었을 때 그 안에 스며들어 온 물은 반드시 단물인데, 그것은 〔그릇을 이루는 조직의〕 작은 구멍을 따라 스며들어온 물이 〔바닷물의〕 흙 기운을 조금만 갖고 들어왔기 때문이다.

又試觀海水, 或流沙內, 或被火蒸, 必甘, 何也. 失土氣之大分故也. 又試取浮薄空器, 塞口沈于海中, 其內所浸入之水, 必甘, 因水從微孔, 入少帶土氣故也.

6. 또 바다의 공기(즉 수증기)가 모여 맺힌 비가 반드시 단물인 것은 무슨 까닭인가? 〔바다의〕 공기가 상승할 때 그 흙의 탁한 기운이 다 떨어져 나가기 때문이다. 이러한 여러 단서를 보면 바닷물이 짠 것은 땅의 매우 건조하고 타는 기운을 따라 생기는 것이 분명하다.[115]

又從海氣聚結之雨, 必甘, 何也. 氣上時其土之濁, 多墜失故也. 觀此多端, 海水之鹹, 從土極乾燋之氣而生也, 明矣.

7. 비록 그러하나 내리쬐는 해의 폭염 또한 짠맛을 이룰 수 있다. 바닷물 표면에 있는 물에서 징험해보면 해저에 있는 물보다 더 짜니, 그것은 가까이서 햇빛을 받으나 해저의 물에는 햇빛이 미치지 못하기 때문이다. 또 시험해보면 여름철의 바닷물이 대부분 겨울철의 그것보다

---

114) 단맛이 나는 물이라는 뜻이 아니라 센물의 상대어이다.
115) 설명이 다소 견강부회하나 흙의 기운, 곧 광물질인 미네랄과 관련시킨 것에는 혜안이 보인다.

짜다. 대개 매우 가까운 태양 궤도가 그렇게 한 것이다.[116]

雖然, 太陽之亢炎, 亦能致鹹. 驗之海面之水, 鹹甚于海底者, 近受日暈之射, 而底之水日光不及故也. 又試之, 夏月海水, 多鹹于冬月. 蓋日軌甚近之所使然矣.

8. 셋째로 말하면 여러 물의 냄새와 맛은 따뜻한 성질과 함께하는데,[117] 그 까닭은 한 가지가 아니다. 〔우선 그것은〕 그 물이 지나쳐온 흙·암석·금속·나무 등의 물질의 기세를 따르기도 한다. 대개 땅속에 많이 묻혀 있는 불의 근원,[118] 오금(五金),[119] 유황, 초석, 명반석, 소금 등은 물이 홀연히 그 가운데로 흐른다면 그 냄새나 맛을 물들이지 않을 수 있겠는가? 물은 곁에 있는 모래와 흙에 스며들거나, 바깥에서 들어오는 오물을 받아들이거나, 땅속에서 생긴 건조한 기운과 섞이므로 또 그 다른 맛과 냄새를 띠지 않을 수 없다.

三曰, 諸水臭味與熱情, 其故非一. 或由其所經歷之土石金木等物之勢也. 蓋地內多藏火源五金硫黃硝礬鹽等類, 乃水忽流其中, 得不染其臭味耶. 或水滲于隣旁之沙土, 或受外至之垢穢, 或雜于地內所生之燥氣, 故又不能不借其異味異臭也.

9. 넷째로 말하면 바닷물만 짜고 쓴 것이 아니라 호수·샘·강·하천의 물 또한 그런 것이 있다. 각 지역을 관찰하면 충분히 징험되는데, 그

---

116) 수증기의 증발량이 많은 바닷물이 물이 더 짤 수는 있다. 그러나 이것은 태양의 복사열 때문인데, 그 복사열이 많은 것은 여름철에 태양의 궤도가 가까워서가 아니라 태양과 수면의 각도가 크기 때문이다.

117) 바로 뒤에 등장하는 광물의 성질이 따뜻하다고 보았다.

118) 땅속의 불에 대해서는 뒤에 자세하다.

119) 금·은·동·철·주석의 다섯 가지 금속이다.

까닭은 앞에서 이미 분석하여 논한 것에서 크게 벗어나지 않는다.

四曰, 非特海水鹹苦, 卽湖泊泉井江河, 亦有然者. 觀各方, 足驗, 而其所以然, 則不外于上論之所已析.

10. 어떤 사람이 말하였다. "강과 하천 등의 물도 이미 밖으로부터 흙의 탁한 기운을 받고 또 내리쬐는 햇빛을 받는데, 어찌해서 모두 바닷물처럼 짜지 않는가?"

或曰, 江湖等水, 旣從外受土之濁氣, 又爲太陽所射照, 何不皆鹹如海水乎.

11. 답한다. "강과 호수의 물이 짠 것은 반드시 다른 까닭이 있는데, 앞에서 이미 상세하게 말한 것과 같다. 그 짜지 않은 경우는 다른 물질이 [물속에] 섞이는 영향을 받지 않아서 [물의] 순수한 본성을 보존하고 있기 때문이다. 그러므로 끝내 바닷물처럼 짜게 할 수 없다. 하물며 조물주가 원래부터 그것으로 하여금 사람과 생물이 날마다 쓰는 데 응하게 만든 것임에랴."[120]

曰江湖之鹹者, 必有他故, 如上論已詳言之矣. 若其不鹹者, 因其未霑外物之染, 而仍存本性之純耳. 故終不能使鹹, 如海水也. 況造物者, 原使其應人物之日用乎.

---

120) 이 부분의 설명은 신학적 이론으로 돌아가 궁색하다. 강과 호수의 물이 짜지 않은 것은 고여 있지 않고 계속 바다로 흘러들어가기 때문이다. 증발량이 많고 계속 고여 있다면 언젠가 사해처럼 짜게 될 것이다. 또 강물과 호수는 염분이 섞이지 않은 강우로 인해 계속 보충되기 때문이기도 하다.

14. 온천 溫泉

1. 샘물이 따뜻한 데는 두 가지 까닭이 있다. 하나는 땅속에 저장된 뜨겁고 건조한 공기 때문이다. 다른 하나는 불과 불을 유지하는 여러 연료 때문이다.[121] 시험 삼아 따뜻하고 건조한 공기가 바다에 스며드는 것을 관찰해보면 열기가 강과 하천의 물에도 미칠 수 있다. 겨울철에 우물물이 따뜻한 것은 열기가 외부 냉기의 공격을 받아 지하에 스며들어 저장되어 있어서 거기에 있던 물을 따뜻하게 데웠기 때문이다. 또 땅속에서 나오는 모든 온천을 관찰하면 항상 연기나 유황 등의 불을 유지하는 연료가 분출되는데, 〔이것이〕 온천의 열기가 땅속의 불 때문이라는 것은 충분한 증거가 된다.

泉溫有二故. 一由地內所藏熱乾之氣. 一由火及諸滋火之料. 試觀熱乾氣滲于海, 便能熱及于江河之水. 冬月井水溫煖者, 因熱氣被外冷所攻, 伏藏地下, 因而暖所値之水也. 又觀凡地發溫泉者, 亦每噴烟硫等滋火之料, 卽足証溫泉之熱, 由于內火.

2. 또 그 연료가 다 없어지면 온천 또한 찬 기운이 다시 돌아 병을 치유하는 효능이 없다는 것을 알므로, 옛날의 이른바 "땅속에 바람이 들어가 압박하여 열을 생기게 해서 온천을 이룬다"는 것과 햇빛이 땅속에

---

121) 이러한 설명은 미흡하다. 온천은 지하의 열원에 지하수가 들어가 생긴다. 지하의 열원은 이론적으로 볼 때 지하심부의 열, 방사성 물질의 붕괴에 따른 열, 암석 사이에 일어나는 화학반응에 의한 열, 단층운동에 의한 마찰열, 마그마에서 유래하는 열로 생각해볼 수 있으나, 실제 온천은 대부분 마그마의 열에 의해 생긴다. 대부분의 온천이 화산지대에 많은 것이 그 이유이다. 그러나 나라마다 온천의 수온에 대한 기준이 다르기 때문에 그 원인을 달리 생각해볼 여지가 전혀 없는 것도 아니다.

열을 발생시켜 온천을 만든다는 것은 모두 틀렸다. 대개 바람은 샘이 솟는 길을 따라 반드시 〔밖으로〕 나와 물을 흩어버리는데, 어떻게 그 따뜻한 열을 오랫동안 보존할 수 있는가? 또 바람의 몸체는 미미하고 얇은데, 어떻게 뜨거운 열이 차가운 물을 데워 영구히 끓고 샘솟게 할 수 있는가? 햇빛으로 발생한 따뜻한 열의 경우는 반드시 땅속 깊이 통과하지 못하여 불과 여러 온천을 생기게 할 수 없다. 앞의 논의에서 이미 그것을 분명하게 밝혔다.

又知其料窮盡, 溫泉亦復寒冷, 而失其療病之德, 則古者所謂風入地內, 逼迫生熱, 因致溫泉, 或日光生熱于地內, 而生溫泉者, 皆謬矣. 蓋風得泉所由出之路, 必隨出而散水, 何能久存其溫熱乎. 又風爲體之微薄者, 胡能大熱, 以熱冷水, 使永久滾沸耶. 若日光所生溫熱, 必不能深通地內, 以生火與諸溫泉也. 上論已辨之明矣.

3. 둘째로 말하면 온천은 대부분 질병을 치료하는 데 유익하다. 대개 온천 가운데에서 목욕하면 〔몸이〕 떨리는 것을 그치게 할 수 있다. 가령 기름기가 많은 온천은 〔몸속의〕 사악한 〔기운이〕 빠져나가게 할 수 있다. 유황온천의 경우, 근육을 열어 〔깊숙이〕 젖게 이끌 수 있다. 언약하는 가운데 추위를 타는 질환은 비록 깊고 오래된 것이라도 온천으로 대부분 치료가 될 수 있다.

二曰, 溫泉多有益于療疾. 蓋浴其中者, 可以止顫. 如油者, 能泄邪也. 如硫黃者, 能開筋, 或導淋也. 約言中寒之疾, 雖深且久者, 溫泉多可瘳之.

4. 셋째로 말하면 여러 온천의 본성과 성격에는 매우 기이한 것이 있어 각 지역마다 한결같지 않다. 오래된 온천은 마르고 새로운 온천이 생기는 것도 있는데, 숲 가까이 있는 초목이 점차 흙 속의 연료를 흡수

해버리니 이에 얕은 것은 말라 없어지고 깊은 것은 생겨 나온다.

三曰, 諸泉性情, 有甚奇者, 各方不一. 有舊泉竭, 新泉生者, 近林之卉 木漸攝土滋, 乃淺者渴盡, 深者發出也.

5. 또 각 온천들은 [그 물이] 지나온 땅에 따라 맛이 형성되는데, 철을 지나오면 달고, 명반석을 거쳐오면 떫으며, 초석을 지나오면 쓰고, 소금을 지나오면 짜나, 향기 나고 단 흙물을 지나오면 맛이 좋다.

又各泉從所經之地而爲味, 從鐵則甘, 從礬則澁, 從硝則苦, 從鹽則鹹, 從土汁之香且甘則醴.

6. [또 온천은] 기름처럼 불에 [연료를] 대주는 것도 있고, 타는 불을 넣으면 꺼지고 꺼진 불을 넣으면 다시 타는 것도 있으며, 새벽에는 따뜻하다가 낮에는 차고, 해질녘에는 덥다가 한밤중에 끓는 것도 있다. 외견상 끓고 있으나 물속에서는 실제로 차갑기도 하며, 끓으나 넘치지 않다가 또다시 가라앉기도 하고, 때때로 [물이] 불어나거나 물러나기도 한다.

有滋燈如油者, 有燃燭而入則滅, 滅燭而入復燃者, 有晨溫午寒, 日旰 熱夜半沸者. 或外見沸而中體實冷, 或沸而不溢, 又復沈潛, 或時長或退.

7. 또 끓으면서 커다란 돌을 솟구쳐 올리기도 하고, 이른바 비중이 낮은 물처럼 깃털 하나 띄우지 못하기도 하며, 여러 물건을 삼키기도 하고, 무거운 물체를 띄우나 가라앉지 않는다. 하루에도 열두 차례 또는 스무 차례 마르거나 여러 날 간격으로 마르기도 하며, 혼탁하게 쌓인 것과 여러 오물을 토해내기도 하는데, 이것은 모두 각 지역과 각 기운의 [제각기] 다른 형세가 빚어낸 것이다.

又沸沖巨石, 或一羽不負如所謂弱水, 或吞諸物, 或負大重而不沈, 或一日之間, 涸十二次, 或二十次, 或隔數日, 吐所積之濁, 及諸汚物, 是皆各地及各氣之異勢所致也.

8. 한천이 따뜻해지고 온천이 차게 되는 것도 있는데, 〔그것은〕 공기가 그 수맥을 바꾸거나 그 성질을 잃어서이다. 또 사람을 미치게도 취하게도 어리석게도 원망하게도 잊게도 시샘하게도 할 수 있는 〔온천이 있고〕, 사람의 목소리를 맑게 하거나 얼굴을 아름답게 하거나 술을 싫어하게 하는 것도 있다.

有寒泉溫, 溫泉寒者, 氣或改其脈, 或失其質也. 有能狂人醉人愚人怨人, 使人忘使人妒, 清人音美人顔, 使人厭酒.

9. 또 사람과 동물의 색깔을 변화시키는 것도 있는데, 검은 머리카락이나 털을 희게 바꾸거나 흰 것을 검거나 붉게 바꾸는 것도 있고, 말이〔온천물을〕 마시게 하여 힘있게 하거나 암말로 하여금 검은 젖을 생산하게 하여 사람을 기르기도 하며, 받은 것을 나무에 주거나 암석의 표면을 적시기도 하고, 매일 세 차례 짜거나 쓰다가 세 차례 원래대로 묽게 돌아가니, 하룻밤에도 또한 그러하다. 혹 탈 수 있는 진흙을 토해내서 적시는 것을 모두 태울 수 있으니, 이것은 모두 흙과 공기의 성질이 다르기 때문이다.

又有變改人物之色, 或毛毳之黑者改白, 白者改黑改紅, 或使馬飲加烈, 或使牝馬生黑乳, 以育人, 或所承, 受之木與石皮, 或每日三次鹹苦, 三次復淡, 一夜亦然. 或吐能燃之尼, 而凡霑者, 皆可燃, 是皆土性及氣之殊也.

10. 그 〔온천이〕 좋거나 이로운 것을 논할 경우는 대개 맑은 것을 좋게 여기는데, 맑게 같은 것은 묽어서, 묽게 같은 것은 가벼워서, 가볍게 같은 것은 쉽게 데워지고 식어져서 그러니, 〔모두〕 순수하고 섞임이 없기 때문이다.

至論其美且益者, 大抵以淸爲良, 淸同者以淡, 淡同者以輕, 輕同者以易熱易凉, 純而無雜故也.

D. 흙에 속한 물상 土屬物象

땅속의 흙과 물의 두 원소가 결합한 물상도 역시 많으나, 이에 단지
그 요점과 기이한 점만 거론하고자 한다.

地內土水二氣所結物象, 亦繁, 玆惟擧其要且奇者.

1. 지진 地震

1. 〔지진에 관한〕 옛날의 논의는 많다. 생각하기를 땅이 살아 있는 기
운을 머금고 있어 스스로 떨며 움직인다 하거나 땅이 배와 같이 바다
가운데에 떠서 풍파를 만난 것이 곧 움직이는 것이라고 했으며, 또 말
하기를, "지체(地體) 또한 노후하는 것이니, 노후하여 붕괴하는 것이
전체에서 떨어져 나와 땅속의 빈 허공에 떨어지는데, 추락할 때 전체가
요동하고 소리의 울림이 있지 않음이 없다"고 하였으며, "땅속에 교룡
(蛟龍)[122]이 있거나 〔커다란〕 자라나 물고기가 몸을 뒤척여서 〔땅을〕
떨리게 한다"고 말하는 것도 있다.[123]

古論甚繁. 或意地含生氣, 自爲震動, 或意地體猶舟, 浮海中遇風波, 卽
動, 或云地體亦屬老朽, 乃朽壞者, 裂分全體, 而墜于內空之地, 當墜落時
無不搖動全體, 而致聲響者, 又有云地內有蛟龍, 或鰲魚轉身而致震也.

---

122) 전설상의 용의 한 가지이다. 모양은 뱀과 같으며 길이가 한 길이 넘고, 네 발
　　이 넓적하고 머리가 작으며, 가슴이 붉고 등에는 푸른 무늬가 있으며, 옆구리
　　와 배는 비단처럼 부드럽고 눈썹으로 흘레하여 알을 낳는다고 한다.
123) 이 지진과 몇 가지 항목에 관한 내용은 페르비스트의 『곤여도설』에도 등장
　　하는데, 대부분의 내용은 거의 동일하다. 이것으로 보면 동일한 자료를 보고
　　저술했음을 알 수 있다.

2. 이것은 모두 상고할 〔가치가〕 없고 깊이 분별할 여지가 없으니, 오직 『성리정론』에 의하여 그 몇 가지 단서와 본성과 성격을 다음과 같이 대략 진술하겠다.

此皆無稽, 不足深辨, 惟依正論, 略陳數端, 及其性情如左.

3. 첫째로 말하면 지진이란 땅속에 머금고 있던 뜨거운 공기의 소치이다. 대개 땅 밖에는 해가 항상 비치고 있고, 땅속에는 많은 불이 항상 타고 있으므로 생기는 뜨거운 공기가 점차 많아져 그 빈 공간으로 쏟아져 들어간다. 이 뜨거운 공기가 때때로 쌓이고 무거워져 더 이상 머금지 못하는데, 쏟아지는 기세가 반드시 강제로 나가고자 하나 졸지에 길을 얻지 못한다. 그러니 나아가고 물러났다가 도는 힘이 미친 듯이 왕성하여 거리낌 없는 힘으로 주위를 깨뜨려 찢고 나오므로 〔땅이〕 진동하고 소리 또한 크게 울린다. 마치 화약을 겹겹으로 쌓아둔 것 아래에 불이 한 번 붙으면 폭발하여 반드시 주위 사방이 파열되고, 또 여러 장애물을 만나면 큰 메아리를 치는 것과 같다.

一曰, 地震者, 乃地內所含熱氣所致也. 蓋地外有太陽恒照, 內有多火恒燃, 則所生熱氣漸多, 而射注于其空窟中. 是氣時積時重, 不容含, 注勢必欲强出, 而猝不得路. 則或進或退, 旋轉狂勃, 肆力破圍而裂出, 故致震動且有聲響也. 正如火藥藏樓含下, 火一燃, 衝突裂分, 必至破裂四圍, 且値諸阻礙, 而發大響也.

4. 어떤 사람이 공기는 땅을 움직일 수 없는 것 같다고 의심하나, 모름지기 공기의 힘이 매우 큼을 알아야 한다. 시험 삼아 저 바람의 시초를 관찰하면 또한 미세한 공기가 일으키지 않음이 없으나, 오히려 돌을 굴리고 나무를 뽑으며 집을 쓰러뜨리고 배를 뒤집으며, 공기가 막혀 압

축되면 그 힘이 평상시의 갑절이 되니, 그 땅을 진동시키는 것이 무에 이상하겠는가?

或疑氣似不能動地, 須知氣之力甚大. 試觀夫風初, 亦莫非微氣所發, 猶足走石拔樹頹屋覆舟, 至氣被困鬱時, 氣力倍常, 其震搖地體, 何足異哉.

5. 그러한 것을 상세히 증거대고자 먼저 세 가지 단서를 세운다. 첫째, 지진이 생기는 때는 대략 봄과 가을인데, 이 두 계절이 공기가 가장 쉽게 발생하기 때문이다. 둘째, 지진이 발생하는 장소는 모든 땅의 성질이 트이고 건조한 것과 빈 공간이 많은 곳인데, 〔그것은〕 많은 공기를 쉽게 받아들이기 때문이다. 셋째, 지진이 일어나기 전후로 오랜 가뭄을 변함없이 동반하고, 아울러 거세고 사나운 바람이 분다.

欲詳証其然, 先立三端. 一, 震之時, 率在春秋之月, 因此二時氣最易生. 二, 震之所, 凡土理疎燥, 及多空窟之地, 以其易容多氣故. 三, 震之或先或後, 久屬亢旱, 并有多風肆暴.

6. 지진이 〔발생하는〕 원인을 종합해보면 오직 사나운 공기 때문이다. 그 사나운 까닭에는 또한 세 가지가 있다.

첫째, 무릇 땅속 빈 공간에는 공기가 이미 가득 차 있는데, 또 새로운 공기가 증가하면 같이 수용하기가 어려워져, 곧 답답하게 막혀 있는 것을 압박하므로 힘이 출구를 찾아 떨치고 나오니 마침내 〔땅이〕 진동한다.

摠之震之所以然, 惟氣之甚耳. 其甚之故, 亦有三. 一曰, 凡地內空洞, 氣旣充盈, 而又有新氣增加, 難可幷容, 卽迫擁鬱, 發奮力求出, 終致震蕩.

7. 둘째, 무릇 땅이 차가운 공기로 둘러싸여 압박받으면 반드시 저절

로 수축하고, 이에 그 안에 머금은 뜨거운 공기가 스스로 자리를 비워 주려 하니 드디어 그 땅을 어지러이 충돌시킨다.

二曰, 凡地被寒氣圍逼, 必自收縮, 乃致其內所含熱氣, 自爲躲避, 遂亂衝其地.

8. 셋째, 땅속에 갇혀 있는 뜨거운 공기가 한 번 바깥의 차가운 공기로 둘러싸여 압박받으면 반드시 물러나 한곳으로 움츠러든다. 한곳으로 움츠러드는 것이 극에 달할수록 그 힘이 더욱 늘어나, 질은 희박할수록 맑고 맑아져 또한 더욱 방출하고자 하므로 넓은 곳을 만나면 이에 질풍처럼 움직여 땅에 부딪치고 흔든다.

三曰, 地內所藏熱氣, 一被外之冷氣圍逼, 必退而約屈. 約屈愈極, 其力愈長, 而質愈稀清愈稀清, 亦愈欲舒放, 而得廣所, 乃飇動觸地震軆也.

9. 그러나 지진은 다만 공기 때문만 아니라, 또 땅속에서 생긴 불 때문이기도 하고, 밖에서 들어오는 지상의 바람 때문이기도 하다. 대개 불·공기·바람 셋의 힘과 기세는 모두 같다. 무릇 〔이것들은〕 땅속에서 압박받아 막혀 있다가 출로를 찾으면서 그 땅이 요동하게 만든다. 대개 세 가지 원인 가운데 한 가지나 두세 가지를 서로 아울러 갖추면 지진이 일어나니 이것이 일상적인 〔원인이다.〕 〔이때〕 간혹 또다른 물체가 무너지거나 파열되고, 산 모퉁이가 붕괴되거나 훼손되며 곁에 있는 땅이 흔들리는데, 마치 집이 무너질 때 그 옆에 있는 여러 주택이 진동하는 것과 같은 것이 이것이다.[124]

---

124) 현재까지 알려진 지진의 원인은 주로 단층설이고 규모는 작지만 화산활동설도 있다. 곧 지진은 오랜 기간에 걸쳐 대륙의 이동, 해저의 확장, 산맥의 형성, 화산활동 등에 작용하는 지구 내부의 커다란 힘에 의하여 발생된다. 따

然地震非特由于氣, 又由于地內所生之火, 或自外入地之風焉. 蓋火氣風三者之力勢, 皆等. 凡在地內迫鬱, 而尋出路, 未免搖動其地. 大槪三所以然, 或得其一或二三相幷俱, 能致震, 乃其常也. 間亦有他體損壞破裂, 或山隅崩損, 搖動旁側之地, 正如房屋頹毀時, 其諸鄰宅, 無不震動是也.

10. 또 〔둘째로〕 말하면 땅속 공기의 정세와 많고 적음은 같지 않으므로 그것으로 일어난 지진 또한 같지 않다. 그 요점을 말하면 두 가지가 있다. 첫째로 말하면 흔드는 것이니 흔드는 것은 왼쪽으로나 오른쪽으로 흔들어 움직인다. 둘째로 말하면 뛰는 것이니 뛰는 것은 위나 아래로 떨려 움직인다.

又曰, 地氣之情勢, 及其多寡, 不等, 則其所致之震, 亦不等. 約其要有二. 一曰搖, 搖者, 或左或右而搖動也. 二曰踴, 踴者, 或上或下而震動也.

11. 후세 학자가 다시 여섯 가지를 상세히 말하였다. 첫째, 흔드는 것이니 곧 왼쪽이나 오른쪽으로 〔흔든다.〕 둘째, 뒤집으니 곧 땅을 뒤집어 위에 있는 것을 아래로 아래에 있는 것을 위로 〔뒤집는다.〕 셋째, 찢는 것이니 〔땅을〕 쪼개고 찢어서 틈을 만든다. 넷째, 뚫는 것이니 〔땅을〕 갈라 작은 구멍을 뚫는다. 다섯째, 떠는 것이니 노를 젓듯이 갑자기 본래의 위치에서 떨어졌다가 홀연히 〔그 자리로〕 되돌아간다. 여섯째, 거칠게 버리는 것이니 본래 있던 장소를 버리고 다른 곳으로 간다.

後賢更詳說六種. 一曰搖, 卽或左或右. 二曰反, 卽飜覆地體, 使上者下, 而下者上. 三曰裂, 析裂成罅. 四曰鑽, 開鑽小孔. 五曰戰, 棹佼離本

라서 땅속 공기 때문에 지진이 일어난다는 생각은 4원소를 가지고 자연현상을 다 설명하려는 데서 나온 억측이다. 과거 동양에서 오행으로 여러 현상을 다 설명하려는 것과 크게 다를 바 없다.

位, 俟而反歸. 六曰荒廢, 則棄本所而他適.

12. 〔셋째로〕 또 말하면 지진이 발생하는 형세에서 엉성하고 조밀하고 크고 작은 것은 각 지역〔에 따라〕 다름이 있다. 두 극지역에 속한 곳은 지진이 드문데, 〔그것은〕 그 지역이 매우 추워서 발생한 뜨거운 공기가 아주 적기 때문이며, 적도 가까운 지역에서도 지진이 적은데, 그 지역은 매우 덥고 또 태양이 가까워 지진을 일으키는 공기를 쉽게 없애거나 흩어버리기 때문이다.

又曰, 發震之勢, 其疏密巨微, 各地亦有不同. 屬二極之下者, 稀震, 因其地甚寒, 所生之熱氣甚寡, 近赤道之下, 亦少震, 因其地甚熱, 又太陽近而易消散諸致震之氣也.

13. 땅속의 빈 공간은 많은 공기를 충분히 받아들이므로 쉽게 지진이 일어나고, 산이 무너진 곳의 내부에 생긴 많은 동굴과 틈새는 오히려 다시 잦은 지진을 〔유발한다.〕 만약 하늘을 향해 뚫려 있는 공간이 있을 경우는 갇혀 있는 공기를 불어내 흩을 수 있으므로 마침내 지진이 일어나지 않는다.

地多虛空者, 足容多氣, 故易震, 而山崩之處內, 多洞穴者, 猶更密震矣. 若地有空窺向天, 可噓散所蘊之氣, 則終不致震矣.

14. 또 바다 가운데의 섬에도 지진이 많은데, 〔그것은〕 밖을 둘러싼 바닷물과 〔섬〕 안의 〔땅속에〕 함유하고 있는 초석과 유황이 많은 열기를 발생하고, 열기가 더욱 왕성해지면 반드시 지진을 발생시키기 때문이다. 모래나 진흙이 많은 땅의 경우는 공기를 저장할 수 있는 공간이 없거나 빈 공간이 있더라도 공기가 빠져나가는 데 방해나 막힘이 없기

때문에 지진이 드물다.

又海中之島, 亦多震, 因外圍之海水與內所含之硝硫, 多致生熱氣, 熱氣旣甚, 必發震也. 若地多沙泥, 因無空穴以藏氣, 或雖有空穴, 而氣之出無窒阻, 故罕震矣.

15. 또 [넷째로] 말하면 지진의 [범위가] 넓고 좁은 것에 [관해서는] 비록 정해진 수량은 없지만, 대개 수십 리 밖으로 멀리 미치지 못한다. [그것은 지진을 일으키는] 공기를 저장한 [지하의] 빈 공간이 그처럼 넓지 못하고, 지진을 일으키는 공기가 그처럼 많고 강하지 못하기 때문이다. 역사가들이 기록한 옛날의 커다란 땅을 통해 지진이 발생했다는 경우는 하나의 커다란 공기가 하나의 커다란 땅을 진동시킨 것이 아니다. [이것은] 곧 각처의 공기가 동시에[125] 움직이는 것이 서로 가까이 이끌어 오로지 연결된 하나의 지진과 흡사하기 때문이다.

又曰, 地震之廣狹, 雖無定數, 槩不遠延于數十里之外也. 因含氣之空窟, 無如是之廣, 因致震之氣, 無如是之衆且强也. 若史氏誌古大地通發震者, 非一大氣動一大地也, 乃各處各氣冬動, 因其相近相引, 似惟一震之聯耳.

16. 또 [다섯째로] 말하면 무릇 소리의 울림은 두 물체가 서로 접촉하여 부딪치기 때문에 [생긴다.] 곧 공기가 땅과 충돌하면 반드시 소리

---

125) 원문은 동(冬)이지만 원본에는 동(同)이 아닐까 의심이 든다. 왜냐하면 우리나라에서 필사하는 사람이 동(冬)이 동(同)과 발음이 같기 때문에 착각한 것 같다. 문맥상으로 볼 때 여러 곳의 공기가 동시에 움직여야 하나의 지진처럼 보인다. 또 문법상으로 보더라도 '겨울에 움직이다'보다 '동시에 움직이다'로 해석하는 것이 더 타당하다.

의 울림이 일어난다. 그러나 공기가 처음 땅속으로 흘러들어갈 때는 그 소리가 오히려 작으나, 주위를 부수고 나오는 소리는 도리어 크다.

又曰, 凡聲響由于二物體之相觸擊者也. 則氣之衝突地體, 必致聲響矣. 但氣始流于地內, 其聲猶微, 而破圍而出之聲, 更大.

17. 또 소리의 울림 또한 같거나 한결같지 않은 것은 그 공기가 지진을 일으킬 때 〔공기 양의〕 많고 적음, 〔빠져나오는〕 장소의 넓음과 좁음, 건조함과 습함, 구부러짐과 곧음이 고르거나 같지 않기 때문이다. 광활한 곳으로 빠져나오는 것은 그 소리가 굉음 같고, 좁은 곳으로 나오는 것은 그 소리가 미세하며, 건조하고 견고한 곳으로 나오는 것은 그 소리가 사납거나 울고, 습하고 부드러운 곳으로 나오는 것은 그 소리가 노래하거나 벙어리 소리 〔같고〕, 곧바로 순순히 나오는 것은 그 소리가 맑고 깨끗하며, 구부러지고 거슬러 나오는 것은 그 소리가 금옥(金玉)의 〔악기 소리이다.〕 그 공기가 겨우 소리를 낼 만하고 〔땅을〕 진동시키기에 부족하면 그 공기의 힘이 적어서 소리는 〔겨우〕 소가 우는 것과 같을 뿐이다.

又聲響亦不等一, 因其氣發, 有多寡, 所由出之處, 又有廣狹乾濕曲直之不齊等. 出于廣闊者, 其聲轟泆, 出于狹窄者, 其聲微細, 出于乾堅者, 其聲厲嘶, 出于濕軟者, 其聲嘔啞, 出于直順者, 其聲淸亮, 出于曲逆者, 其聲鏗鏘. 或其氣僅足鳴響, 而不足震動, 則其氣之力薄, 聲如牛吼而已.

18. 또 말하면 지진이 일어나는 때는 대부분 봄과 가을의 두 계절이다. 대개 겨울철은 추위가 심하여 공기가 모이기 어렵고, 여름철은 더위가 심하여 공기가 쉽게 흩어지므로 지진이 일어나는 것이 드물다.

又曰, 地震之時, 多在春秋二時. 蓋冬緣寒甚, 而氣難聚, 夏緣熱甚, 而氣易散, 罕及發震也.

19. 또 〔지진이〕 야간에 많이 발생하는 것은 땅속의 뜨거운 공기가 바깥의 찬 공기에 억눌려 물러나서는 밀도가 조밀해지고 이미 조밀해져서 쌓이면 맹렬하게 폭발하기 때문이다. 또 꼭 낮에 발생하는 것은 해가 머리 위에 있을 때 큰 힘으로 많은 공기를 끌어당겨서 그로 하여금 발생하게 만들기 때문이다.

又發多在夜者, 因地內熱氣被外寒所敵, 退黷于密, 旣密則積, 旣積則猛而暴肆焉. 又發必于午, 因日在頂上, 有大力能提攝多氣, 使之舒發也.

20. 또 〔여섯째로〕 말하면 지진이 일어나는 시간이 길거나 짧은 것은 먼저 공기의 기세와 관계되니, 무릇 두텁고 많은 공기는 천천히 사라지고, 얇고 적은 것은 빠르게 흩어진다.

又曰, 震之久蹔, 首係氣勢, 凡氣之厚且多者, 緩消, 薄與寡者, 速散.

21. 다음은 땅의 형세와 관계되는데, 무릇 땅이 트이고 연한 것은 쉽게 갈라지고, 빽빽하고 굳은 것은 〔공기가 빠져〕 나오기 어렵다. 〔그것은〕 오랫동안 〔땅과〕 부딪쳐 흔들려서는 이어지기도 하고 끊어지기도 하나 다시 이어져 마침내 오랫동안 움직이게 되기 때문이다. 〔그러나〕 그 실상은 하나의 움직임이니 오래 〔움직〕일 수 있는 것은 아니다.

次係地勢, 凡地之疎頓者, 易開, 密且硬者, 難出. 因其久爲衝奮, 或連或斷而復續, 竟致久動矣. 其實一動, 匪能久也.

22. 또 〔일곱째로〕 말하면 지진을 미리 알 수 있는 징조에는 여섯 가지가 있다.

첫째, 우물물이 까닭 없이 흐려지고 냄새가 나는데, 대개 공기가 강제로 나올 때 흙과 흙속의 여러 물질을 뿜어내어 우물물이 탁하고 냄새가 나게 한다.

又曰, 地震之預兆有六. 一曰, 井水, 無故而溷且臭, 蓋氣强出時, 噴土及土內雜物, 以致井水濁臭也.

23. 둘째, 우물물이 끓어오르는데, 대개 〔땅〕 아래의 공기가 위로 치솟아서 물이 질펀하게 끓게 한다.

二曰, 井水沸滾, 蓋下氣上沖, 因致水溶沸也.

24. 셋째, 바닷물이 바람이 없는데도 불어나는 경우인데, 그 까닭은 앞의 첫째 및 둘째와 같다. 이 세 가지는 공기가 발동하는 것으로서 안다.

三曰, 海水無風而漲, 其故, 與上二者同. 此三者, 以氣之發而知之也.

25. 넷째, 하늘이 맑을 때가 아닌데 맑고 깨끗한 경우로, 인온(氤氳)의 기[126]가 숨어서 땅속으로 물러나 반드시 지진이 일어나기 때문이다.

四曰, 空中非其時而淸瑩, 氤氳之氣伏退于地內, 必致其震故也.

26. 다섯째, 낮 동안 간혹 해가 떨어진 후 날씨가 맑고 실처럼 가늘고 매우 긴 구름이 있는 경우이다. 대개 가느다란 구름이 흩어지지 않고 오래 머물러 있으면 공중에 미풍조차 절대로 없다는 것을 증명하니, 그래서 여러 공기가 모두 지하에 숨어 저장되어 있기 때문에 쉽게 지진을

---

126) 하늘 기운과 땅 기운이 서로 합하여 어린 것을 말한다.

일으킴을 안다.

五曰, 晝間或日隙後天氣淸朗, 有雲其細如線而甚長. 蓋細雲久存不散, 足驗空中絶無微風, 因知諸氣盡伏藏于地下故, 易致震也.

27. 여섯째, 여름에 홀연히 이상 한파가 있는 경우로, 대개 이전 더위에서 생긴 따뜻한 공기가 바깥 추위의 공격을 피하기 위해 반드시 땅속으로 물러나 힘이 스스로 매우 커져서 그 때문에 쉽게 진동하게 된다.

六曰, 夏月忽有異常之寒, 蓋前暑所生之熱氣, 爲避外寒之攻, 必退于地內, 而力甚自長, 因易致震動.

28. 이 〔뒤의〕 세 가지는 공기가 물러나서 〔지진이 일어나는〕 것으로 안다. 그러나 이 여섯 가지 징조는 비록 실제적 이치에 근거하고 있지만, 또한 어긋나지 않는다고 단정할 수 없다. 그러므로 혹시 갑자기 다른 원인이 있어 〔지진을〕 막는다면 마침내 반드시 다 그렇게 되지는 않는다.

此三者, 以氣之退而知之也. 然此六兆, 雖據實理, 亦未可決定不差, 倘倏値他所以然, 阻之, 終未必盡然耳.

29. 또 〔여덟째로〕 말하면 지진의 발생에 따른 효과는 대부분 인간을 경계시키는 것이 된다.

첫째, 조물주가 인간을 바라보되 〔인간이〕 자기와 근본을 잊으면 인간이 잊었던 것을 생각하여 깨우치고 스스로 고치도록 한다.

又曰, 地震之攻效, 多爲警人. 一曰, 造物者見人, 忘己忘本, 則欲人提醒而自爲改圖.

30. 둘째, 하나의 땅을 뒤집거나 반대가 되게 하여 위에 있는 땅을 아래로 아래에 있는 땅을 위로, 또는 왼쪽에 있는 것을 오른쪽으로 오른쪽에 있는 것을 왼쪽으로 이동하게 한다. 이것은 대부분 땅속에서 돌아가는 바람 때문이다.

二曰, 或覆反一地, 使上者下, 下者上, 或左者移右, 右者移左也. 是乃多由于地內之旋風矣.

31. 셋째, 간혹 두 공기가 서로 맞서 지진이 두 번 일어나는데, 그 때문에 두 산이 서로 맞이하거나 막게 되므로 중간에 있는 방이나 집을 부순다.

三曰, 或二氣相敵, 而起二震, 以故或見二山相迎相拒, 卽敗中間所有之房室也.

32. 넷째, 지진이 일어날 때 간혹 [땅을] 입처럼 벌려 하나의 성읍(城邑)을 삼키고, 입은 [이전처럼] 되돌아 다시 다물어버린다.

四曰, 地震時或裂口, 而呑一城邑, 而口旋復合也.

33. 다섯째, 공기가 땅을 가르거나 파괴하지 않고 단지 산처럼 높이 솟아오르게만 하고 마침내 다시 [땅이] 내려가지 않는 것인데, 가령 지상에서의 새로운 산이나 바다에서 새로 생기는 섬이 그것이다.

五曰, 或氣不裂破地, 惟墳起高出如山, 而終不復下, 若地中新山, 海中新洲新島.

34. 여섯째, 해저의 커다란 동굴이 트이면서 열려 바닷물과 섬을 삼키면서 빨아들인다.

六日, 海底闊開巨穴, 吞吸海水及其海島也.

35. 일곱째, 간혹 폭발하는 공기가 강과 바다의 밑바닥으로부터 맹렬하게 발동하여 그 물이 큰 산처럼 높이 치솟게 하여 범람시키고 사람과 동물을 익사하게 만든다. 〔지진이〕 강이나 하천 가운데에 일어날 경우에는 그 물이 간혹 양쪽으로 흩어져 강바닥을 드러내기도 하고 근원으로 물러나기도 한다.

七日, 或暴氣從江海之底, 猛發上衝, 激起其水高如大山, 致泛溢而溺人物也. 若在江河中, 其水或散注兩旁, 而顯露其底, 或退于源也.

36. 여덟째, 지진이 일어난 후 새로운 샘과 시내가 많이 생기고, 또 온천수가 도리어 차가워지거나 찬 샘물이 반대로 따뜻해지는데, 〔그것은〕 지진이 일어날 때 새로운 수맥을 열거나 오래된 구멍을 막기도 하여 마침내 그 땅의 수맥을 혼란스럽게 하거나 그 본성과 성격을 바꾸기 때문이다.

八日, 震後多發新泉新溪, 又溫泉水反變冷, 而冷者反變溫, 因震之時, 或開其新脈, 或塞其舊窺, 竟致其內水, 或亂其脈絡, 或改其性情也.

37. 아홉째, 지진이 일어난 후 간혹 불이 나기도 하는데, 불꽃이 뿜어져 나오는 것은 땅속의 건조한 공기가 매우 심한 압박을 받고, 압박을 받은즉 열이 나고, 열이 난즉 쉽게 불붙으니 〔이에〕 불로 변하여 나오기 때문이다. 이 때문에 불이 뿜어져 나올 때 대부분 초석·유황·검은 모래 등의 〔광물과〕 함께 〔나오니〕 모두 뜨거운 공기가 막혀서 생성된 것이다.

九日, 震後或有火, 火焰噴發, 因地內燥氣甚迫, 旣迫則熱, 熱則易于點燃, 變火而出焉. 是故火出之時, 多帶硝硫黑沙之類, 皆乃熱氣被鬱所生者也.

38. 열 번째, 지진이 맹렬히 일어날 때 이미 나쁜 공기가 발생해서 공중의 공기를 오염시키고 여러 질병을 유발한다. 곧 지진이 일어난 후 공중에는 흙비나 덮어 가리는 물질[127]이 많은데, 〔그것은〕단지 〔오염이〕발생한 공기가 지극히 여러 날 동안 짙게 흐려 있어 맑아질 수 없기 때문이다.

十曰, 震而烈之時, 旣有惡氣發出, 而染空際之氣, 以致生瘟疫諸病也. 則震後空際多霾多蒙者, 惟由于發氣極爲濃濁累日, 不能淸澄矣.

39. 이상과 같은 모든 자연의 변화는 세상 사람들에게 경계하는 것이 아니라면 무슨 까닭으로 이와 같겠는가?

如上摠屬天變, 非爲警戒世人, 何故如是.

2. 땅속의 불 地内火

1. 세계에는 화산과 화정(火井)[128]이 많은데, 그래서 땅속에는 항상 불이 많이 있어서 〔그것이〕땅을 갈라 쪼개고 타고 올라올 때 폭발함을 안다. 다만 그것이 생기고 존재하는 까닭을 알지 못해서 옛날에 어떤

---

127) 지진에 의하여 발생한 오염물질을 몽자(蒙者)로 표현하였는데, 최한기의 경우 순수한 기와 공기 중의 다른 물질로 섞인 대기를 몽기(蒙氣)라 불렀다. 최한기가 여기서 힌트를 얻었는지 모르겠다. 그의 몽기설은 『추측록』에 나온다.

128) 우물처럼 움푹 들어간 땅에서 불이 나오는 것을 표현한 것으로 보인다.

사람이 말하기를, "해가 비추어 뜨거운 공기를 많이 발생시키는데, 땅 속에서 불을 붙이는 데 이른다"고 했다.

宇内多火山火井, 因知地中, 恒多有火, 乘地開裂時而發. 第未明其生存之所以然, 古或云, 太陽照之, 生多熱氣, 于地內以至燃火也.

2. 그러나 〔그것은〕 틀렸다. 햇무리와 그 햇무리가 발생시킨 열은 깊고 먼 지맥을 통과할 수 없다. 시험 삼아 인화물질인 유황이나 초석을 해〔빛〕 아래에 두어도 반드시 탄다고 할 수 없는데, 땅속의 깊고 먼 곳까지 미쳐서 어찌 햇무리에 의하여 점화가 될 수 있겠는가?

然謬矣. 太陽之暈, 及暈所生之熱, 未能通于地脈之深遠. 試實硫硝等引火之藥, 于太陽之下, 必不能燃, 及地內深遠處, 胡能爲太陽之暈所點燃耶.

3. 우선 먼저의 바른 논의[129]를 상고하여 말하면, 땅속의 불은 모두 공기가 타기 때문에 생기는데, 땅속의 빈 공간에 있는 공기는 그 외부의 찬 공기로 둘러싸여 공격을 깊이 받아서 저절로 압축된다. 압축이 극에 달하면 힘을 떨치고 나오는데, 〔이는〕 지진이 〔생기는〕 공기와 같다. 그 〔땅속의 불이〕 움직일 때는 반드시 매우 뜨거워 태울 수 있을 정도인데, 어떤 인화물질이든 갖다대면 또한 즉시 불탄다.

稽先正之論, 首曰, 地內之火, 皆由于氣之焚燃而生, 氣在地竅, 或被外冷圍攻深, 自約縮. 約縮之極, 乃奮力求出, 與地震之氣同. 其動之時, 必極熱能燃, 凡値引火物料, 亦卽焚之也.

---

129) 앞에서 언급한 『성리정론』과 관계된 듯하다.

4. 그러나 그 타는 것이 땅속 구멍 안에 있어 밖으로 드러나지 않기도 하고, 밖으로 나와서 타기도 하며, 타면서 재 · 모래 · 유황 · 초석 등의 물질을 함께 분출하기도 하고, 주야로 쉬지 않고 타기도 하며, 그쳤다가 밤중에 나타나 보이기도 하고, 또 불이 오랫동안 나오거나 잠시 나오거나 크거나 작은 것과 불이 길거나 사라지거나 퍼져 나가거나 오그라드는 차이는 모두 일률적이지 않다.

但其焚燃, 或在地窺之內, 而不外顯, 或出而發燃, 或燃而又帶噴灰沙硫硝等物, 或晝夜焚燃不斷, 或止夜中顯着, 或久暫大小, 并長消伸屈之次, 俱不一律.

5. 다음으로 말하면 땅속에 불을 키우는 물질은 대략 세 종류인데, 유황 · 기름 · 소금이다. 유황의 경우는 인조와 천연이 있다. 인조는 논할 것 없고, 천연으로 된 것은 외관이 회색이고 내부는 노란 진흙 색이며 묽은데, 그 자체가 진하고 기름지며 그 맛은 쓰고 짜고 그 냄새는 독하며 그 본성은 건조하고 열이 나므로 불을 가까이하면 쉽게 〔불을〕 키우는 것이 된다. 기름과 소금의 경우 또한 진하고 기름진 물질로서 건조하고 열이 나는 본성으로, 그 색깔은 기름이 응결된 것과 같으므로 먼 곳에서 불을 당겨 오랫동안 탈 수 있다.

次曰, 地內養火之資, 約有三種, 硫黃膏油鹹鹽. 若硫黃, 有人造者天生者. 人造者不具論, 天成者, 外如灰色, 內如黃泥而淡, 其體濃肥, 其味苦鹹, 其氣臭毒, 其性燥熱, 故近火則易爲養育也. 若膏油鹹鹽, 亦爲濃肥之質, 乾熱之性, 其色如油之凝結, 以故能從遠引火, 而且耐久燃.

6. 이 세 종류의 〔물질은〕 또한 오금(五金)[130]의 종류처럼 열기에 의하여 생기므로 땅속의 불은 항상 이 세 가지를 기다려 바탕이 됨을 알

겠다. 대개 화산이 불을 뿜을 때 유황 등의 물질도 함께 토하는데, 화정 또한 그러하다.

此三種, 亦爲熱氣所生, 如五金之類, 則知地中之火, 恒須三種爲質資藉. 蓋火山吐火時, 幷吐硫黃等物, 火井亦然.

공제격치 하권 끝

---

130) 다섯 가지 금속이다. 앞에 나왔다.

참고문헌

『주역』(周易)

『서경』(書經)

안정복(安鼎福), 『순암집』(順菴集)

신후담(愼後聃), 『하빈집』(河濱集)

이익(李瀷), 『성호사설』(星湖僿說)

최한기(崔漢綺), 『기학』(氣學)·『추측록』(推測錄)·『운화측험』(運化測驗)

성백효(成百曉) 역주, 『서경집전』(書經集傳), 전통문화연구회, 2010.

안동림 역주, 『다시 읽은 원전장자』, 현암사, 1993.

『성서』, 대한성서공회, 한글 개역판.

국내 저서

김성근, 『교양으로 읽는 서양과학사』, 안티쿠스, 2009.

김우창 외, 『국가의 품격』, 한길사, 2010.

김태호, 『아리스토텔레스&이븐 루시드』, 김영사, 2007.

박성래, 『과학사서설』(科學史序說), 한국외국어대학교출판부, 2000.

박승찬, 『서양 중세의 아리스토텔레스 수용사』, 누멘, 2010.

유원기, 『자연은 헛된 일을 하지 않는다』, 서광사, 2009.

이원순, 『조선서학사연구』, 일지사, 1986.

이종란, 『최한기의 운화와 윤리』, 문사철, 2008.

이현구, 『최한기의 기철학과 서양과학』, 성균관대학교대동문화연구원, 2000.

최동희, 『서학에 대한 한국실학의 반응』, 고려대학교민족문화연구소, 1988.

최무영, 『최무영 교수의 물리학 강의』, 책갈피, 2009.

최영진 외, 『최한기의 철학과 사상』, 철학과현실사, 2000.

국외 저서

아리스토텔레스, 유원기 역주, 『영혼에 관하여』, 궁리, 2010.

B. 러셀, 최민홍 옮김, 『서양철학사 상』, 집문당, 1988.

F. 방 스텐베르겐, 이재룡 옮김, 『토마스 아퀴나스와 급진적 아리스토텔레스주의』, 성바오로, 2000.

G.E.R. 로이드, 이광래 옮김, 『그리스 과학사상사』, 지성의샘, 1996.

마테오 리치, 송영배 외 옮김, 『천주실의』, 서울대학교출판부, 1999.

마테오 리치, 「곤여만국전도」(坤輿萬國全圖), 1602.

S.P. 램프레히트, 김태길 외 옮김, 『서양철학사』, 을유문화사, 1983.

艾儒略 原著, 謝方 校釋, 『職方外紀校釋』, 中華書局, 1996.

鄭鶴聲·鄭鶴春, 『中國文獻學硏究』, 臺灣商務印書館, 民國17.

赤塚 忠, 金谷 治 外, 조성을 옮김, 『중국사상사 개론』, 이론과실천, 1987.

주세뻬 잠보니, 이재룡 옮김, 『토마스 아퀴나스의 인식론』, 가톨릭대학교출판부, 1996.

토마스 아퀴나스, 김율 옮김, 『자연의 원리들』, 철학과현실사, 2005.

티모시 프리크·피터 갠디, 승영조 옮김, 『예수는 신화다』, 미지북스, 2009.

논문

김문용, 「조선후기 한문서학서와 그 영향」, 『시대와 철학』 vol.16, 2005.

김인규, 「조선후기 실학파의 자연관 형성에 끼친 한역서학서의 영향」, 『한국사상과 문화』 vol.24, 2004.

김용헌, 「조선후기 실학적 자연관의 몇 가지 경향」, 『한국사상사학』 vol.23, 2004.

김홍경, 「성호이익의 과학정신」, 『대동문화연구』 vol.28, 1993.

문중양, 「19세기 호남 실학자 이청의 『정관편』 저술과 서양천문학 이해」, 『한국문화』 vol.37, 2006.

박성래, 「동서의 과학사상」, 『아카데미논총』 vol.10, 1982.

손윤락, 「아리스토텔레스의 요소이론」, 『서양고전학 연구』, 2008.

송영배, 「마테오 리치의 서학과 한국실학의 현대적 의미」, 『대동문화연구』 vol.45, 2004.

송영배, 「마테오 리치가 소개한 서양 학문관의 의미」, 『한국실학연구』 vol.17, 2009.

안외순, 「서학수용과 실학」, 『동방학』 vol.5, 1999.

윤현자, 「4원소의 현대적 수용」, 『카프카 연구』 vol.17, no.1, 2007.

이상호, 「초기 서학의 전래와 유교적 대응」, 『유교와 카톨릭의 만남』, 한국카톨릭철학회 · 동양철학연구회 2001년도 추계학술회의자료집, 2001.

옮긴이의 말

이 책의 원본은 중국 명나라 때 천주교 선교사였던 알폰소 바뇨니가 1633년에 중국인의 도움을 받아 한문으로 쓴 것이다. 따라서 이 책은 원작과 다른 언어로 옮긴 최초의 책이다. 아니 어쩌면 서양의 4원소에 관한 한 우리말로 옮긴 최초의 책일 것이다. 한문에 익숙지 않은 독자라면 『공제격치』(空際格致)라는 제목만 보아서는 무슨 책인지 금방 떠오르지 않을 것이다. 비록 한문에 익숙한 사람이라 하더라도 그 이해는 피상적 수준에 머물 것이다.

그 내용은 대체로 아리스토텔레스의 자연학을 기본으로 한 것이지만, 오늘날 우리가 생각하는 학문적 분류에 딱 들어맞지 않는다. 여기에 그만한 까닭이 있는데, 관련된 사연을 먼저 말해보겠다.

옮긴이가 이 책을 처음 접한 것은 1990년대 초반이었다. 그때 학회의 스터디 모임에서 한국근대철학을 공부할 때 책의 사본을 입수하게 되었고, 중요한 부분만 발췌해서 읽고 나서는 잊고 있었다. 몇 해 전 최한기의 『운화측험』(運化測驗)을 우리말로 옮기다가 이 책과 관련된 내용이 많아서 어쩔 수 없이 과거의 기억을 더듬어 다시 찾게 되었다. 그래서 두 책의 내용을 서로 비교·확인하게 되었는데, 그 내용이 비슷하면서도 다른 것이 있어서 양쪽의 책을 세밀하게 비교·분석하지 않으면 도무지 『운화측험』의 의미와 가치를 따질 수가 없었다.

이것이 이 책을 우리말로 옮길 수밖에 없는 필연적인 이유이다. 옮긴이는 하는 수 없이 책을 꼼꼼히 읽어 우리말로 옮기되, 앞의『운화측험』과 비교·분석하기 위하여 텍스트에 번호를 붙여 더 세분화하였다. 이 것은 단지 최한기의 저작뿐만 아니라 이 책의 내용을 인용한 조선후기 다른 학자들의 저술과 비교·분석하기 위해서도 필요한 작업이다. 해제에서 소개한 바와 같이 최한기 외에도 많은 학자들이 이 책을 읽고 글을 남긴 것이 많기 때문이다.

그런데 책을 번역하면서 더 큰 문제에 맞딱뜨렸다. 이 책의 내용에서 드러나지만, 17세기의 여러 관점, 더 나아가 13세기 토마스 아퀴나스의 철학적 관점이 들어 있기 때문이다. 잘 알다시피 그는 12세기부터 이슬람 세계로부터 역수입된 아리스토텔레스의 자연학과 철학을 바탕으로 스콜라 철학을 완성한 사람이다.

토마스 아퀴나스의 관점은 신앙과 이성의 조화를 꾀하는 것으로서 힘들기는 하지만 자연학을 통해 신의 계시를 찾을 수도 있다고 본 점인데, 이후 그 영향으로 신학자나 선교사들이 자연에 관해 탐구하는 것은 더 이상 이상한 일이 아니었다. 그들에게는 자연이 제2의 성서였기 때문이다. 그 전통으로 인해 중국의 천주교 선교사들은 과학에 관심을 가지게 되었다.

옮긴이는 다시 중세 토마스주의를 공부해야 했으며 아리스토텔레스의 철학과 자연학에 대해 관심을 가지지 않을 수 없었다. 문제는 또 있었다. 아리스토텔레스 이전의 자연철학, 그의 전후 또는 중세기의 천문학을 모른 체할 수 없었다.

더욱 힘들었던 점은 한자로 표기된 용어의 개념 문제였다. 한문을 좀 읽을 줄 안다고 해도 이 책을 섣불리 읽어내기란 쉬운 일은 아니다. 물론 조선후기 선조들도 그랬을 것이다. 다행히 서양철학을 알고 있는 우리는 그보다 유리하다. 그 개념을 이해할 수 있기 때문이다. 그래서 한문으로 된 아리스토텔레스의 철학적 용어나 개념을 일일이 찾아서 현대적 용어로 따로 정리해두었다. 다행히 다른 학자들의 선행연구가 도움이 되었다. 그의 철학이 녹아 있는 한역 서학서적을 읽는 데 큰 도움이 될 것이라 자부한다.

이렇게 먼 과거와 과거, 동과 서를 종횡으로 왔다갔다 하면서 이 책에 수록된 내용을 겨우 이해하게 되었다. 책의 성격을 한 마디로 말하면 아리스토텔레스의 자연학적 지식과 형이상학적 논리를 기본으로 하고, 거기에 17세기 초까지 알려진 서방 세계의 과학적 지식과 경험을 전거 자료나 예시 또는 비판적 자료로 삼은, 목적론적 신학적 견해가 녹아 있는 저술이다.

그 기본적 내용은 아리스토텔레스와 프톨레마이오스의 천문학과 4원소설, 그것으로 이루어진 지구상의 운동과 만물 생성의 문제, 그 4원소설에 근거해서 일어나는 기상학적 현상 등을 다루고 있다.

그렇다면 이 책은 21세기 오늘날 우리에게 어떤 의미가 있을까. 물론 조선후기의 사상사를 공부할 때 꼭 필요하므로 연구자들에겐 필수적이지만, 거기에 머물지 않고 나름대로 큰 의미를 지니고 있다.

우선 신앙과 이성의 조화를 꾀했던 토마스 아퀴나스의 의도대로 종교와 과학, 종교와 철학의 조화 또는 화해를 생각해볼 수 있다. 종교가 이성을 떠나면 맹목적인 미신으로 빠진다. 그런 뜻에서 오늘날 우리 한국사회의 종교인들에게 던져주는 메시지가 들어 있다.

또 하나는 우리의 역사에서 세계관의 변화를 일으키게 하는 요소가 있음을 읽어내는 데 중요한 책이다. 고대 동양사회의 전통인 천원지방의 중국 중심적 사고가 이 책을 통해서 변하면서 근대 민족적 자각을 이끄는 세계관에 영향을 주었다는 점이다. 그와 더불어 음양오행설 가운데 끼어들어간 미신적 요소를 탈피하고 그것을 극복하는 데에도 영향을 미쳤다. 그리고 자연을 있는 그대로 탐구하는 자세는 조선후기 철학자들에게 새로운 철학을 세우는 데 도움을 주었다. 즉 성리학적 세계관에서 과학적 세계관으로 옮아가는 우리 역사에서 근대적 사유로 지향하는 데 한몫을 했다.

그 외 이 책을 통해서 발견할 수 있는 것은 당시의 과학 수준을 엿볼 수 있다는 사실이다. 과학에 관심 있는 분들에게는 매우 소중한 자료가 될 것이다.

독자들이 이 책을 통하여 새로운 사실을 발견하고 생활의 지침이 될 만한 태도를 본받을 수만 있다면 큰 보람으로 여기겠다. 이 한 권의 책을 옮기면서 많은 것을 알게 된 옮긴이로서도 이 점을 무척 기쁘게 생각한다. 완역될 때까지 인내심을 갖고 기다려준 한길사의 여러분께 깊은 감사를 드린다.

2012년 10월
이종란

찾아보기

지은이 알폰소 바뇨니

알폰소 바뇨니(Alfonso Vagnoni, 중국명 高一志 또는 王豐肅)는
1566년 이탈리아에서 태어나 1584년 예수회(The Society of Jesus)에
입교하여 신부가 되었다. 공부를 마친 후 처음 5년 동안은
인문학과 수사학을 가르쳤고, 그 다음에는 밀라노에서
3년 동안 철학을 가르쳤다. 1603년 동방으로 항해를 시작하여
1605년 중국 난징(南京)에 들어와 활동을 시작했다.
1616년 난징교난(南京敎難)으로 투옥된 후 난징에서 쫓겨나
마카오에서 체류하면서 저술활동을 하거나 신학을 가르쳤다.
1624년 이름을 고일지(高一志)라 개명하고
다시 중국 내륙으로 들어와 주로 산시 성에서 선교활동을 하다가
1640년 4월 9일 그곳 장저우(絳州)에서 생을 마감했다.
1633년 서방세계의 과학적 지식과 경험을 한문으로 녹여낸
이 책『공제격치』(空際格致) 외에『서학제가』(西學齊家),
『의학』(醫學),『환자시말』(寰字始末),『서학치평』(西學治平),
『배록휘답』(裴錄彙答),『서학수신』(西學修身),
『아동교육』,『성모행실』(聖母行實) 등의 저서가 있다.

옮긴이 이종란

옮긴이 이종란(李鍾蘭)은 서울교육대학교를 졸업하고,
성균관대학교 대학원에서 한국철학을 전공해 박사학위를 받았다.
한국방송대학교, 한국체육대학교, 성균관대학교에 출강했다.
주요 저서로는『동양철학자 18명의 이야기』『최한기의 윤화와 윤리』
『전래동화 속의 철학 1~5』『전래동화·민담의 철학적 이해』
『이야기 속의 논리와 철학』『청소년을 위한 철학논술』
『강좌 한국철학』(공저),『최한기의 철학과 사상』(공저),『혜강 최한기』(공저),
『한국 철학 사상가 연구』(공저)가 있다. 철학동화로『쉽고 재미있는 동양고전30』
『최한기가 들려주는 기학 이야기』『주희가 들려주는 성리학 이야기』
『이이가 들려주는 이통기국 이야기』『왕수인이 들려주는 양지 이야기』
『정약용이 들려주는 경학 이야기』『박지원이 들려주는 이용후생 이야기』
『신채호가 들려주는 자강론 이야기』『서경덕이 들려주는 기 이야기』
『김시습이 들려주는 유불도 이야기』『성인이 되려면』『물 흐르듯 살아라』와
한국철학 이야기인『한국철학 스케치』(공저) 등이 있다.
역서로는 한길사에서 펴낸『왕양명실기』(박은식) 외에
『주희의 철학』(진래, 공역),『왕부지 대학을 논하다』(왕부지, 공역) 등이 있다.

HANGIL GREAT BOOKS **124**

공제격치

지은이 • 알폰소 바뇨니
옮긴이 • 이종란
펴낸이 • 김언호
펴낸곳 • (주)도서출판 한길사

등록 • 1976년 12월 24일 제74호
주소 • (413-756) 경기도 파주시 문발동 파주출판도시 520-11
www.hangilsa.co.kr
E-mail: hangilsa@hangilsa.co.kr
전화 • 031-955-2000~3
팩스 • 031-955-2005

상무이사 · 박관순
총괄이사 · 곽명호 | 영업이사 · 이경호 | 경영기획이사 · 김관영
기획 및 편집 · 배경진 서상미 김지희 홍성광 이지은 김춘길
전산 · 김현정 | 마케팅 · 박유진
관리 · 이중환 문주상 장비연 김선희

CIP 출력 · 알래스카 커뮤니케이션 | 인쇄 · 오색프린팅 | 제본 · 경일제책사

제1판 제1쇄 2012년 11월 30일

값 25,000원
ISBN 978-89-356-6426-9 94150
ISBN 978-89-356-6427-6 (세트)

한길그레이트북스 인류의 위대한 지적 유산을 집대성한다

● 한길그레이트북스는 계속 간행됩니다.